Lydia Flem

COMMENT J'AI VIDÉ LA MAISON DE MES PARENTS

Une trilogie familiale

Éditions Points

Ces trois ouvrages ont été publiés
dans la collection
« La Librairie du XXIe siècle »
dirigée par Maurice Olender

Comment j'ai vidé la maison de mes parents

texte intégral

isbn 978-2-02-065381-7, 1re publication

Lettres d'amour en héritage

texte intégral

isbn 978-2-02-090901-4, 1re publication

Comment je me suis séparée de ma fille
et de mon quasi-fils

texte intégral

isbn 978-2-02-098752-3, 1re publication

isbn 978-2-7578-8335-8

Sommaire

Comment
j'ai vidé la maison de mes parents

La mort d'une mère doit être quelque chose de très singulier qui ne peut se comparer à rien d'autre et doit éveiller certainement en nous des émotions difficiles à concevoir.

Sigmund FREUD,
lettre à Max Eitingon
du 1er décembre 1929

Pour moi, ce livre a une autre signification, une signification subjective que je n'ai saisie qu'une fois l'ouvrage terminé. J'ai compris qu'il était un morceau de mon auto-analyse, ma réaction à la mort de mon père, l'événement le plus important, la perte la plus déchirante d'une vie d'homme.

Sigmund FREUD,
L'Interprétation des rêves,
préface, 1908

Orage émotionnel

> Un Rien,
> voilà ce que nous fûmes, sommes et
> resterons, fleurissant :
> la Rose de Néant, la
> Rose de Personne.
>
> Paul CELAN

À tout âge, on se découvre un jour orphelin de père et de mère. Passée l'enfance, cette double perte ne nous est pas moins épargnée. Si elle ne s'est déjà produite, elle se tient devant nous. Nous la savions inévitable mais, comme notre propre mort, elle paraissait lointaine et, en réalité, inimaginable. Longtemps occultée de notre conscience par le flot de la vie, le refus de savoir, le désir de les croire immortels, pour toujours à nos côtés, la mort de nos parents, même annoncée par la maladie ou la sénilité, surgit toujours à l'improviste, nous laisse cois.

Cet événement qu'il nous faut affronter et surmonter deux fois ne se répète pas à l'identique. Le premier parent perdu, demeure le survivant. Le cœur se serre. La douleur est là, aiguë peut-être, inconsolable, mais la disparition du second fait de nous un être « sans famille ». Le couple des parents s'est retrouvé dans la tombe. Nous en sommes définitivement écartés. Œdipe s'est crevé les yeux, Narcisse pleure.

Il se peut que les liens d'alliance et ceux de l'amitié ne soient pas moins puissants que les liens de filiation, et peut-être sont-ils même bien plus heureux, mais il n'empêche qu'après la mort de nos grands-parents puis celle de nos parents, il n'y a plus personne derrière nous. Seulement, une double absence comme un terrible froid dans le dos. En disparaissant, nos parents emportent avec eux une part de nous-mêmes. Les premiers chapitres de notre vie sont désormais écrits. Il nous faut conduire en terre ceux qui nous ont transmis la vie, nos créateurs, nos premiers témoins. En les couchant dans la tombe, c'est aussi notre enfance que nous enterrons.

Combien sommes-nous à vivre sans en parler à personne ce double deuil qui nous ébranle et nous fragilise par la violence des sentiments qui nous animent soudainement ? Combien d'entre nous se sentent-ils emportés par des vagues d'émotions souvent *inavouables* ? Comment oser raconter à quiconque ce désordre des sentiments, ce méli-mélo de rage, d'oppression, de peine infinie, d'irréalité, de révolte, de remords et d'étrange liberté qui nous envahit ?

À qui avouer sans honte ou culpabilité ce tourbillon de passions si confusément mêlées qu'elles ne peuvent être nommées, qui restent innommées parce que nous les ressentons avec désarroi et gêne comme proprement innommables ? Comment ne pas se sentir méprisable alors que la colère, la rancune, la haine même nous envahissent à l'égard du défunt ? Est-ce bien normal d'éprouver successivement ou simultanément une impression effroyable d'abandon, de vide, de déchirure, et une volonté de vivre plus puissante que la tristesse, la joie sourde et triomphante d'avoir survécu, l'étrange coexistence de la vie et de la mort ?

Combien d'enfants – nous-même peut-être – ne doivent-ils pas leur conception au désir d'opposer à la mort et à la douleur d'un deuil les plaisirs de l'amour ? Qui ose évoquer la fête impudique, presque maniaque, qui s'empare parfois de nous, exacerbe nos sens, aiguise notre appétit, enfle nos dépenses ? Chacun, à sa manière singulière, se trouve traversé, déporté, envahi par un orage émotionnel auquel il doit faire face, seul.

Certains s'éloignent comme la bête blessée qui lèche ses plaies loin de toute présence ; le temps ne guérit rien mais atténue la souffrance, parfois elle s'enkyste et porte témoignage d'une blessure qui ne pourra jamais se refermer. D'autres se jettent dans l'action, s'étourdissent dans les mille tracas quotidiens, les questions à régler, les dettes ou les biens à gérer, les déchirements et les règlements de compte avec la fratrie. Certains se figent dans les gestes rituels, les convenances, le savoir-vivre des endeuillés, le rang à tenir, les couleurs sombres, les phrases de circonstance. Ce qu'ils éprouvent, ils ne le laissent pas transparaître : rage, indifférence, manque d'émotion, sanglots muets de petit enfant, amertume et désespérance de n'avoir pas été assez estimé, reconnu, aimé, et de ne plus pouvoir rien attendre désormais. D'autres pourtant trouvent le chemin du pardon et nouent au-delà de la mort un lien neuf.

Se réconcilier avec ses morts, atteindre la sérénité du souvenir exige le lent dépôt du temps. Les saisons doivent reparaître une à une et la vie, pas à pas, geste après geste, l'emporter sur la mort. Si l'on traverse la tempête des sentiments sans en exclure aucun, aussi vif ou vil qu'il paraisse, si l'on donne son consentement à ce qui surgit en nous, peut éclore une légèreté nouvelle, une renaissance après le déluge, un printemps de soi-même. Même si cette double perte demeure, pour une part de soi, irréparable et scandaleuse.

Jadis, la mort était une expérience qui se vivait au sein d'une communauté, la religion et la coutume dictaient des gestes, soutenaient l'endeuillé, mais aujourd'hui le deuil appartient au seul enclos de la vie privée. Chacun enterre ses morts en balbutiant des cérémonies personnelles et se dépêche d'effacer les traces de sa perte dans la vie sociale : plus de noir ni de crêpe, plus de bruit ni de larmes, rien de solennel, aucun signe extérieur de malheur, un jour d'absence à peine et la vie reprend son cours. C'est dans la solitude que chacun se retrouve. Plus personne n'accompagne au-delà des premiers moments ceux qui sont plongés dans le deuil. Il ne se partage pas.

Rien ne s'échange non plus sur les longs mois, les années difficiles, qui souvent précèdent la disparition des parents. Leur vieillesse, leurs maladies, la lente ou rapide dégradation de leur santé, de leur capacité de penser et de juger, leur perte d'autonomie, leurs souffrances, celles qu'ils vivent comme celles qu'ils infligent à leur famille, à leur conjoint parfois, tout cela est tu. C'est un sujet qu'on évite d'aborder, dont on a honte.

Comment raconter le chagrin mais aussi l'indignation, la lassitude, l'incompréhension, la douleur que provoquent en nous leurs incohérences, leurs injustices, ce moment où ils basculent dans une seconde enfance et veulent faire de nous leurs parents tout en cherchant à garder sur nous une indéfectible emprise ? Serait-ce les trahir que d'en parler ? Toucherions-nous à un vieux tabou, l'interdiction de dévoiler la nudité de ses parents comme l'un des fils de Noé s'en rendit coupable ? Désemparés, accablés, nous détournons les yeux pudiquement et cherchons à cacher cette part presque obscène de la fin de vie de nos géniteurs. Chacun fait ce qu'il peut pour surmonter l'épreuve, « bricole » à sa manière, toujours bancale, malheureuse, conflictuelle, et se tait.

Travail du vide

Freud n'a pas vidé la maison de ses parents, lui qui n'a survécu à sa mère que neuf années à peine, puisque sa sœur Dolfi habita l'appartement familial jusqu'à la guerre et la déportation. S'il en avait mesuré l'ampleur, peut-être Freud aurait-il parlé de cet éprouvant, et pourtant libérateur, *travail du vide*, qui nous confronte à nos fantasmes archaïques, refaisant de nous des bébés cannibales, avides et pleins de convoitise à l'égard des richesses de nos parents, des êtres de rancune et de revendications, cherchant à contrôler obsessionnellement les passages du plein au vide, des adolescents toujours prêts à vider leur sac, partisans de tout jeter par-dessus bord, désirant dans leur frénésie de toute-puissance n'être nés que d'eux-mêmes et faire du passé table rase, des adultes voulant pourtant consciemment accomplir leur devoir de piété filiale, mais rencontrant à chaque instant d'encombrants fantômes.

Alors même que nous venons de perdre notre deuxième parent, il nous faut presque aussitôt traverser une des expériences les plus pénibles qui soit, la tâche la plus lourde d'affects multiples, contradictoires, qui se puisse imaginer : vider la maison de ses parents. En un même lieu, un même temps, une même action, toutes les émotions se bousculent en nous : période d'intense catharsis. Angoisses et accablement. Dépit et bonheur. Douleur et jubilation.

Vider, le verbe me gêne. Je voudrais dire : « ranger », mais ranger n'est qu'une partie du travail. Certes, il faudra trier, évaluer, classer, ordonner, emballer, mais aussi choisir, donner, jeter, vendre, garder, et au bout du compte – sauf si l'on vit de génération en génération dans un même lieu où s'accumuleraient les strates du passé – c'est bien de *« vider » la maison de nos parents* que nous sommes chargés.

Vider, quel mot sinistre, il résonne mal, évoque immédiatement l'idée de piller une tombe, de dérober des secrets au royaume des morts – la malédiction des pyramides –, donne la sensation de ressembler à des rapaces, des détrousseurs de cadavres.

On voudrait amadouer le mot, en atténuer la brutalité, l'édulcorer, prononcer plutôt : « débarrasser », ou peut-être même « fermer », comme on le dit à la fin de l'été d'une maison de vacances. S'il s'agissait de prendre congé, ce serait d'un éternel congé, de vacances sans retour.

Qu'on le veuille ou non, que ce soit indécent ou pas, la vie porte en elle de l'agressivité. Le passage d'une génération à l'autre – l'une monte, l'autre descend ; « le roi est mort, vive le roi » – n'est pas sans lien avec le meurtre symbolique. Chacun de nous, et pas seulement en rêve, tue son parent et même ses deux parents, puisqu'il leur survit.

Révoltant, mais dans le cours des choses : ceux qui nous ont vus naître, nous les voyons mourir, et ceux que nous mettons au monde nous enterreront. Nous n'avons pas connu l'enfance et la jeunesse de nos parents, ils ne connaîtront pas les dernières années de notre vie comme nous ne connaîtrons pas celles de nos enfants. Nous naissons dans notre famille d'origine, mourons dans celle que nous avons créée. Alors, oui, lorsque, à notre tour, nous montons sur le trône, c'est que nous sommes devenus des survivants. Survivre à ses enfants est intolérable. Survivre à ses parents, naturel et néanmoins malaisé.

C'est ce que la psychanalyse appelle l'épreuve de la réalité, le lent et inévitable travail du deuil qui commence par un surinvestissement du parent mort avant son désinvestissement progressif au profit de la vie.

Le sentiment de perte s'impose d'abord. Longtemps encore il sera impossible de se résoudre à l'idée que cette perte est définitive, irréversible. L'enfant en nous se révolte. Ce que nous pleurons, ce n'est pas seulement un être cher mais l'amour lui-même. Le sentiment de sécurité, la toile de fond sur laquelle dessiner notre vie. Nous nous interrogeons : peut-être est-ce notre faute si le disparu n'est plus là, peut-être l'avons-nous inconsciemment tué par l'avidité, l'agressivité de nos fantasmes ?

Alors, comment faire le vide dans la maison de nos parents sans se sentir terriblement coupable d'y puiser tout ce dont nous avions pu souhaiter nous emparer dans quelque rêve très ancien, dans quelque arrière-scène de notre inconscient ? Comment y réaliser – pour de vrai et avec l'étrange autorisation de la loi – tout ce qui était jusque-là tabou ? Comment se peut-il que l'héritage nous autorise en un instant radical à nous saisir de ce qui n'était pas à nous quelques heures plus tôt, à en obtenir la plus totale jouissance, sans restriction, sans transgression ? Comment pénétrer dans des lieux qui n'étaient jusque-là, et depuis notre naissance, pas les nôtres ? Pourquoi pouvons-nous en toute impunité y puiser, y jeter, y détruire, ce que bon nous semble ? Qu'est-ce qui a changé en nous ? Rien, tout.

Hériter, ce n'est pas recevoir un cadeau, une récompense, un compliment, une assurance, des soins ou un secours. Hériter, ce n'est nullement accueillir un don de ses parents. C'est même l'exact contraire. Devenir propriétaire par voie de succession n'implique pas de recueillir une chose offerte : c'est prendre possession légalement d'un bien, en obtenir l'usage sans qu'il nous ait été légué par le testateur.

Le verbe « hériter » est à l'opposé du verbe « léguer ». Donner par disposition testamentaire marque une volonté explicite, un choix, une action. L'héritage, à l'inverse du legs, ne suppose aucun désir, ne traduit aucune intention à notre égard. Le droit se charge de faire circuler des biens qui, sinon, seraient à l'abandon. Ils sont attribués, par défaut, aux héritiers légaux qu'un notaire peut déterminer ou rechercher. Cet acte légal porte un nom : l'acte de notoriété. Il ne s'agit pas de réputation au sens de célébrité, mais du fait notoire, manifeste, public, qu'un héritier n'est pas un imposteur, mais bien celui à qui un héritage est destiné par voie de filiation.

Soit. La loi me déclare héritière légale,

mais affectivement ne suis-je pas un imposteur ? Comment puis-je recevoir des choses que l'on ne m'a pas données ? Mes parents vivants ne m'ont pas offert ce joli tapis d'Orient dont j'avais fort envie, pourquoi y ai-je droit à présent qu'ils sont morts ? Ils n'ont pas voulu m'en faire cadeau, comment puis-je le prendre sans avoir le sentiment de leur forcer la main, de les abuser, de les dépouiller ?

Une clause notariale de la succession précise : « La défunte n'a pas fait de dispositions de dernières volontés connues à ce jour. » Voilà où le fantasme et la réalité entrent en collusion. Par leur testament, mes parents défunts m'auraient fait connaître un souhait ancien, antérieur à leur décès. Sans déclaration de leur part, comment m'assurer de leur consentement ? Voulaient-ils réellement que je jouisse de leurs biens ? Qu'est-ce que cela signifie de « ne pas recevoir » les affaires des parents mais de s'en trouver possesseur malgré soi, malgré eux ?

Peut-être ne s'étaient-ils pas posé la question parce que la réponse leur paraissait évidente. Pourtant, ce qui va de soi irait mieux en le disant ; sinon un doute persiste.

« Vider la maison de ses parents » sonne si affreusement parce que précisément cette expression touche à une vérité de l'inconscient.

La loi est sans état d'âme, sans ambivalence. Ce que la loi impose, le langage l'interdit ou le nuance, le complexifie. Le dictionnaire raconte mieux notre intimité, nos débats internes, nos hésitations.

Vider, verbe transitif.

Action de rendre vide un contenant, un lieu, d'enlever d'un lieu, de chasser, d'expulser. Son contraire : emplir, remplir.

Débarrasser la maison de mes parents de ses meubles, comme un sinistre huissier.

Enlever ce qui est dans leurs tiroirs, leurs armoires, comme un voleur. Répandre le linge, la vaisselle, les vêtements, les papiers, les traces de leurs vies, comme un pillard. En vidant leur maison, n'est-ce pas mes parents que je vide, comme on ôte les entrailles d'un poisson ou d'une volaille ?

Mes associations résonnent avec celles de la langue. Vider, évider, étriper. Vider signifie aussi nettoyer, clore, épuiser, mettre fin. Évocations terriblement agressives. Est-ce intolérable d'en parler, de l'écrire ? Comme si cette tâche qu'il nous est réservé à tous et à chacun d'accomplir un jour ou l'autre (à moins d'avoir des frères et sœurs qui s'en chargent à notre place) portait une telle charge de violence que nous préférions n'en souffler mot à personne.

Ai-je tort de poursuivre ces pages, d'écrire ce livre qui dévoile cette part de nous-même que nous voudrions occulter ? Ou, au contraire, ne vaut-il pas mieux essayer d'approcher par des mots ce lourd silence que l'on porte en soi ? Comme un abcès dangereux dont on recommande de le débrider, l'inciser, ouvrir, percer, vider en somme ? Ne dit-on pas aussi vider son cœur ?

Vider soulage. Est-ce trop inconvenant de l'avouer ? Oui, nos chers disparus, nous les avons tendrement aimés mais ils nous ont aussi épuisés, lessivés, pompés. À notre tour de les vider comme on chasse un importun ou un mauvais rêve.

Suis-je trop violente ?

Vais-je être poursuivie par des fantômes justiciers qui vont me demander des comptes, par rétorsion envahir mes nuits de cauchemars ? Ou est-ce le chemin de la délivrance intérieure, le moment ou jamais de clore son enfance ? Vider un différend, une querelle.

Vider, c'est aussi faire le vide en soi : se dévoiler, s'abandonner, se démasquer.

Passage à vide : moment difficile, comme si l'on enjambait le néant.

Année 1313. *Vuidier un dit,* « prononcer un jugement ». Faire en sorte qu'une affaire soit épuisée, réglée, résolue, terminée.

Alors, allons-y, sans plus d'hésitation, vidons la question. Racontons ce qui ne peut l'être. Je me lance. Au passé, comme dans les récits.

Sur les marches de la mort

Sur l'absence sans désir
Sur la solitude nue
Sur les marches de la mort
J'écris ton nom
Liberté

Paul ELUARD (1942)

D'abord, l'impudeur. L'obligation de bafouer toutes les règles de la discrétion : fouiller dans les papiers personnels, ouvrir les sacs à main, décacheter et lire du courrier qui ne m'était pas adressé. Transgresser les règles élémentaires de la politesse à l'encontre de ceux qui me les avaient enseignées me blessait. L'indiscrétion m'était étrangère ; je n'avais jamais fait les poches de quelqu'un ni défloré ses tiroirs secrets, encore moins ouvert une lettre qui ne m'était pas destinée. Mais les administrations étaient sans pudeur ; dans les heures qui ont suivi la mort de ma mère, elles réclamaient des documents qui m'obligeaient à fureter partout, à forcer son intimité, à ouvrir des dossiers, compulser des extraits de compte, des agendas, pour mettre la main sur des papiers ou des renseignements indispensables pour l'état civil, la Sécurité sociale, le notaire, le cimetière.

L'impudeur majeure : devoir déclarer officiellement le décès de celle qui m'avait portée dans son ventre.

Avertir les proches, téléphoner à la famille, aux amis, prononcer les mots imprononçables : comment les tourner ? J'ai une triste nouvelle à vous annoncer, un grand malheur, hélas (avec un ton de voix sourd et cassé qui transmettait la vérité avant que les mots eux-mêmes ne disent l'irréparable), elle était très malade depuis plusieurs mois, trois séjours aux soins intensifs, elle était revenue de Londres avec une mauvaise bronchite. Le monde à l'envers, je m'entendais consoler mes correspondants ; je prenais sur moi leur tristesse, je tentais de l'atténuer, de trouver des motifs de consolation. Non, elle n'a pas souffert, elle est morte dans mes bras, je l'embrassais sur la tempe, lui caressais le visage et lui tenais une main. M. lui tenait l'autre main. Oui, je l'avais ramenée de l'hôpital chez elle, selon son souhait. Elle est morte dans son lit, entourée des siens. Elle s'est éteinte comme une petite bougie.

Qui avais-je oublié ? Je compulsai son carnet d'adresses, tournai les pages, épuisée d'émotion. Comment trouver la force d'enfiler les coups de téléphone, de redire ces mots qui donnaient corps à sa mort alors que les premières heures qui la suivirent laissaient flotter cet événement dans une sorte d'irréalité protectrice, un *no man's land* de la prise de conscience ? Peut-être n'étais-je qu'un automate actionné par une main inconnue qui m'obligeait à faire ce que je faisais sans réfléchir : des actions minuscules et symboliques comme de rédiger l'annonce nécrologique, choisir les mots, les noms, respecter le délai de parution, compter les lignes, vérifier que le courriel est arrivé à temps, acheter le journal pour voir où l'annonce est parue, s'il n'y a pas d'erreur malheureuse…

J'agissais mais je ne réalisais pas. Au fond de moi une petite voix accusatrice m'interrogeait : n'es-tu pas en train de la tuer ? Tu dis qu'elle est morte mais ce n'est pas vrai. Je lui répondais, pas très sûre de moi, entamée par une vieille culpabilité jamais désagrégée, que je n'avais pas rêvé, qu'elle était morte dans mes bras, que j'avais vu son souffle se ralentir et s'écouler jusqu'au dernier, que j'avais fermé ses paupières sur ses beaux yeux bruns, que j'avais touché sa peau encore tiède et relevé la couette sur sa poitrine où je me blottissais autrefois et qui ne bougeait plus.

Pourtant, c'était vrai, le passage de la vie à la mort est si mince, si ténu, si simple en somme, mais aussi tellement incompréhensible que j'avais cru quelques heures plus tard, la voyant dans son lit reposer sur les nombreux coussins glissés sous sa tête, j'avais cru la voir bouger.

La peur de la regarder mourir, d'assister à sa mort, ne m'avait pas effleurée ; elle me l'avait demandé, fait promettre, je serais près d'elle, j'étais prête, je ne l'abandonnerais pas dans l'anonymat stérile d'une chambre d'hôpital. Je n'avais pas pu accompagner mon père dans son dernier voyage. Il était aux soins intensifs après un accident de santé dû aux effets secondaires, rarissimes, d'un médicament. J'étais près de lui avant qu'on ne le plonge dans un coma artificiel pour essayer de le sauver en le plaçant sous assistance respiratoire. J'étais venue pendant un mois m'asseoir à ses côtés, lui caresser la joue et les mains, connaître encore le contact familier de ses doigts, de sa chevalière à la dernière phalange de son petit doigt, légèrement trop court et courbé comme le mien. C'était notre signe de reconnaissance mutuel le plus ténu. Nous avions en commun cette petite anomalie dont nous riions ensemble, dont nous étions fiers parce qu'elle nous liait par une similarité corporelle moins visible que celle de la couleur des yeux ou la texture des cheveux, c'était notre lien secret, une connivence fille-père qui n'avait pas besoin de mots pour se dire.

Mon père mourut sans savoir qu'il se mourait. Nous ne nous étions pas dit au revoir. Était-ce mieux ou moins bien pour lui ? Comment le savoir ? Chaque être humain emporte avec soi sa part de mystère. Peut-être était-il mort avec la discrétion et l'élégance réservée qui étaient les siennes dans la vie. Il avait soudain disparu, il s'était comme évaporé, en deux jours, sans peser sur ceux qu'il aimait, sans non plus offrir quelques mots à sa fille qui aurait aimé les entendre.

Peut-être mon père, sans le vouloir, m'avait-il offert de trouver moi-même les mots qu'il n'avait pas pu me donner. Cadeau en creux, infiniment précieux. Je n'avais jamais songé à cela de cette manière. Je lui en voulais de ses silences, je trouvais mon baluchon bien vide pour partir dans le vaste monde sans lui. Deux ans après sa mort, qui ne ressemblait pas à un décès mais à une disparition, une évanescence cruelle et infiniment douloureuse, je commençais à sentir se déposer en moi une certaine douceur.

Avant de s'éteindre, à bout de souffle, ma mère avait murmuré son désir de rejoindre mon père. Elle attendait de moi que je veille sur elle pour adoucir son départ ; j'étais là. Je songeais qu'en ses derniers instants elle m'accordait ce qu'elle m'avait toujours refusé : le pouvoir de la satisfaire, de lui faire plaisir, la permission de répondre à son attente sans critiques de sa part, sans remarques acerbes, sans crocs-en-jambe de dernière minute, simplement la possibilité d'éprouver avec elle une tendresse sans arrière-pensées.

En déposant sur sa tempe, son front et sa joue des baisers de fille, en répétant à son oreille des mots de tendresse, je songeais que toute ma vie j'avais tenté de lui plaire, que j'avais toujours cherché à obtenir d'elle un amour sans conditions, mais en vain. Au moment de la perdre, au tout dernier instant, elle se montrait satisfaite de sa fille, elle n'avait plus rien à lui reprocher, elle acceptait ma main dans la sienne, mes lèvres sur sa peau, mes mots à son oreille.

Pour une fois, une seule fois, elle était contente de moi. Elle m'accueillait telle que j'étais. Elle me faisait confiance.

Étrange expérience dont je ne savais si la consolation l'emporterait sur la mélancolie. Je ne pouvais me réjouir de cet instant d'apaisement entre nous puisqu'il était l'ultime, mais allais-je toute ma vie lui en vouloir ? Nos brouilles, nos malentendus, notre incompréhension avaient assez duré. La paix devait être signée. Si elle le fut sur son lit de mort, qu'importe. Dans son inflexible volonté de vivre, ma mère m'avait souvent répété qu'à quelque chose malheur est bon. Peut-être souffrait-elle elle-même d'être une éternelle insatisfaite, peut-être ne prenait-elle pas la mesure de ses phrases cinglantes, de son ton sans réplique, de ses mots ravageurs. Elle m'aimait à sa manière, maladroite.

Faire son deuil, éprouver le vide, s'accompagne de larmes, mais surtout de la douleur du dévoilement : si nous ne l'avions pas déjà réalisé, c'est la dernière occasion de mesurer les limites de nos parents, de les regarder dans leur fragilité. Après tout, ce ne sont que de pauvres êtres humains.

L'idée de n'avoir pas failli à mon devoir, d'avoir ramené ma mère chez elle pour lui permettre de mourir dans mes bras, selon ses dernières volontés, allégeait ma peine, me donnait la force d'affronter toutes les tâches douloureuses qu'il me restait à accomplir.

À son enterrement, je lus un de ses poèmes préférés, *Liberté*, de Paul Eluard.

Ground Zero

Étrange paradoxe : tout ce qui dans mon enfance ou mon adolescence m'avait fait rêver, que j'avais souhaité recevoir, que j'avais espéré, convoité et demandé sans succès, ou qu'il m'avait été interdit de toucher (« Tu as deux mains gauches, je ne veux pas que tu le casses »), tout ce qu'on m'avait empêchée d'utiliser ou de porter (« Tu n'es pas assez soigneuse »), m'était soudain échu.

Mes sentiments et ceux de mes parents n'étaient plus en jeu. Espoir, convoitise, larmes ou colère ne rencontraient plus leurs réticences ou leur refus : la loi décidait pour nous. « Seule et unique héritière légale », selon les mots du notaire, tout m'était légué. En vrac. Dans le désordre et la confusion des sentiments.

Ce que j'avais souhaité posséder jadis, ce qui me déplaisait à présent, ce qui m'encombrait, ce qui survenait trop tard ou trop tôt, ce dont je n'avais que faire, ce qui me bouleversait : tout était désormais à moi. Par héritage.

Je ne voulais plus rien. J'étais sans désir, anesthésiée.

Comment recevoir ce qu'ils ne m'avaient pas donné, de leurs mains, suivant leur libre arbitre, leur bon vouloir ? Pourquoi emmener chez moi ce qu'ils ne m'avaient pas confié de leur vivant ? Être orphelin, c'est hériter, proclame le droit : lourd raccourci qui ne va pas de soi. Peut-on prendre sans conquérir ? Pourquoi accueillir ce qui vous a été auparavant refusé ? Comment ne pas sentir en moi un affreux sentiment de revanche alors que j'emportais le repose-pieds que ma mère n'avait pas voulu m'accorder ? Pourquoi devais-je éprouver cette misérable émotion « au nom de la loi » ? Si je ne souhaitais pas garder telle lampe, telle table, qui leur étaient chères, avais-je le droit de m'en défaire ? Le petit caraco de soie noire emballé dans du papier cadeau m'était-il destiné ? En étais-je l'héritière, la destinataire, ou l'usurpatrice ? Les choses étaient-elles déjà miennes ou encore à eux ?

Une sensation de vide, d'oppression se creusait en moi.

« Seule et unique héritière », je n'avais légalement rien à partager avec personne, mais j'éprouvais l'envie pressante de donner, d'offrir. Était-ce pour me décharger, me délester, pour échapper à ce huis clos étouffant, seule avec mes parents morts ? J'étais enfant unique, sans frère ni sœur, sans aîné ni cadet. Je l'avais été de leur vivant, je le demeurais après leur disparition. J'étais devenue une orpheline unique. Une héritière solitaire. La seule succession que j'aurais souhaité recueillir, c'eût été leur confiance. J'aurais voulu qu'ils m'accordent longtemps avant de mourir une confiance absolue, inébranlable, totale.

Quelle importance avaient désormais ces choses immobiles, ces objets étrangers, ces souvenirs sans partenaires ? Se refusaient-ils à moi ou me refusais-je à eux ? Leur magie ancienne s'était éteinte, elle n'agissait plus. Une hostilité marquait le regard que je portais à présent sur « tout ça ». Quelle était la valeur de ce bibelot, de ce foulard, de cette aquarelle dont mes parents ne m'avaient pas fait cadeau, de ce dictionnaire qui eût été utile à mes enfants et qu'ils n'avaient pas jugé bon de leur offrir, de ce flacon qu'ils auraient pu me donner en souriant et que je recueillais sans leur sourire ?

Je suis pour les donations et contre les héritages. Il faudrait toujours faire un testament, désigner nommément ce qu'on souhaite léguer et à qui on le destine. La passation d'une génération à l'autre ne devrait pas aller de soi, elle devrait être un choix, une offrande, une transmission explicite, concertée, réfléchie, et non pas seulement une convention, un laisser-faire passif, une résignation. J'héritais, j'aurais aimé recevoir.

Pesait sur moi une question insistante : que devais-je faire du contenu de leur maison, de ceci et de cela ? Étais-je réellement libre de choisir ? La loi m'offrait en pleine propriété un monde qui était encore le leur.

Pour chaque objet, chaque meuble, chaque vêtement, chaque papier, il n'y avait que quatre directions, comme à la croisée des chemins la rose des vents : garder, offrir, vendre ou jeter. Chaque fois que mon regard et ma main considéraient quelque chose, un choix devait être fait. Combien de choses recèle une maison, de la cave au grenier, combien de décisions cette habitation allait-elle m'obliger à prendre ? Des dizaines, des centaines, des milliers de fois, j'allais devoir évaluer un objet et décider de son sort : à la poubelle, à emporter, à donner, à essayer de négocier… La catégorie « en attente » ou « on verra plus tard » se révéla la plus importante. Le *statu quo* l'emportait largement sur les quatre catégories prescrites par le bon sens. J'étais infiniment découragée. Cette maison me submergeait.

Les premiers jours, je me persuadai que j'allais « ranger » et non pas « vider » la maison de mes parents. Il m'arriva plusieurs fois de prononcer un verbe pour l'autre.

Mettre de l'ordre ou déménager représente souvent une épreuve, mais ces actions banales deviennent insupportables lorsqu'il faut, à cette occasion, remuer le passé des disparus, se confronter à chaque instant à leur perte, à leur disparition : pourquoi suis-je chez eux alors qu'ils ne sont pas là ?

Les morts ne disparaissent pas de notre mémoire. Nous pouvons, à volonté, les évoquer ; ils continuent d'exister en nous ; par contre, eux, ne peuvent plus penser à nous. Le dialogue est uniquement imaginaire. Nous cessons d'exister pour eux. Nous cherchons alors à imaginer ce qu'ils auraient pensé s'ils avaient été là. Auraient-ils approuvé nos décisions ? Est-ce que je respectais leurs volontés ? Auraient-ils été choqués d'apprendre que je ne souhaitais pas habiter leur maison ? En mon for intérieur, je me disais, pour m'encourager, que rien ne les avait empêchés de laisser des instructions précises s'ils l'avaient voulu, qu'il fallait donc, puisque ce n'était pas le cas, que j'agisse comme je le voulais.

Mon père et ma mère reposaient en moi désormais. Rien dans la réalité ne pourrait plus contredire les images que je garderais d'eux, celles que je m'inventerais, les souvenirs que je reconstruirais à ma manière. Ils étaient à moi, en moi. Cette impression était faite de sérénité et de violence. Je regardais les miens, il n'y avait plus personne derrière moi, seulement à côté et devant moi. J'occupais la place de l'ancienne, celle sur qui l'on peut compter, celle qui a créé une nouvelle lignée.

Je contemplai ce qui m'entourait et le vertige me prit.

Lâchement je remis à plus tard de sortir de ce dilemme. Je choisis de commencer par emporter quelques babioles, quelques livres, qui m'appartenaient depuis l'adolescence et que j'avais toujours omis de ramener chez moi, comme s'il était rassurant de savoir qu'ils demeuraient dans la maison familiale telle une dernière attache avec le passé, un gage que la séparation n'était pas entièrement consommée, qu'on pourrait toujours y revenir, y trouver refuge. Je pris ensuite le parti d'enlever les cadeaux que je leur avais faits.

Dans les disputes de l'enfance, on se récriait : « Donner, c'est donner, reprendre, c'est voler. » Étais-je une voleuse ? Pouvais-je sans honte embarquer les deux volumes de Prévert dans la Pléiade, le plat à fruits ramené de New York, le catalogue d'une exposition Modigliani à Venise (comme il était lourd à trimbaler en montant et descendant les degrés des ponts qui enjambent les canaux), le pot toscan qui ne leur avait pas vraiment plu ?

Rien n'était simple. Chaque objet parlait de leur absence, ravivait le manque, la solitude. La tâche m'écrasait, la maison était trop chargée, la peine trop fraîche. Je reculais. Je sentais un poids immense peser sur mes épaules. J'aurais voulu m'enfuir, déserter. « Idiote ! pensais-je de moi-même. Laisse là tes scrupules. Tes parents t'ont assez empoisonné l'existence de leur vivant pour que tu ne t'empoisonnes pas toi-même après leur mort ! Fais ce qu'il te plaît. »

Je suis montée dans le grenier. Dans un coin se trouvait, tout rond, en feutre noir, décoré d'un visage souriant, grandes lèvres rouges, yeux étonnés, deux grands anneaux dorés cousus au bord des oreilles, le coussin de mon lit d'enfant, ma chère Bamboula ! Je l'ai serrée contre moi comme autrefois, puis l'ai reposée là où je l'avais trouvée.

Le téléphone a sonné, j'ai soulevé le combiné, quelqu'un a prononcé le nom de ma mère, souhaitait lui parler, prendre de ses nouvelles, ne savait pas, confondait nos voix. Non, dis-je, ce n'est pas elle, c'est sa fille, et je donnai mon nom à la place du sien. Elle n'était pas là, elle ne serait plus jamais là.

Avant de quitter la maison, j'entrai dans leur chambre. Tout était présent, intact.

À la tête du lit, du côté où ma mère dormait, se trouvait le portrait de mon père : accoudé au bord d'une fenêtre ouverte, un beau jeune homme souriait, depuis cinquante-sept ans. De son côté à lui, pâlie par le temps, une image où se devinaient dans une forêt de caractères noir sur blanc le visage de ma mère et le mien en gros plan. Cette photographie fut prise à New York en 1972, tout en haut d'une des Twin Towers. Ground Zero.

Le rien et le trop

Il y a quelque chose de l'ordre du sacré dans le foyer parental. Y toucher relève du sacrilège, de la profanation.

Par où commencer le démembrement ? Comment se résoudre à balayer la singularité et la cohérence propres à ce lieu ? Débarrasser une pièce à la fois, mais laquelle ? Y avait-il une chambre moins empreinte de réminiscences qu'une autre ? L'éclat de la vie irisait toute chose. Pas un coin, un angle de la maison qui ne portait les traces encore vibrantes de ses habitants disparus. Où mettre à exécution la dévastation ? En quel lieu s'exercer au vandalisme ? La manière douce de s'y prendre existait-elle ? J'effleurais les objets, j'en prenais un, le caressais, le reposais, en saisissais un deuxième, je ne me décidais pas à fixer son sort. Attaquer la cuisine, le salon, la salle à manger ? Dépareiller, disperser, séparer. Pourquoi devais-je au deuil ajouter le désordre et la désolation ?

Les choses ne sont pas seulement des choses, elles portent des traces humaines, elles nous prolongent. Nos objets de longue compagnie ne sont pas moins fidèles, à leur façon modeste et loyale, que les animaux ou les plantes qui nous entourent. Chacun a une histoire et une signification mêlées à celle des personnes qui les ont utilisés et aimés. Ils forment ensemble, objets et personnes, une sorte d'unité qui ne peut se désolidariser sans peine. J'errais dans la maison, irrésolue, accablée, impuissante.

Puisqu'il fallait trancher, je décidai d'emporter leurs papiers personnels sans les regarder, de les classer plus tard, en prenant le temps, pour leur accorder une attention et une disponibilité que je n'avais pas en ces premiers moments de deuil.

Je transformai mon garage en lieu d'archives, j'y montai des mètres et des mètres de bibliothèque, alignai les boîtes, dossiers, chemises qu'ils avaient eux-mêmes conservés au fil du temps : les correspondances et les souvenirs côte à côte avec les extraits de banque, les factures de téléphone et d'électricité, les primes d'assurances ou les doubles des feuilles d'impôts. Ils avaient tout, tout, tout gardé depuis trente, quarante, parfois même cinquante années et plus. Des centaines de longues soirées d'hiver pluvieuses seraient nécessaires pour dépouiller ces masses de papiers dont il était difficile de décider, sans les compulser, s'ils étaient importants ou anodins, à conserver ou à jeter.

Il y avait surtout des rangées de dossiers,

de fichiers et de documents rassemblés par ma mère pour établir la double généalogie de sa famille, ainsi que quelques bribes concernant celle de mon père. C'était un immense travail qu'elle avait accompli avec la patience, le soin, le goût de l'ordre et le désir de perfection qui étaient les siens.

Devais-je devenir l'archiviste de leurs vies ? faire de ma maison un musée de leur passé ? un autel des ancêtres ? S'il est sain de garder un lien puissant avec ses racines, ne deviennent-elles pas dangereuses lorsqu'elles débordent de terre et envahissent la part aérienne de l'arbre, prêtes à l'étouffer ?

J'avais vingt ans quand ma mère se mit en tête de mener des recherches généalogiques. Je la regardais faire avec une légère ironie. Son zèle m'ennuyait, j'aurais préféré qu'elle me parle de son propre passé de rescapée du génocide plutôt que de l'ancêtre lointain qui fut peut-être musicien dans l'armée napoléonienne. Tout à sa joie de renouer avec ses ascendants, elle ignorait que la filiation n'allait pas de soi pour sa descendance. Tout génocide brise l'évidence de la suite des générations. Elle cherchait ses ancêtres. Je ne pouvais accéder à l'histoire de ma propre mère.

Dans les premiers mois de son engouement, elle nous avait entraînés, mon père et moi, dans de paisibles cimetières entre Rhin et Moselle, où elle prenait pieusement note de toutes les inscriptions qu'elle déchiffrait sur les tombes préservées de ses ancêtres. Quant à moi, je préférais grimper dans un arbre ou m'asseoir sur quelque pierre pour poursuivre une autre Recherche. Je lisais imperturbablement Proust. Au milieu des stèles funéraires, la littérature m'offrait des ancêtres imaginaires, m'ouvrait une dérobade à la suite ininterrompue des cinq cent mille générations qui nous ont précédés...

Ma mère n'avait pas eu le temps de rédiger un texte pour mettre en forme cette généalogie qu'elle mena jusqu'au dix-septième siècle. Elle avait néanmoins écrit, à la fin de sa vie, en s'adressant à sa petite-fille, les souvenirs de sa première enfance, une enfance heureuse dans les années vingt, entre Cologne, sa ville natale, et la campagne rhénane. Malgré mon insistance et mes encouragements, elle n'alla jamais au-delà de son arrivée à Strasbourg, après l'accession de Hitler au pouvoir en 1933, et de sa joie de découvrir un pays où l'on écrivait en lettres capitales sur le fronton des mairies les mots Liberté, Égalité, Fraternité.

Je soupçonnais mon père de l'avoir empêchée d'écrire sur son expérience concentrationnaire. Il voulait lui épargner, disait-il, de trop fortes émotions, ou se protégeait-il lui-même ? Elle respecta son interdit jusque dans son bref veuvage. Je savais qu'elle avait pourtant, comme lui, accepté de parler pour les générations futures et qu'il existait des cassettes audiovisuelles de quelques heures d'interview sur leurs souvenirs d'anciens rescapés des camps nazis, réalisées par une fondation universitaire.

Ces témoignages, ils ne m'avaient pas proposé de les visionner, je ne m'étais pas senti le droit de le leur demander. Le silence que nous n'avions pu briser, ni eux, ni moi, se poursuivait après leur mort.

Il me revenait de rompre, seule, ce tabou. Ce qu'ils m'avaient caché était-il pire que ce que j'avais lu ou entendu ? Ce que je savais, je ne pouvais pas le savoir, ils n'avaient pas voulu que je le sache. C'était un savoir interdit. Entaché d'horreur, de honte, de déni, un savoir saisi dans la glace, pétrifié.

Mes parents avaient lutté pour survivre ; les enfants de la génération après le génocide, comme je l'étais, devaient se battre pour vivre en leur nom propre. Pour vivre sa propre histoire, il fallait s'extraire du magma indifférencié, écrasant, de leur mémoire traumatisée.

Auto-analyse interminable : tenter de décoller son psychisme du psychisme parental.

Pourquoi, parmi tant d'autres possibles, ai-je eu l'envie d'ouvrir cette toute petite mallette de cuir patinée par le temps ? Hasard ou intuition. Elle contenait des liasses de lettres dont j'ignorais l'existence. Écrites, en allemand, par la mère de mon père et adressées à celui-ci, en internat, alors qu'il n'était encore qu'un très jeune adolescent, en 1938, ces lettres parlaient d'un temps que mon père n'avait jamais évoqué devant moi.

De cette grand-mère russe, déportée et assassinée par les nazis en 1942, je ne savais rien. Depuis des années, je gardais une petite photo d'elle dans mon carnet d'adresses ; on la voyait tenir un petit chaton dans les mains à hauteur de son visage, elle lui souriait, le regard doux et amusé, les cheveux ramenés en chignon, les pommettes hautes et marquées, très slaves. À l'arrière, ces mots au crayon bleu : « Scheveningen, 1939 ».

Avec elle, tout un monde avait disparu : la famille russe, la cuisine russe, la langue russe, les souvenirs russes, les noms russes. J'aurais aimé la connaître, mais mon père ne l'évoquait que très rarement, comme si parler d'elle le faisait souffrir. Quand mon père vit-il sa maman pour la dernière fois ? Quand apprit-il sa mort abominable ? Enfant, j'avais souvent tenté de l'accompagner dans la chambre à gaz, me la représentant prisonnière, paniquée, follement inquiète du sort réservé à ses enfants, asphyxiée, suffoquant, saisie de terreur, anéantie.

Qu'est-ce que mon père avait recueilli de sa mère ? Une liasse de lettres, une ou deux photographies, des traits de caractère peut-être, une forme de visage. Et un petit bijou, que son frère aîné conserva pour le lui donner après la guerre, un médaillon en émail bleu que j'aurais aimé porter, ce qui me fut refusé, je ne sais pas pourquoi. Je ne reçus que son prénom, Rose. C'était un legs bien trop lourd.

Entre mélancolie et amertume, tristesse et douleur, gratitude et découragement, je pensai que j'avais de la chance d'avoir vu mes parents vieillir et de pouvoir à présent recueillir des objets qui me parlaient d'eux. Mes parents avaient voulu tout conserver. Ils n'avaient pu se détacher de rien, rien jeter, parce que leur jeunesse avait été brisée par trop d'exils et de disparitions. Ils me chargeaient de trop parce qu'ils avaient eu trop peu. Ils cherchaient à combler leur vide.

D'une génération à l'autre, le rien pèse, le trop aussi. Ne transmet-on jamais que du négatif?

Comme une pomme sur une chèvre

Derrière des casseroles à poisson, à couscous, des bassines en cuivre pour faire de la confiture, des sauteuses, des caquelons empilés, des dizaines de boîtes de conserve, de pots de marmelade vides, des provisions d'eau minérale, de compotes de pommes, de carottes et petits pois, de rouleaux de papier de soie, de bouts de ficelle, de bouteilles de vin et de vidanges diverses, se trouvaient, dans la cave à provisions, innocents comme des nouveau-nés, mes tout premiers biberons !

Comment mes parents, des personnes que je croyais sensées, avaient-ils cru nécessaire

– ou amusant ou spirituel ou farceur ou ?… – de conserver ces petites bouteilles de verre épais à la tétine en vieux caoutchouc brun ? Bien des bébés étaient passés dans leurs bras depuis qu'ils m'avaient donné du lait, n'avaient-ils donc pas compris que ces vieux biberons ne serviraient plus jamais et qu'il était absolument sans intérêt de les conserver ? S'attendaient-ils à me les voir garder à mon tour indéfiniment et en vain – puisque j'avais nourri ma fille au sein et que ma seule tentative de lui faire prendre un biberon s'était soldée, au moment de les stériliser, par l'odeur nauséabonde de tétines rabougries au fond d'une casserole dont toute l'eau s'était évaporée parce que je l'avais oubliée sur le feu ?

Je pris pour les offrir les anciens pots de confiture que je trouvai à côté des invraisemblables reliques laitières et quittai la cave à provisions, épuisée, dubitative, abasourdie.

Rien ne nous est indifférent dans la maison de nos parents.

Quelques jours plus tard, je m'attaquai au tri des papiers de banque, des factures de téléphone, des prospectus divers, des modes d'emploi d'appareils ménagers ou de chaînes hi-fi qui remplissaient quelques tiroirs. Et voilà qu'à nouveau, sous les dehors paisibles et ennuyeux de chemises et de classeurs bien ordonnés, gisait de l'imprévu. Parmi des papiers administratifs communs soigneusement rangés par ordre chronologique s'étaient glissés des intrus venus d'une époque révolue depuis longtemps. Surgissaient des années cinquante, à l'époque de ma naissance, sans crier gare, des quittances de loyer que ma grand-mère maternelle payait au Kremlin-Bicêtre, 20, rue Delescluze. Tout y était détaillé : loyer – 4.431 –, majoration semestrielle – 341 –, ordures ménagères – 430 –, eau – 289 –, électricité – 94 –, et surtout : baignoire – 277…

Avec stupeur, je découvris ensuite une enveloppe contenant d'autres factures datant des mêmes années. Parmi elles se trouvait celle du séjour de ma mère à la maternité où j'étais née ! Tout était indiqué, comme si cela datait d'hier : le prix de la chambre du 15 au 23 juillet, ceux des médicaments, des soins journaliers, de la location de la salle d'accouchement, des forceps, des communications téléphoniques et même de la pension pour le bébé ! Tenues par un trombone se trouvaient également les factures du séjour que je fis, seule, à la maternité jusqu'au 5 septembre. Ma mère avait eu la tuberculose, les médecins jugeaient utile de lui retirer son nouveau-né pendant huit semaines pour le protéger du bacille de Koch. On m'avait vaguement parlé de cette séparation originelle, mais je n'en avais pas mesuré la longueur et je n'en saurai jamais le retentissement.

Comment se sent un bébé confié au personnel hospitalier plutôt qu'aux bras de sa mère ? J'ai longtemps pensé que cela n'avait pas facilité le début de ma vie ni la relation précoce entre ma mère et moi. Pour démentir cette idée, on me montrait une photographie prise à la clinique, où l'on me voyait dans les bras d'une très jolie infirmière, avec en surimpression le reflet de mon jeune père tendrement ému, souriant à son bébé derrière la vitre de la chambre. Je connaissais à présent le numéro de celle-ci – 466 –, le prix du lait maternel avec lequel on m'avait nourrie et celui de la radio du thorax que l'on me fit après quinze jours de vie. Le nom du pédiatre était le docteur Maurice et la facture adressée à l'« Enfant Flem Lydia »...

Avant de quitter la maison – je m'étais fait une règle d'emporter à chaque visite quelque chose pour conjurer le découragement qui me prenait en pensant à tout cet univers qu'il me fallait disperser, cet univers frémissant de nostalgie plus vaste qu'un océan à vider à la cuillère – je ramenai avec moi, ce soir-là, un tableau plein de couleurs et de tendresse et l'accrochai dans mon hall d'entrée. Il m'accueillerait chez moi comme il m'avait accueillie chez eux. Son titre, peint sous le bord supérieur, auquel je n'avais jamais prêté attention, était *Mon passé ressemble à une pomme sur une chèvre.* En effet, une chèvre au regard très doux avançait, une pomme rouge sur le dos, devant un personnage mélancolique, dont je n'avais jamais pu décider s'il s'agissait d'une femme, d'un homme ou d'une figure humaine double, une sorte d'être ou de couple hermaphrodite, homme et femme combinés. À l'arrière-plan, un petit village dansant comme dans les tableaux de Chagall : église, maisons, fenêtres de guingois. Pendant la nuit, je descendis voir la peinture à la lumière d'une lampe électrique, elle brillait rougeoyante et lumineuse dans l'obscurité. L'être double portait une jupe ample comme celles des paysannes russes, des seins ronds très blancs au-dessus du décolleté et deux étranges bras lui sortaient du ventre, comme deux sexes érigés, doigts ouverts en direction de la chèvre malicieuse aux pattes triangulaires. Ce tableau respirait une joie nourrie de désespoir. Il me convenait bien, traduisant ce mélange si difficile à vivre d'arrachement et de liberté.

Au bord du lit

J'écris ce que je ne pourrais dire à personne.

Primo LEVI

Disperser les objets qu'ils avaient aimés, choisis avec soin ou assemblés par hasard, gardés par habitude ou parce que « on ne sait jamais », voulus comme des balises pour maintenir le cap de la vie, enfermés dans des poches d'oubli ou protégés de la dégradation du temps pour témoigner de leur existence, en avais-je le droit ? Comment ne pas me sentir coupable de forcer leur intimité, d'entrer dans leur chambre sans frapper, de dévoiler leurs petites ou grandes manies, leurs excentricités, leurs blessures, de faire effraction dans cette part d'eux qu'eux-mêmes n'entrevoyaient sans doute pas et qui se dévoilait impunément à mes regards ? Et cette question toujours sous-jacente : y avait-il des secrets de famille ? Qu'allais-je découvrir que je voulais ou ne voulais pas apprendre ? Oserais-je ouvrir tous les tiroirs, lire tous les papiers, scruter les interstices, ou allais-je pudiquement me détourner de certaines choses, les enfouir dans des sacs et des cartons sans les déflorer, les jeter ou même les brûler sans rien en savoir ?

Comment se résoudre à l'inconvenance d'une telle indiscrétion alors même qu'elle rejoignait de vieux désirs refoulés venus de la plus haute enfance : écouter aux portes, regarder par le trou de la serrure, guetter les bruits de la chambre des parents, rassasier une curiosité depuis toujours frappée d'interdit et pourtant légitime : quel était le chiffre de ma naissance ? de quels amours étais-je née ? de quel désir de survie ? Quelles traces inconscientes mes parents m'avaient-ils transmises à leur insu ?

De quel impensable maternel et paternel étais-je issue ? Comment m'inscrire dans une lignée chargée de morts partis en fumée, de familles massacrées en toute impunité ? Comment être la fille de parents orphelins, esclaves mis au travail, humains que l'on a voulu soustraire à l'espèce humaine, réduits si longtemps au silence par l'assourdissant silence du monde ? Comment hériter de parents qui avaient fait de moi un garde-fou contre l'horreur, non pas leur enfant mais leur rempart ?

À ce passé inexprimable, à cette succession de traumatismes qu'ils vécurent avant ma naissance, que pouvais-je opposer sinon la recherche obstinée, tâtonnante, de mots perdus ? Pour devenir leur « libre » héritière, il me fallait rompre l'absolu d'un silence dont j'étais depuis toujours l'otage. Écrire devenait une tâche urgente.

À travers la concoction de la langue, l'indicible de leur passé ne m'empêcherait plus de vivre ma vie, séparée de la leur. Je ne serais plus l'enclos passif de leur détresse et de leur mutisme, mais l'héritière active de ma filiation. « Ce que tu as hérité de tes pères, acquiers-le pour le posséder. »

En revenant de chez eux, chargée de multiples sacs, valises, dossiers, et d'une lampe que mon père avait dessinée et réalisée dans les années soixante-dix, je me suis mise à ma table d'écriture et ai pris quelques notes à la volée, dans une sorte d'excitation qui faisait barrage aux sentiments multiples qui m'envahissaient. Sentiments difficiles à formuler à voix haute : entre douleur et délivrance.

La mort de ma mère si peu de temps après celle de mon père me les rendait terriblement présents, obsédants même. Ils occupaient toutes mes pensées, toutes mes actions. Je ne cessais mentalement mais aussi très concrètement d'évaluer et d'approfondir chaque aspect de mes liens avec eux à travers les années. C'était un concentré d'exploration psychique.

Je relus quelques-unes des lettres que je leur avais adressées. Je m'y livrais avec une sincérité à laquelle ils n'avaient jamais fait écho. Naïveté touchante qui me déstabilisait à présent, dont j'avais honte. J'aurais préféré ne pas me reconnaître dans ce miroir impudique, dans cette illusion de transparence, trop longtemps entretenue.

J'avais des mots en trop pour eux qui en manquaient. Cette disparité justifiait mon écriture, mais elle me renvoyait aux vertiges de la solitude que j'avais éprouvés en leur présence.

La détresse qui m'habitait avait été d'autant plus intense qu'elle était le double de leur propre détresse bien qu'ils n'aient pas pu y faire face, l'élaborer, la digérer, la métamorphoser, mais seulement tenter de l'endiguer, de la tenir tant bien que mal à distance. J'avais grandi sans pouvoir m'appuyer sur eux, épongeant leurs angoisses et leurs cauchemars sans que jamais rien n'en soit dit. Peut-être même n'en ont-ils jamais rien su.

Au contraire, on faisait comme si nous étions une petite famille sans histoire : papa, maman, la bonne et moi, alors que c'était : Hitler, Staline, l'Histoire et nous.

Ce pouvait être à la rigueur un sujet de discussion détaché de tout affect, jamais une rencontre, même balbutiante, à travers des mots et des émotions, une conversation entre parents et enfant. Ce qui hantait leurs nuits et leurs corps, surtout leurs pauvres corps avilis, mutilés, torturés, violentés dans un « là-bas » indicible, ils cherchaient l'un et l'autre à l'enfouir dans un oubli impossible. Leurs corps parlaient à leur place, douleurs d'estomacs, difficultés respiratoires, insomnies, stress, mal de dos, rêves de torture, cris déchirants la nuit. Mon corps, près du leur, était à leur image, imprimé par la guerre.

Je me réfugiais dans les livres, la musique, la peinture, la danse. Je cherchais dans l'art et la littérature l'expression de sensations et de sentiments qui à la maison erraient comme des fantômes insaisissables. Mes parents m'y encourageaient, cherchant même une complicité, qui m'isolait davantage. Ils étaient dupes, j'étais livrée à leurs démons que j'avais faits miens. Nos vies se télescopaient. Ma mère n'avait pas été gazée à Auschwitz, mais moi je vivais asphyxiée depuis toujours.

Sombre héritage.

Leurs langues étaient demeurées muettes, leurs papiers devenaient loquaces. J'avais un besoin vital de lire leurs archives, de les consulter dans leur matérialité même. Préciser les dates, noter les faits, regarder leur vérité comme une réalité, non pas seulement comme un fantasme terrifiant, hors du sens.

Émouvante et éprouvante symétrie : dans le petit tiroir fourre-tout situé au bord du lit du côté de mon père, je vis, enfoui sous les vieilles piécettes, montres et autres vide-poches, son matricule de prisonnier politique de guerre. Dans un autre lieu de la maison, je tombai quelques minutes plus tard sur un livre nazi, *Der Weg zum Reich*, que mon père, à la Libération, trouva jeté sur une banquette dans le train du retour et dans lequel il écrivit la seule confidence que j'aie jamais lue de sa plume : « Souvenir des derniers jours du "grand Reich". Trouvé le livre dans un wagon sur le chemin Wülzburg-Bruxelles. 15 mai 1945. Mon plus beau voyage. »

Je voulais savoir. Non plus être le contenant passif d'une trop grande douleur mais assumer l'histoire qui avait précédé ma naissance, comprendre l'atmosphère dans laquelle j'étais née. Me dégager d'un passé qui était resté entravé dans leurs poumons et m'avait empêchée de respirer librement. Les documents que je grappillai en divers lieux de la maison établissaient les faits, crus mais clairs et distincts, sans l'ombre d'une émotion, sans le risque d'une fusion mortifère.

Mon père fut arrêté en tant que Russe le 7 mars 1942 à l'université de Charleroi, en Belgique, « comme otage », précise un rapport de police. Il avait dix-huit ans. Il passa, jusqu'au 26 avril 1945, trente-huit mois au camp de travail de Wülzburg, dans la forteresse de Weissenburg en Bavière. Dans ses papiers je découvris aussi une photographie prise à l'heure de l'appel dans la cour et sa carte de prisonnier au Lager : *Ilag* XIII. Sur la photo d'identité, on le voyait tenant un tableau sur lequel le nombre 334 avait été inscrit à la craie.

C'était un très jeune homme au visage long et mélancolique, aux traits pâles et fins, avec d'abondants cheveux sombres et des lunettes toutes rondes qui lui donnaient un air de poète ou d'anarchiste. Il ne paraissait pas accablé, plutôt absent, comme s'il voulait offrir à l'ennemi un visage impénétrable, vidé de ses émotions, tourné vers soi-même. Peut-être s'était-il construit une cachette à l'intérieur de lui-même pour se soustraire à l'impuissance de sa situation, s'échapper de la prison de la terrible réalité. Libéré, peut-être n'a-t-il jamais complètement quitté cet abri, cette prison intime, qui l'avait sauvé, mais qui lui collait désormais à la peau.

De son incarcération, il ne me raconta jamais que des anecdotes tragi-comiques, le chat qu'il réussit à attraper et mangea avec un copain, dont il prétendait qu'il avait un goût de lapin, les jouets de bois qu'il fabriquait clandestinement à l'atelier pour les échanger contre du pain au moment de Noël, lorsque les gardiens allemands retournaient au village voir leurs enfants et qu'ils désiraient leur apporter des cadeaux malgré la guerre. Il se souvenait d'un prisonnier taciturne qui était le frère de l'assassin de Trotski. Il donnait à ses récits une touche d'humour et d'aventure qui me les rendait plus palpitants qu'effrayants. Il taisait la peur, la faim, l'humiliation.

Durant mon enfance, ses amis russes venaient le soir à la maison, ils riaient, parlaient trois ou quatre langues en même temps, écoutaient de la musique slave et mangeaient du bortch et des zakouskis, buvaient de la vodka avec des poissons fumés. Ils n'osaient pas retourner dans leur pays natal, de peur que les autorités soviétiques ne les contraignent à y rester. Plus tard, je rêvai que j'assassinais Brejnev pour libérer le pays de mes ancêtres. Étrange rêve d'accomplissement du désir : je lui plantais une aiguille dans le nez, il mourait tout en se transformant en vieille *babouchka.*

L'évocation de mes grands-parents paternels était chargée de douleur et de drame, l'un et l'autre avaient été assassinés. Ils n'avaient pas de tombe, ni de maison à vider. Rien. Il n'y avait aucun lieu où se recueillir en leur mémoire. Pas d'archives, de photographies, de traces de leurs vies. Je ne connaissais pas les lieux où ils étaient nés, avaient habité, s'étaient aimés. D'eux il ne restait rien, pas même une paire de lunettes ou un chapeau, le vide. Mon père n'avait pas été un héritier.

Du côté de ma mère, le petit tiroir au bord de son lit contenait parmi les traces habituelles de la vie quotidienne, mouchoirs froissés, médicaments entamés, pense-bêtes, clés, etc., trois petites boîtes plates dans lesquelles étaient disposées ses décorations françaises : la croix du Combattant volontaire de la Résistance, la médaille de la Déportation pour faits de résistance, et la croix du Combattant.

Enfant, je ne comprenais pas qu'une mère, une femme, ait des insignes militaires. J'en étais fière et troublée. Ma maman pouvait-elle être coquette et militaire ? L'ordre des sexes n'était-il pas inversé ? Et comment me révolter, me fâcher contre une héroïne, une résistante, une victime de la barbarie, sans me sentir jetée dans le camp des oppresseurs, des bourreaux ?

Sur les cartes qui accompagnaient les décorations, je lus les dates que je n'avais jamais pu mémoriser, jamais pu inscrire en moi.

Ma mère avait été déportée à Auschwitz du 11 août 1944 au 29 mai 1945. Elle avait vingt-trois ans au moment de son arrestation à Grenoble, le 10 juillet 1944. Une recrue de la Résistance lui avait maladroitement donné rendez-vous dans une impasse ; torturé par la Gestapo, le jeune homme avait lâché son contact, les Allemands attendaient ma mère à l'heure dite : « Tu es faite, ma petite. » Elle avait tenu sous la torture le temps que sa mère et ses amis résistants puissent se cacher. Le hasard, le sang-froid, l'âge et la volonté de se battre pour vivre, c'est à ces éléments que ma mère attribuait sa survie à Auschwitz. Notamment à un détail extraordinaire. Le jour de son arrestation, elle portait dans sa poche un insigne de la Croix-Rouge qu'elle avait trouvé par terre la veille. Cet insigne lui sauva la vie, en lui permettant de se déclarer infirmière à son arrivée au camp.

Quelques jours plus tard, en mettant de l'ordre dans son secrétaire, je trouvai parmi le papier à lettres, les timbres, les enveloppes doublées de soie, les rouleaux de scotch, les cartes de visite et le courrier en attente, un document unique : glissé dans une chemise de plastique, précieusement conservé, le petit morceau de papier sur lequel elle avait griffonné quelques mots au crayon à l'adresse de ses proches pour les rassurer sur son sort. Ce petit bout de vie précaire, elle l'avait écrit dans le convoi n° 78 qui partit de Lyon le 11 août 1944 avec environ 650 personnes par le train n° 14166, composé de neuf wagons, qui traversa la France par Mâcon, Chalon-sur-Saône, Chaumont, Vittel, Épinal et Belfort, et arriva à Auschwitz le 22 août. Le petit morceau de papier déchiré, elle le donna furtivement à un membre de la Croix-Rouge en lui demandant de bien vouloir le faire parvenir à sa famille ou à ses voisins à Tours. Une amie le conserva sans savoir si elle reverrait jamais celle qui l'avait écrit. D'une écriture ferme elle avait noté ces mots :

« 14 août à Chaumont. Nous sommes en route vers l'Est, ne pouvant pas aller à Paris. Le moral est bon. J'ai du courage. J'espère que nous nous retrouverons bientôt. La Croix-Rouge est très chic. Je vous embrasse tous, Édith. »

Inceste blanc

Ces quelques mots confiés à la bienveillance d'une inconnue, arrachés au convoi de la mort en gare de Chaumont, reposaient là devant moi, sauvés du chaos et de l'oubli, retrouvés par une survivante, une revenante.

Ce petit bout de présence, je le glissai dans un classeur où se joindraient d'autres empreintes et vestiges échappés de la masse des papiers qui sortaient de tous les replis de la maison comme une foule un jour de manifestation. Il me semblait les entendre crier, ces voix du passé, comme si elles voulaient que je les écoute toutes sans en oublier aucune. Elles se pressaient autour de moi, m'encerclaient comme la mélopée ensorcelante des sirènes murmurant à mon oreille : souviens-toi ! souviens-toi !

De tous les coins et recoins émergeaient toujours davantage de feuilles, d'enveloppes, de cartes, de notes, de cahiers, de petits carnets, de photocopies, de photographies, de plans, de brouillons, de listes, de pense-bêtes. J'en avais le tournis.

Devais-je, par fidélité, conserver ces infimes fragments de vie ? Leur étais-je enchaînée ? Mon père et ma mère avaient peut-être inconsciemment cherché à ensevelir l'horreur sous l'abondance de l'anecdotique, du quotidien, des petits bonheurs soutirés à la vie, au coup par coup, c'est toujours ça de pris à l'ennemi. Chacun garde intentionnellement ou par hasard, par paresse, par lassitude, des tas de paperasses. Mes parents avaient conservé presque toutes les strates de leur vie, tout ce qu'ils avaient pu sauver du néant : bouclier imaginaire contre le vide qui demeurait en eux ? Mais en quoi cela me concernait-il à présent ? Je n'étais pas censée, en devenant leur héritière, me faire leur psychanalyste. J'étais partagée entre l'envie de poursuivre mon exploration et le désir de plus en plus puissant de bazarder le tout. La curiosité m'en empêchait encore.

Tel un enquêteur obsessionnel, un Sherlock Holmes ou une Miss Marple à la recherche de la scène primitive, il ne m'aurait pas été très compliqué de reconstituer leurs faits et gestes grâce à dix ou vingt indices épars. Je pouvais retracer leurs déplacements à travers le monde, leurs vacances, leurs achats, leurs loisirs, leurs goûts : agendas entassés au fil du temps, billets d'avion, de train, itinéraires en voiture, notes de restaurant et d'hôtel, entrées de musée, programmes de théâtre, prospectus touristiques, plans de ville, cartes postales, dépliants de curiosités à visiter…

Plus sombre et dérangeant : des « carnets de santé » tenus minutieusement par ma mère des années durant avec listes de médicaments, rapports de médecin, radiographies, archives d'un accident de voiture comprenant les éléments médicaux rassemblés à l'occasion du procès intenté contre la partie adverse (une dame fortunée en voiture sport qui avait déjà, lors d'un accident précédent, tué un piéton, coupable d'avoir brûlé une nouvelle fois un feu rouge et d'avoir projeté ma mère et sa légère petite voiture italienne contre une façade), etc.

Plus gais : les plans de leur maison (mais aussi toutes les esquisses qui les avaient précédés, les factures détaillées de la construction, la maquette, etc.), des coupures de presse sur tout et sur rien, notes prises à des cours de langues, des conférences, des correspondances, des faire-part, des cartes de vœux, des diplômes, des modes d'emploi, des publicités, des télégrammes… S'écoulant de boîtes à chaussures, de pochettes, d'enveloppes de papier, de plastique ou de cuir, des lettres et des cartes postales du monde entier et encore des lettres, souvent les miennes évidemment.

Retrouvées, sans que j'y sois préparée, dix, vingt, trente ans après les avoir écrites, elles étaient pénibles à relire mais pas moins pénibles à jeter sans être relues. D'abord émouvant, ce face-à-face avec soi-même que l'on n'a pas choisi devient rapidement pesant. J'avais envie de crier : assez ! ça suffit !

Après m'être demandée très longtemps – trop longtemps ? – si j'avais le droit de déchirer ce qu'ils n'avaient pas eux-mêmes jeté à la corbeille, après avoir tourné et retourné encore quelques vieux papiers hors du temps entre les doigts, je fus prise d'une furie de jeter. Comme dans un jardin devenu jungle, le bonheur de couper, d'élaguer, de tailler dans le vif, s'était emparé de moi. Je m'y livrai avec la volupté de faire enfin le vide. Je précipitai ces bouts de papier fanés dans d'immenses poubelles qui s'alourdissaient jusqu'à devenir insoulevables comme parfois la mémoire empêchée de s'éteindre dans l'oubli.

Je ne sauvai du massacre que quelques mots doux de mon père à ma mère, avec ses malicieux dessins de soleil, de vaches, d'oiseaux, ou d'amoureux, qui portaient les surnoms qu'ils se donnaient depuis leur rencontre : Pieps et Paps.

Retrouver un morceau de papier couvert de leurs calligraphies réveillait la nostalgie. L'écriture, comme la voix, est une émanation du corps. Mais la voix s'éteint, la graphie reste.

Le tracé de leurs jambages, des hampes de leurs consonnes, la courbe de leurs voyelles avaient piégé leurs présences, donné une intensité à leur absence. Je ne pouvais plus toucher ou regarder leurs visages vivants, mais je pouvais encore effleurer du doigt leurs écritures familières, elles n'étaient pas mortes.

Je glissais dans des chemises transparentes les lettres, les cartes, les documents qui témoignaient de leur histoire. Je les classais par ordre chronologique. Leurs vies se dessinaient. Sommes-nous tous voués à écrire l'histoire de nos parents ? Même après leur mort, ne cessons-nous jamais de vivre pour eux, à travers eux, en fonction d'eux ou contre eux ? Est-ce une dette qui nous poursuit toujours ?

Au fil des années les marques des drames de la guerre et de la déportation s'étaient atténuées, la vie s'écoulait avec une certaine douceur, une certaine bienveillance. Puis, dans les derniers temps, la mémoire du passé s'était faite à nouveau plus présente. L'un et l'autre avaient souhaité inscrire leurs témoignages avant de disparaître pour que les générations futures ne puissent pas dire : « On ne savait pas. »

Ils avaient voulu retrouver la trace de leurs disparus, mener des recherches pour vérifier la date de leur déportation, le numéro du convoi qui les avait conduits dans les camps de la mort, faire inscrire leurs noms sur des monuments commémoratifs, des murs de noms, des bases de données, afin que chaque mort retrouve son identité, sa singularité, son humanité. Ce n'était pas de leur part un devoir anodin mais un dernier combat de la mémoire.

Parmi les papiers qu'ils avaient collectés et préservés pour me les transmettre, se trouvait une lettre de la Croix-Rouge néerlandaise qui annonçait à mon père le 10 novembre 1949 que sa mère, née le 23 septembre

1879, avait été prise en Hollande et déportée à Auschwitz. Selon une liste allemande, nommée « Judentransport aus den Niederlanden », à la date du 2 novembre 1942. À la page 44 du document, son nom étant inscrit face au numéro 1089. « Comme la plupart des déportés ont été directement gazés [*vergast* en néerlandais] et brûlés dans les crématoires [*gecremeerd*] », le directeur de la Croix-Rouge hollandaise écrivait que Mme « Rosa Widenski-Flem mourut vraisemblablement le 5 novembre 1942 ».

Cette déclaration sur papier à en-tête de la Croix-Rouge fut son seul tombeau.

Une lettre du Centre de documentation juive contemporaine, datée du 11 janvier 1999, m'apprit que, selon le vœu de ma mère, les membres de sa famille déportés de France avaient été inscrits dans le volume IV du Livre du Souvenir, conservé dans la crypte du Mémorial où chaque année se déroule une cérémonie dédiée aux victimes sans sépulture de la Shoah. Je l'ignorais. Elle ne m'avait jamais dit non plus que la plus grande partie de sa famille avait été déportée à partir du territoire français. Ma grand-mère, qui fut sauvée grâce aux religieuses du couvent Notre-Dame-de-Sion, près de Grenoble, ne m'avait pas davantage parlé de sa mère, de sa sœur ni de ses frères et belles-sœurs qui avaient péri assassinés par les nazis. Ou n'avais-je pas pu l'entendre tant elles n'avaient pas voulu que je le sache ?

En prenant connaissance de cette énumération, je les accueillais et les perdais dans le même instant. Pensant à eux, je pouvais les mettre en terre alors qu'ils disparurent en fumée dans les nuages du ciel de Haute-Silésie. Ils retrouvaient leur place d'êtres humains morts parmi les êtres humains vivants :

Friedrich Esser, un grand-oncle maternel,

né le 30 juin 1898 à Cologne, déporté de Drancy à Auschwitz par le convoi n° 33, en date du 16 septembre 1942 ;

Bertha Kaufmann, mon arrière-grand-mère, née le 24 août 1860 à Oberembt (Allemagne), et sa fille Irène, née le 18 novembre 1893 à Jülich, déportées de Drancy à Auschwitz par le convoi n° 45, en date du 11 novembre 1942 ;

Julius Kaufmann, mon grand-oncle, né le 17 février 1899 à Jülich, et son épouse Ruth, née le 4 décembre 1908 à Brême, déportés de Drancy à Auschwitz par le convoi n° 47, en date du 11 février 1943.

Les morts ne flottaient plus autour de moi comme des fantômes menaçants. Les morts, même atrocement assassinés, redevenaient des morts. Je cessais d'être le petit enfant qui, s'imaginant cadenassé dans la chambre à gaz, retenait sa respiration pour ne pas aspirer le poison et mourir.

Dit-on assez aux enfants des survivants de génocide, du Rwanda, du Cambodge, d'Arménie ou d'ailleurs, qu'il faut du temps au temps pour que leurs morts deviennent des morts, et les survivants, des vivants parmi les vivants ?

Lorsque ma mère, dans ma petite enfance, concluait toutes ses tentatives pour dire l'horreur inouïe qu'elle avait vue et vécue dans les camps d'extermination par : « on ne pourra jamais dire ce que nous avons subi, c'est impossible à raconter », j'étais envahie par une sensation d'impuissance sans bornes. Mon père ordonnait à ma mère de se tourner vers l'avenir, de ne pas solliciter les souvenirs, de ne plus parler de « tout ça ». Ils me laissaient seule avec l'effet de ces paroles inachevées. Ils ne mesuraient pas la résonance de leur détresse muette. Avaient-ils oublié que même les très jeunes enfants cherchent à comprendre ce qu'ils entendent et surtout veulent découvrir le sens caché de ce qui leur est dissimulé ?

Ma pauvre imagination enfantine tentait de combler les blancs de leurs récits, cherchait à se représenter ce qu'avait pu vivre ma mère de si terrible. Ma mère, c'est-à-dire le corps maternel, le corps de celle qui m'avait portée dans son ventre, qui me tenait dans ses bras, sur ses genoux, dont je pouvais toucher et sentir la peau. Qu'était-il arrivé à cette peau si douce et parfumée, à ce giron si tendre, à ces bras aimants ? Comment jouir de cette tendresse maternelle en m'approchant d'un corps qui avait été tabassé, rasé, tatoué, affamé, humilié, dont on avait industriellement prémédité la disparition ?

Mon corps n'était pas encore complètement distinct du sien. L'évocation de violences, de tortures, de sévices perpétrés sur le corps maternel, mêlée à mon expérience sensorielle de cette peau laiteuse, de ce souffle chaud, de ces regards doux, rendait la proximité corporelle inquiétante, infiltrée de fantasmes sexuels sadiques à la limite de la conscience. Aucune image précise ne m'envahissait mais une sensation diffuse de danger, la perception d'un lien obscur, trouble, entre le sexe et la mort. La terreur infiltrait ma curiosité sur les choses sexuelles. Tout se confondait, le désir et la plus vive angoisse.

La nuit il me venait d'étranges idées cauchemardesques, des soubresauts me traversaient, que je ne pouvais pas reconnaître comme miens. Le corps à corps archaïque de la mère et de l'enfant se chargeait d'images insoutenables. Comment y échapper ? Où trouver un abri ? À qui faire confiance ? Mes parents ne m'avaient ni confiée au monde ni protégée d'effrois intérieurs. Inceste blanc.

Quelques semaines après la mort de ma mère, deux ans après avoir enterré mon père, je pouvais lire des mots qui mettaient fin à l'aliénation du silence, à la trop forte proximité fantasmatique.

Oserai-je le confier à ces pages ? En perdant mes parents, je perdais aussi des identifications paralysantes, terriblement angoissantes. En me quittant, ils me libéraient de leur emprise muette. Ils étaient morts. J'allais enfin pouvoir les rencontrer.

Matrimoine

Farfouillant dans des tiroirs emplis de linge ancien brodé aux monogrammes de ma grand-mère ou de mon arrière-grand-mère, je vis, attaché à un petit sachet transparent qui enveloppait deux cintres recouverts de mailles en laine bleue, un petit mot sur lequel ma mère avait écrit, sans doute à mon intention : « crocheté par Bertha Kaufmann vers 1920 ».

Ma mère avait donc pris, à une date inconnue, le soin extrême d'anticiper ma découverte future. Elle savait que j'aurais un jour à faire ce travail éprouvant, nostalgique, déchirant, de choisir ce qu'il fallait garder ou pas dans la maison familiale. En prévision de ce moment où elle ne serait plus là, elle m'avait laissé cette indication. Elle avait voulu retenir mon regard. Comme si elle s'adressait à moi, *post mortem*, pour me dire : « Attention, ceci est précieux, conserve-le ou rejette-le en sachant l'origine de cet objet. C'est ton arrière-grand-mère qui a réalisé cet ouvrage au crochet. J'aimerais que tu le gardes en souvenir d'elle et de moi. Donne-le à tes enfants et aux enfants de tes enfants. Voici le témoignage d'une longue lignée de femmes habiles de leurs mains, attentives au beau linge, soucieuses du bien-être de leur famille, prends-en bien soin, comme je l'ai fait avant toi. C'est notre "matrimoine". »

Miraculeusement préservée des guerres, des déménagements et des exils, une partie des trousseaux de plusieurs générations de jeunes mariées de ma famille maternelle se trouvait là. Parmi les piles de linge brodé à la main, ma mère avait privilégié ces deux cintres recouverts d'un manteau de laine, crocheté à petits points par sa grand-mère maternelle pendant les années heureuses de son enfance. De ces draps et de ces nappes de lin, de métis damassé, de ces dentelles précieuses, elle ne me disait rien. Que pouvais-je en faire ? Les serrer à mon tour dans de grandes armoires en chêne sentant bon la lavande que je ne possédais pas ? Où étaient les grandes tablées d'autrefois pour les accueillir sous la lumière des grands bougeoirs, des services de porcelaine, des couverts d'argent et des serviettes fraîchement empesées ? Ce monde n'était plus, un tel mode de vie n'existait plus. Je n'avais pas été éduquée pour me marier et tenir une maison selon les règles d'autrefois. Le savoir-faire de mes ancêtres ne m'avait pas été transmis.

Mes matriarches du temps passé, vous qui viviez il y a quatre, cinq, six ou sept générations, Agnès, Sophie, Julia, Regina, Caroline, Amalia, Bertha, je vous salue à travers vos nappes et vos draps blancs. Je pense à vos destins de femmes courageuses et fortes. Vous avez cueilli les fruits de la vie, vous l'avez transmise, elle m'a traversée à mon tour. Ne m'en veuillez pas, je suis fille de mots et de papier. De vos trousseaux je ne garderai que quelques pièces, les plus belles, en souvenir de vous. Ne me demandez pas de laver à la main ces tissus précieux, de les calandrer, de les amidonner, d'en raccommoder les accrocs, d'en ravauder les déchirures. Votre arrière-arrière-petite-fille a troqué l'aiguille pour le porte-plume et le stylo électronique.

Armoires, penderies, garde-robes, tout débordait de vêtements et de linge : repassés, pliés, rangés en piles régulières, parfois même glissés dans des sachets de plastique ou entourés de papier de soie dans de petites boîtes, des dizaines de pulls, chemisiers, blouses, caracos, débardeurs, tee-shirts, reposaient là, attendant peut-être d'être encore portés et admirés. Ils avaient toutes les couleurs de l'automne, celles qu'aimait ma mère : du brun doré au marron clair, de l'orangé au miel, du « camel » à l'ivoire, du roux au brun « tête de nègre », avec par-ci par-là quelques teintes inattendues, amarante, violine ou bleu d'azur, avec des rayures contrastées, des imprimés vifs, dans des matières précieuses. Tout était impeccable, comme neuf, disposé comme dans une boutique de luxe.

Ma mère tenait beaucoup à la distinction et à l'élégance. Elle se disait révolutionnaire à vingt ans, mais n'avait jamais cessé d'avoir un faible pour les belles « toilettes ». À ses yeux je n'étais jamais assez « nette ». Enfant, mes cheveux demeuraient indisciplinés, mon col de chemisier ne restait pas longtemps blanc ; avant la fin de la journée, ou même au cours d'une visite, tout bougeait de travers sur moi : mes chaussettes se tortillaient autour de mes jambes et bâillaient vilainement sur mes chaussures, mes lacets se défaisaient, mes nœuds étaient maladroits, ma jupe tournait autour de ma taille, mon chemisier se plissait vilainement, tout m'échappait, une vraie catastrophe.

Ma mère, elle, n'avait pas un cheveu qui dépassait de sa mise en plis, ses ongles étaient impeccablement laqués, ses sourcils redessinés au crayon, la couture de ses bas bien centrée à l'arrière de ses jambes, ses chaussures et son sac assortis et cirés. Sa mise était classique, sobre : dans les camaïeux de beige la plupart du temps ; en bleu, blanc, rouge au printemps. Ma mère s'habillait avec une élégance un peu austère, presque raide, mais il lui arrivait de rompre cette ordonnance pour arborer le temps d'un après-midi ou d'une soirée un ensemble excentrique très « couture ».

Il y avait chez elle une démesure sous la distinction, un curieux mélange d'excès et de contrôle. Elle avait sûrement peur de ses enthousiasmes, de ses passions, cherchait à les brider. Le feu couvait sous la cendre. Elle réprimait chez moi ce qu'elle ne supportait pas chez elle : la fougue, le désordre, l'insouciance, la sensualité.

Dans sa jeunesse, elle avait appris la couture. Elle fut pendant quelques mois, à Tours, « petite main » dans un atelier de mode. Sa grand-mère avait été modiste, elle tenait un magasin et vendait les chapeaux qu'elle confectionnait. Ma mère garda toute sa vie la passion de la mode, qui la rattachait à cette grand-mère l'ayant en partie élevée et pour qui elle n'avait éprouvé que tendresse et admiration. Celle-ci aimait répéter que ce que des mains avaient façonné, d'autres mains pouvaient aussi le façonner. Ce fut le credo de ma mère.

Je l'ai toujours vue coudre. Elle achetait des patrons et les épinglait sur le tissu qu'elle avait choisi, soie, laine, mousseline, velours. J'aimais la voir tracer d'une mince craie blanche les contours des pièces de tissu, couper des lés, « bâtir » le vêtement puis faufiler avant de retirer les épingles pour le premier essayage. Souvent elle ne bâtissait qu'une demi-robe avant de monter l'ensemble. Elle se regardait dans le miroir, emballée de papier de soie crissant, soutenant sa robe en devenir au creux de l'estomac, pliant le coude pour évaluer la longueur d'une manche, le tombé d'une emmanchure, le creux d'un pli, fronçant les sourcils, quelques épingles à tête de couleur au coin de la bouche. Parfois elle me demandait de remonter une épaule en y glissant quelques épingles, je m'y piquais, je criais, elle me sermonnait. Elle m'expliquait que les couturières professionnelles mâchonnaient toujours du fil blanc qu'elles sortaient de la bouche pour essuyer les gouttes de sang qui perlaient au bout des doigts. La robe, la jupe, la veste presque achevée, elle l'assemblait complètement puis cousait à la machine de fines et solides coutures en fil de soie parfaitement assorti à la teinte de l'étoffe. Ton sur ton. Elle achevait son ouvrage en réalisant les ourlets à la main.

J'adorais la voir faire des boutonnières, des lichettes, glisser de petits liens sous les bretelles pour y retenir le soutien-gorge et l'empêcher d'apparaître, coudre les petits coussins chargés d'absorber la transpiration sous les bras pour éviter de tacher la laine ou la soie en y laissant une déplaisante auréole. Pour une robe du soir qu'elle porta une seule fois, lors d'un mariage, elle passa des heures entières pendant plusieurs semaines à la recouvrir de paillettes aux reflets irisés.

Vingt, trente, quarante ans plus tard, je me tenais devant la garde-robe ouverte et contemplais ces robes qu'elle avait cousues à la main avec une patience infinie, une attention sans faille, toujours prête à défaire ce qu'elle n'estimait pas impeccable. Elle était une infatigable Madame Parfaite.

Je la surprenais souvent à tirer légèrement la langue en dehors de la bouche en signe d'effort et de concentration. Il ne fallait pas la déranger. Elle retenait son souffle pour rectifier, corriger, retracer la courbe d'un évasé, le creux de l'aisselle, la découpe d'une cambrure, l'arrondi d'un décolleté, la ligne d'un revers, le « tombé » d'une jupe. Elle utilisait des mots merveilleux que personne d'autre ne prononçait : guipure, fronces, crêpe de Chine, passepoil, point de feston, godets, lés, volants…

Comme dans un musée de la mode, je pouvais suivre l'évolution de la silhouette d'une femme à travers les années soixante, les Seventies, les années quatre-vingt, la fin du siècle. Elle avait tout conservé et les souvenirs affluaient apportant avec eux la mémoire olfactive de son parfum : le Chanel n° 5. Parfum d'une génération de mamans. Je suis l'enfant de ce bouquet mythique qui enveloppa la nudité radieuse de Marilyn. Là, dans la pénombre de la profonde armoire, je retrouvai la petite robe noire taille basse à la jupe virevoltante et aux manches de dentelle noire qu'elle portait au mariage d'une amie à Berlin en 1970. Serrée contre elle, la robe en laine rouge coupée sous la poitrine, dite taille princesse, qu'elle agrémentait d'un merveilleux médaillon de sa grand-mère dont je rêvais qu'un jour je le porterais à mon tour. L'ensemble en soie sauvage couleur de perle avec la blouse assortie, parfaitement boutonnée sur son cintre de bois dérobé dans un grand hôtel, la robe d'été orange qui m'évoquait les vacances heureuses de ma petite enfance à Saint-Raphaël ou à la Foresteria à Torre del Lago-Puccini. Et aussi la robe en voile de soie légère comme un souffle, la robe de cashmere rouge, la robe à plis en shantung, l'ensemble pantalon en soie sauvage bleu océan, la jupe chamarrée en taffetas, le tailleur beige et la jupe longue damassée.

Qu'allais-je faire de cette garde-robe qui témoignait si intimement de son savoir-faire, semblait garder non seulement la forme de son corps, de ses gestes, mais était habitée de son talent, de son goût très sûr, de son âme d'artiste ? Je refermai l'armoire, découragée : je n'aurais jamais le cynisme ni de jeter ni de vendre, ni de céder à quelques femmes anonymes ces robes dérobées au temps qui passe, soustraites à la vieillesse et à la maladie, merveilleusement intactes, toujours parfaitement belles.

Je laissai passer quelques jours. Je rouvris la porte et commençai à sortir de l'armoire ce qui se trouvait déposé sous les vêtements pendus. De grands sacs de plastique remplis à la hâte contenaient des chapeaux d'hiver à n'en plus finir, des sacs en cuir datant des années quarante. Tapie au fond, sous un monceau d'écharpes, de gants, de châles, de chaussettes et de fleurs en tissu protégées par des boîtes transparentes, je découvris un grand sac ayant appartenu à ma grand-mère. Je l'ouvris et demeurai stupéfaite. Il contenait exactement ce que la mère de ma mère y avait déposé les derniers jours de sa vie.

Depuis sa mort, en février 1979, près de vingt-cinq ans plus tôt, ma propre mère ne l'avait pas vidé ; peut-être ne l'avait-elle même pas ouvert, le glissant au fond de l'armoire sans pouvoir y toucher. Il me revint en mémoire qu'elle ne vida pas elle-même le petit appartement qu'occupait sa mère à la fin de sa vie, elle m'en chargea. Pourquoi me laissa-t-elle, seule, déjà, débarrasser les armoires de ma grand-mère ? Éprouvée par cette expérience, je l'avais commentée en jetant à ma mère ces paroles plutôt cruelles : « J'espère que toi au moins tu laisseras des papiers en ordre ! » Elle y veilla. Mais il m'était réservé de faire l'inventaire du sac de ma grand-mère, tel qu'il resta figé à l'instant de sa mort. Je fis glisser les attaches et l'entrouvris.

Des bonbons y reposaient, collés aux mailles d'un filet à provisions blanc et jaune, comme émergeant d'un filet de pêche. Poisseuses mais toujours emballées de coquets papiers transparents multicolores, les friandises semblaient attendre d'être offertes à quelques gentils diablotins. Ma grand-mère ne manquait jamais d'avoir sur elle, au fond de ses poches ou de son sac à main, quelque douceur à donner aux enfants qu'elle rencontrait. Toute sa vie elle avait agi ainsi, elle aimait plaire, à tous et à chacun. Elle séduisit beaucoup de monde, sauf sa propre fille. Ma mère ne lui pardonna jamais de préférer le cinéma et le tennis à ses devoirs maternels. Ma grand-mère se rattrapa avec moi. Elle m'offrit, dans son âge mûr, la tendresse qu'elle n'avait pu accorder dans sa jeunesse à sa fille. Elle était pour moi une grand-mère gâteau. Elle me confectionnait de merveilleux cakes marbrés, des bouchées à la reine succulentes, des pâtes qu'elle pétrissait avant de les faire sécher sur le dossier de chaises qu'elle gardait à cet effet dans sa vaste cuisine.

Bavarde, généreuse, elle me semblait comme toutes les grands-mères le contraire de ma mère, exigeante, sévère et impossible à satisfaire. À la saison des framboises, elle m'invitait à rassembler le plus grand nombre possible de camarades de jeux pour en faire la cueillette dans son jardin. Elle se réjouissait de nous voir barbouillés de rouge, riant de cette récolte abondante et nous encourageait à rester auprès d'elle, nous autorisant à utiliser ses draps blancs pour en faire des tentes, à jouer avec les poids de sa balance de cuivre, à nous déguiser avec ses chapeaux et ses foulards. Je crois bien que c'est son rouge à joue et son Rimmel qui ont servi à m'essayer au premier maquillage.

Son rouge à lèvres s'appelait Rouge baiser. Je m'en tartinais la bouche et m'inventais des séductions futures. Elle était volontiers complice de mes rêves de petite femme. C'est elle qui me parla la première des règles et des garçons qui vous coincent dans les coins. Je faisais du patin à roulettes devant chez elle et je me souviens encore d'un petit voisin tout blond qui courait après moi en essayant de m'attraper et de me couper les tresses. Ma grand-mère, que tout le monde appelait affectueusement Mémée, était un personnage haut en couleur, vive, nerveuse, parlant trop fort en agitant les mains, comme une Italienne ou une Espagnole. Je ne lui ai jamais connu de cheveux blancs, elle se teignit jusqu'à la fin de sa vie et mourut dans son lit, un jeune amant à ses côtés. Je voudrais mourir comme elle, en amoureuse.

Son sac, je l'ai vidé objet par objet. J'y ai trouvé, outre les bonbons, quelques morceaux et un sachet de sucre orné du chat noir d'une marque de café, un fichu pour la pluie et de nombreuses photos : celles de sa propre mère, de sa fille et de sa petite-fille, celle de sa sœur Irène, au doux visage, photographiée en 1935, dont je porte depuis plus de vingt ans la bague de quartz noir taillé en un sobre rectangle au milieu duquel brille un petit brillant. Je tiens particulièrement à ce bijou auquel il est arrivé mille mésaventures, mais qui, avec une fidélité sans faille, a toujours retrouvé le chemin de mon médium. Sur l'une de ces photos, on me voit, longue bringue de neuf ou dix ans, aux jambes trop vite grandies, l'air un peu ahuri, une jupe plissée trop courte, un pull à rayures de marin, en compagnie de ma grand-mère chapeautée et souriante. Nous semblons ravies d'être ensemble au bord de la mer du Nord, complices comme seuls le sont les petits-enfants et leurs grands-parents.

Miraculeusement préservé du sucre répandu, demeurait un dessin que je lui avais donné quelques années avant sa mort, témoignage d'affection qui n'avait plus quitté son sac à main. Elle m'avait aimée ; j'espérais avoir hérité d'elle sa vivacité, sa curiosité, son humour, son affection parfois exubérante, ses talents de pâtissière et sa capacité à se lier avec n'importe qui n'importe où. Elle avait une passion pour les brocantes, les salles des ventes et les marchés aux Puces. Elle chinait plusieurs fois par semaine et faisait collection de tapis persans et d'argenterie. Je regretterai toujours la petite boîte en forme de cœur, délicatement ouvragée, que ma mère et moi l'avions incitée à revendre. Elle avait l'œil et ramenait fiévreusement de petits objets ternis et sans charme qu'un astiquage assidu rendait à leur beauté première. Elle m'avait enseigné quelques trucs pour marchander, m'engageant à ne jamais montrer de prime abord d'intérêt pour ce qui me tenait réellement à cœur et que je pouvais espérer emporter à un bon prix après avoir feint de m'attacher à un autre objet de convoitise. Au fond, ce qui l'amusait, c'était surtout le commerce humain, la conversation, le jeu des ruses réciproques, le temps donné à l'échange, la valeur de la parole.

Je fis les gestes difficiles que ma mère s'était refusée à faire. Sans doute existait-il des gestes d'adieu aux objets des morts comme on en accomplissait pour les disparus eux-mêmes. Rituel du feu plutôt qu'enfouissement dans la terre, dons aux plus déshérités, cadeaux aux amis, souvenirs glissés au fond d'un tiroir, bibelot négligemment posé sur un bord de fenêtre, dessin, photographie ou lettre remisés entre les pages d'un livre de chevet. Les bijoux des femmes de la famille connaissent souvent un autre sort, on les glisse aux doigts, passe aux poignets, au cou, aux oreilles, ils circulent d'une génération à l'autre, de peau à peau. Les bijoux n'aiment pas rester dans leurs boîtes, ils s'éveillent et rayonnent au contact de la chair. Ma grand-mère m'avait donné de son vivant la bague de sa sœur, deux longs colliers et un petit poudrier en sautoir, bijoux que je n'ai jamais cessé de porter, de même que les paires de boucles d'oreilles et les bracelets dont ma mère me fit cadeau. Mais l'objet qu'elle me transmit et auquel je tiens le plus, mon héritage le plus précieux sans que je puisse dire pourquoi, ce sont de petits ciseaux en argent pour couper les grappes de raisin.

Bizarrement, pour la première fois de ma vie, je commençai à porter des couleurs qu'affectionnait ma mère et que je croyais à elle seule réservées. Pendant quelques jours, je mis ses boucles d'oreilles préférées et l'un de ses foulards. Je ramenai chez moi le carré de soie racontant les voyages autour du monde des amoureux de Peynet qu'on lui avait offert dans les années cinquante. Je me souvenais qu'à l'âge de quatre ou cinq ans je pouvais passer des heures, allongée sur le lit de mes parents, à suivre les pérégrinations de ces deux jolis voyageurs, imaginant qu'à mon tour, un jour lointain, je ferais de même… « Vous m'emmenez, chéri, je me ferai toute petite… »

Mais qu'allais-je faire de son exceptionnelle garde-robe ? de cette collection presque « haute couture » de modèles uniques, cousus main et signés dans les poches ou les cols, où ma mère avait attaché une étiquette « hand made by Mami » en ajoutant à la main la date de leur finition. Je ne pouvais moi-même porter aucune de ses robes, elles n'étaient pas faites pour moi. Il me vint alors une idée : peut-être une amie norvégienne accepterait-elle d'en essayer quelques-unes, juste pour voir.

L'essayage eut lieu quelques jours plus tard et nous surprit toutes les deux bien au-delà de ce que j'avais pu imaginer. Ce fut un choc, une révélation. Bien qu'elle n'eût, en apparence, en aucune façon la silhouette de ma mère – elle était bien plus grande et élancée –, ces vêtements conçus et réalisés pour une autre prenaient sur mon amie une allure folle. Elle les habitait tout à fait différemment de leur conceptrice initiale, ils bougeaient merveilleusement sur elle. À travers son regard à elle, émerveillée comme une petite fille à qui une fée offrirait des robes de princesse, je pouvais rendre hommage au talent de ma mère. Elle goûtait chaque détail, chaque raffinement de la coupe, la beauté d'un tombé, d'une découpe originale, du mouvement d'un pli, d'une courbe, la douceur de la matière, la finition parfaite, même invisible à l'œil nu. Peut-être prenais-je pour la première fois conscience de l'œuvre réelle que représentait cette garde-robe maternelle. Une à une j'en tendais les pièces à mon amie, qui les essayait en se regardant tour à tour dans le miroir de la chambre et dans celui de mes yeux.

Nous étions l'une et l'autre prises dans un cercle magique. Quelque chose d'inattendu, d'inespéré, était en train de se produire. Elle comblait ses rêves d'enfant, moi, j'accomplissais le vœu que ma mère n'avait pas exprimé mais que je lui prêtais : voir tous ses habits, créés et réalisés avec amour et doigté, admirés et mis en valeur, portés avec élégance et simplicité.

Cette même scène se répéta plusieurs fois au cours de l'été. Petit à petit, toute la collection de vêtements changea de mains. Mon amie se les réappropria à sa façon, inventa de nouveaux accords, de nouveaux mélanges, elle leur donna une nouvelle vie.

Une robe ne meurt pas.

Objets orphelins

> Les choses ont leurs secrets,
> les choses ont leurs légendes,
> mais les choses nous parlent
> si nous savons entendre.
>
> « Drouot », BARBARA

Les objets vivent plusieurs fois. Transmis à de nouveaux propriétaires, garderont-ils quelque trace de leur existence antérieure ? Il n'est pas indifférent de les imaginer ailleurs, dans d'autres mains, pour des usages qui se superposeront à ceux qu'ils ont précédemment connus. J'avais besoin de croire que ceux qui avaient été choisis et soignés par mes parents seraient aimés, investis, choyés par leurs nouveaux acquéreurs. Pour les donner sans regrets ni culpabilité, je voulais penser qu'ils s'useraient et vieilliraient entourés d'attention. Les choses ne sont pas très différentes des personnes ou des animaux. Les objets ont une âme, je me sentais chargée de les protéger d'un trop funeste destin.

Combien d'heures avais-je déjà passées à les soupeser, à me laisser envahir par les souvenirs, à rester indécise, ne sachant qu'en faire, voulant tout à la fois m'en séparer et les conserver ? Je les prenais en main comme pour leur dire adieu puis, lasse, les reposais dans un carton, remettant à plus tard une décision encore trop déchirante.

Les jours où je désespérais de voir jamais la maison se vider, j'étais généreuse, prodigue même. Les jours où le courage me revenait, la tête bien posée sur les deux épaules, je poursuivais mon travail d'héritière fourmi. Je jetais parcimonieusement, offrais à bon escient, vendais au meilleur prix et emmenais chez moi tout ce qui pouvait y trouver sa place : des livres dans ma bibliothèque, de la vaisselle dans mes armoires, des flacons dans ma salle de bains, des tableaux sur les murs.

Ma maison n'était pas élastique, je ne pouvais pas jouer aux vases communicants : vider d'un côté pour emplir de l'autre. Ma saine agressivité s'émoussait-elle ? Je me faisais la leçon. « Les objets doivent circuler. Ils vivront longtemps après nous ou disparaîtront, fanés, déchus, sans que personne ne les pleure. Ils n'appartiennent à personne en propre, ils nous sont confiés pour un temps. Leur ronde doit se poursuivre. À chacun son tour d'en jouir. »

Des visiteurs occasionnels, jetant discrètement un regard circulaire autour d'eux, mesurant la tâche qui me restait encore à accomplir, ne pouvaient s'empêcher de me regarder avec pitié et commisération, et de lâcher un « oh, ma pauvre ! » qui ne me laissait aucune chance de me leurrer encore. Je protestais intérieurement, argumentant de leur totale insensibilité à mes pauvres trésors passés. Chacun ne s'attache qu'à ses propres bricoles, babioles ou broutilles, celles des autres n'ont pas d'intérêt. C'est toujours facile de jeter ce qui n'a aucune valeur sentimentale à nos yeux. Se séparer de nos propres souvenirs, ce n'est pas jeter, c'est s'amputer. Le détachement est rarement instantané. Il demande une longue métamorphose intérieure, un travail de patience, une mise à l'épreuve sans cesse renouvelée.

L'oscillation entre nostalgie et accablement variait d'un moment à l'autre. Certains jours, je transportais des caisses entières de livres (diable que le papier est lourd !), déménageais des boîtes de linge et de vaisselle (en prévision d'une éventuelle maison de campagne), pliais des vêtements à donner, jetais ce qui était à jeter, mettais de côté ce que je voulais essayer de vendre. D'autres jours, le découragement l'emportait, la paralysie m'immobilisait. J'en voulais à mes parents de n'avoir pas pensé à faire eux-mêmes ce grand nettoyage.

J'espérais vendre des meubles, des objets encombrants qui ne pouvaient prendre place chez moi ; l'humiliation fut grande de ne pas trouver d'acquéreur au juste prix. Mes parents avaient-ils mal évalué la valeur ou la qualité de leurs choix ? Le marché avait-il changé entre-temps ? J'étais vexée pour eux. J'abandonnai l'idée d'obtenir de l'argent, je les offris. Le plaisir de donner était sans ambivalence.

Je me tournai à nouveau vers leurs boîtes emplies de souvenirs. Les miens se mêlaient aux leurs. L'adresse d'un hôtel à Calella de Palafrugell où j'avais passé les vacances de mes sept et huit ans réveilla le portrait d'un jeune garçon qui m'avait plu. Vif comme l'éclair, volubile, taquin, un peu bandit, je l'élus parmi tous les enfants avec qui je jouais. Lors d'une promenade que nous fîmes seuls parmi les pins, tout intimidés de nous éloigner de nos compagnons, je fixai un petit caillou sur le chemin, me promettant de ne jamais l'oublier. La pierre et le garçon sont restés dans ma mémoire, soudain réveillée dans ces circonstances singulières. Du garçon je ne me rappelle pas le nom, mais il n'est pas impossible qu'il ait guidé selon des voies souterraines mes choix amoureux.

Vieux dépliants touristiques, magazines démodés, notes de téléphone obsolètes, je fourrais allègrement tout ce qui me tombait sous la main dans de grands sacs-poubelle. C'était un jour faste. Aucune peine, nulle culpabilité n'entravait mon action. Les rayonnages du grenier se vidaient enfin. J'éprouvais une joie sans mélange. Une grande boîte aux motifs rouge et vert suspendit mon enthousiasme. J'y découvris soigneusement entreposées des dizaines de serviettes en papier venues de cafés et de restaurants du monde entier. Je voulus les jeter tout aussitôt, hésitai un instant puis les examinai plus attentivement. Au bas de chacune d'elles, la fine écriture de ma mère, ferme et déliée, se détachait clairement, imprimant à ces papiers anodins une émotion inattendue, véritable, légère et persistante. Vacillante, enfermée dans le petit grenier obscur, alors qu'un soleil éblouissant rayonnait à l'extérieur, je me représentai l'étrangeté de cette collection, l'absurdité de ma situation. Par quelles puissances infernales étais-je retenue comme Perséphone sous terre, à l'écart de toute vie, de toute lumière ? C'est à cet instant que l'idée d'écrire ces pages m'est venue.

Papiers gaufrés, imprimés, à motifs de vichy rouge et blanc comme d'authentiques serviettes en toile, marqués de noms exotiques, de lieux lointains, de slogans, de dessins attrayants ou ridicules, je vous ai ramenés sur ma table de travail. À la manière d'un classement de Perec ou d'un inventaire de Prévert, vous vous enchaîniez les uns aux autres. Je ne pouvais vous précipiter dans le vide sans prendre note de l'étrange chapelet que vous formiez : Ventimiglia, le 29 août 1988, « Casa del Caffe » ; Orléans, le 2 mars 1983, « Les Musardises »,« pâtisserie exclusivement au beurre fin » ; Bruges, le 18 juin 1983, « Brasserie Lyrique » ; Copenhague, le 15 novembre 1981, « Hôtel Scandinavia ». Le « Scaramouche » à Amsterdam, le « Casanova » à Milan, un restaurant japonais à Hambourg, un bar grec à Rotterdam dessinaient une géographie sans queue ni tête, comme ces dessins en pointillés dont on ne connaît le sens qu'une fois tous les points reliés.

Les choses occupent dans l'imaginaire de ceux qui les gardent une place singulière, prégnante, indissociable des liens parfois labyrinthiques qu'ils nouent ensemble. Elles n'échappent pas aux halos de mystère dont on les pare. Étrangère à la passion qui animait ces serviettes en papier et leurs propriétaires disparus, je ne pouvais les rencontrer que par effleurement. Leurs trajets me resteraient inconnus.

Qu'auraient pensé mes visiteurs occasionnels s'ils m'avaient surprise soulevant une à une ces serviettes, dressant leur inventaire plutôt que de les précipiter dans la corbeille à papier ? que j'avais un grain ? que j'y serais encore dans un an ? qu'il fallait y mettre plus de méthode et moins de sentiments ? que je ne devais pas tout garder, ni tout regarder avant de m'en séparer ? que cela frisait le ridicule ?

Peut-être était-ce ma façon à moi de payer

le prix d'une sensation de plus en plus vive de joie de vivre. Pouvais-je le dire ?

Je ne voulais pas que vider la maison de mes parents soit synonyme d'abandon et d'anonymat. Je n'avais donc pas appelé un vide-grenier, un de ces horribles prédateurs qui vous envoient hypocritement leurs condoléances au lendemain des funérailles en vous suggérant de les laisser pénétrer dans votre détresse, et ainsi dans votre maison pour vous soulager en un tournemain du contenu de tous vos souvenirs : les colifichets avec les trésors cachés (bien sûr, ils ne se présentent pas ingénument), les vieux bouts de ferraille, les outils rouillés en même temps que les pots en cuivre rustiques qui créeront l'atmosphère fermette dans les vitrines des antiquaires, les vieux téléphones dont il faut tourner le lourd cadran de métal noir, qui deviendront bientôt « tendance », les instruments qui jadis permettaient le bel ouvrage, le travail bien fait, l'adéquation entre le geste et la fonction, la main et la matière – dont plus personne ne veut aujourd'hui parce qu'ils sont synonymes de travail et de patience et que le mot d'ordre est sans réplique : le plaisir instantané –, mais que les brocanteurs vendront bientôt à prix d'or pour faire rêver les acheteurs « postmodernes ». Les vieux disques vinyle que l'on s'arrache déjà, les cartes routières périmées, les anciens guides de voyage – quasi historiques, car le présent s'amourache d'un passé très récent pour le déclarer *vintage* : fauteuils aux couleurs fluo rose et orange des Sixties, buffets bas sur pieds, « copie Knoll garantie », assiettes au design scandinave, cendriers-soucoupes volantes, poufs ronds, tentures aux motifs psychédéliques, bijoux et vêtements *peace and love* venus des Indes… Tout un bric-à-brac dont je ne savais que faire, mais que je n'avais pas le cœur de balancer par-dessus bord.

Toutes les époques se mélangeaient au fond du grenier et dans les différentes caves de la maison. J'aurais voulu convoquer assez de monde pour que chacun y fasse son miel, trouve chaussure à son pied, ajuste un couvercle dépareillé au pot ou à la boîte incomplète, mette la main sur le bibelot rare qu'il attendait depuis longtemps. Des dizaines et dizaines d'objets venus d'achats, de dons, de hasards de l'existence, étaient en déshérence, abandonnés à eux-mêmes. Plus personne ne les caressait, ne les époussetait, ne les couvait d'un regard jaloux et protecteur.

Les objets aussi deviennent orphelins. Il leur faut des parents d'adoption, de nouveaux amis, des propriétaires à nouveau exclusifs et furieusement jaloux qui prennent bien soin d'eux. Les objets souffrent d'être inutiles, à l'abandon, désœuvrés. Comment jeter par exemple des clés sans attribution ? Je n'en connaissais plus la serrure – portes ou valises –, mais je ne pouvais me résoudre à m'en débarrasser sans autre forme de procès : comme si, quelque part dans l'univers, une porte ou une valise attendait d'être délivrée de sa prison par une clé oubliée. Je ne voulais pas les condamner à une attente sans fin.

Il me fallait donc impérativement trouver l'amateur de mes moutons à cinq pattes : un collectionneur de boîtes d'allumettes émerveillé par des exemplaires datant des années cinquante, un amoureux de vieux appareils photographiques, un chineur de compas, encriers, porte-plume et matériel de bureau d'avant l'ère informatique, ou au contraire quelqu'un qui recherchait les premiers modèles d'ordinateurs… Un bricoleur fana des fers à souder, pieds-de-biche, écrous, clous, burins, pinces diverses, cisailles et leviers en tout genre. Une couturière patentée qui voudrait toujours avoir sous la main quinze nuances de fil bleu ou beige, des épingles en pagaille, des aiguilles pour toutes les étoffes (du coton au cuir en passant par la toile de bateau), des ciseaux professionnels, des patrons et coupes de tissu multicolores, des chutes d'étoffe ou de doublure « qui peuvent toujours servir ».

Où dénicher quelqu'un qui voudrait apprendre le russe (grand choix de méthodes), « le » chercheur en quête des numéros d'une revue suisse de littérature, *La Guilde du Livre*, entre 1947 et 1964, un collectionneur d'échantillons de parfums, mais aussi de gants uniques, de chaussettes sans jumelles, et la panoplie complète des crèmes solaires achetées depuis quinze ans au moins, sans compter celui ou celle qui se réjouirait d'acquérir des rasoirs électriques de toutes les marques, des boîtes de savon des hôtels du monde entier, des brosses à dents de voyage, des bouteilles d'alcools internationaux, des agendas en cuir vierges, des machines à calculer miniatures, des moules à gâteaux de toutes les formes, des pinces à sucre, d'autres pour tenir les asperges (qui a jamais pu les inventer ou s'en servir ?), des petites cuillères argentées encore dans leur présentoir de velours, et autres cadeaux accumulés au fil des ans sans avoir été ouverts ? Sans parler de la collection de couvercles de camembert, des livres sur les champignons, des centaines de boîtes pour la congélation, des milliers de boutons, des centaines de milliers de mouchoirs en papier et des millions de petits clous ?

Mais que faire des portraits de famille dont on avait oublié les protagonistes, qui demeuraient sans noms au fond d'un carton, orphelins non pas d'ascendants mais de descendants capables de les nommer (sans doute est-ce le sort qui nous attend tous), dont personne ne pourrait désormais noter à l'envers de la photographie pâlie le petit nom par lequel ils étaient connus ?

Plus personne non plus pour porter ces vêtements à l'allure désuète, ces lunettes de soleil aux formes démodées – à moins que la mode ne revienne, mais elle ne revient jamais quand on a besoin d'elle –, ces pantalons de ski « fuseaux », ces chaussures de ski en cuir noir si raides et pesantes que je me demandais comment un pied humain avait jamais pu les supporter sans se révolter à chaque pas. Qui voudrait ces magnétophones aux bandes rondes, ces appareils à visionner des diapositives, ces mélangeurs de cocktail, ces assiettes à compartiments pour les cacahuètes, ces poivriers innombrables, ces collections de sucres dans des pots de bonbons à l'ancienne, ces pots à épices en plastique qui tournent sur un plateau, ces décapsuleurs « Cinzano », ces piques à fromage avec un petit cochon au bout ? À qui offrir les quatre boîtes de fer sur lesquelles était écrit Farine, Sucre, Biscuits, Café, les bols en cristal taillé à côté des chopes à bière, des petits tonneaux de bois, des beurriers d'aluminium, des plateaux pour toutes les occasions, des piles de nappes, serviettes, sets de table en coton, lin, paille, dentelle et polyester ? Qui pourrait se réjouir de recevoir ces verres à vodka, whisky, bourgogne, cognac, limonade ou porto, ces flûtes et coupes dépareillées pour le champagne, seau à glace, pince à glaçons, thermos à café, réchaud de camping, lampes de poche, ouvre-bouteilles, couverts à salade en bois d'olivier, cadres vides, sacs de plage, outils de jardin, bracelets de montre sans montre ?

Et cinq kilos de chandelles en morceaux, qui les désirerait jamais ? Penauds et entassés au fond de plusieurs boîtes à biscuits, longs et minces, trapus ou minuscules, ces tronçons de bougies de toutes les couleurs de l'arc-en-ciel donnaient raison à l'expression « des économies de bouts de chandelle ». Je ne savais pas si je devais en rire ou en pleurer. La tendresse l'emporta sur la dérision. Je ramenai chez moi ces bougies qui avaient brûlé à leur table et les fis briller à la mienne. J'aurais aimé allumer toutes ces lumières, n'en jeter aucune avant de les avoir regardées fondre lentement et s'éteindre d'elles-mêmes.

Pourquoi avais-je tout mené tambour battant jusqu'ici et puis soudainement me laissais-je attendrir par le moindre bout de ficelle, de cire, de papier, d'étoffe de rien du tout ?

Sens dessus dessous

> Elle éprouvait cette espèce de volupté qu'il y a, quand on détruit en rangeant, à voir le vide prendre la place des objets.
>
> Henry de MONTHERLANT

Stop ! Assez ! *Basta cosi !* Jetons, jetons, sans regarder surtout, assez de sentiments à quatre sous ! Fourrons gaiement dans de grandes poubelles des pages et des pages de vieux papiers, les doigts noirs de poussière et la gorge irritée. Jetons les boîtes sans usage défini, les livres tombant en ruine, les vieux appareils électriques, les objets usés, fanés, desséchés, pourris, absolument dénués de tout intérêt, tout ce fourbi d'épaves diverses !

Donnons congé à notre passé ! Toutes ces choses familières que nous avons aimées un jour ne sont plus que vieilleries encombrantes. Il faut nous en séparer, joyeusement. Célébrer la victoire de la vie sur la mort.

Prendre possession des trésors pauvres ou riches de nos parents fait de nous d'odieux pirates, des rapaces impitoyables. Il faut cependant que la maison se vide. Visiblement.

J'avais très peur d'être engloutie sous le flot des meubles, objets et archives qui ne paraissait nullement décroître, tout au contraire. La maison n'avait jamais été aussi désordonnée du vivant de mes parents. Il y avait des amas brinquebalants de choses disparates partout autour de moi, sur les chaises, par terre, dans des boîtes, sur les marches d'escalier, rebords de fenêtre, lits, tables, évier de cuisine, absolument partout.

Un vrai marché aux Puces, un déballage total.

Rester plus d'une heure, une heure et demie dans ce capharnaüm m'était impossible. Je ne procédais pas dans l'ordre, je m'éparpillais, changeais souvent de pièce, m'attelant tantôt à une rangée de bibliothèque dans le salon, tantôt à une ou deux planches d'une armoire de la cuisine ou à un tiroir du secrétaire, comme si c'était moins éprouvant de ne pas m'imposer une marche à suivre systématique. Ce qui mettait fin à chaque visite, c'était la sensation de plus en plus oppressante que j'avais épuisé l'énergie émotionnelle dont je disposais à tourner le couteau dans la plaie des souvenirs.

Avant de quitter les lieux, minée par l'impression que je ne viendrais jamais à bout d'un tel champ de bataille, je regardais de-ci de-là autour de moi à la recherche d'une collection d'objets dont il serait aisé de décider le sort collectif. Non pas une seule chose à la fois, longuement pesée, évaluée, tournée et retournée dans les mains, mais bien un tiroir entier, un pan de bibliothèque, un ensemble non trié. Qu'il doit être agréable de trancher d'un mot bref et définitif : Pour la Croix-Rouge ! À jeter ! À déposer à la salle des ventes ! À emmener chez moi !

Hériter, n'est-ce pas choisir, décider souverainement ?

Dans cette atmosphère, j'aimais particulièrement donner. Donner dans un élan, sans réfléchir, en faisant confiance à mon intuition, sentir que tel vase noir à fleurs dorées conviendrait à l'un, et telle coupe aux lignes pures à l'autre… Rapprocher les choses et les gens. Jouer à la marieuse. J'aimais offrir et j'aimais le petit morceau de vide qui s'ensuivait. Il ne fallait pas tergiverser, hésiter. Tout se jouait en un instant. C'était un moment de grâce, un échange inhabituel : je recevais en donnant. Je donnais pour recevoir. J'étais moi et j'étais l'autre. Je transformais mon héritage en dons multiples.

Une cafetière, une loupe, un téléphone, des tentures, un casse-noisettes, une collection de pipes, un chapeau mexicain, une plante, une chignole, une scie sauteuse, une série de taille-crayons, un grille-pain, une boîte entière de verres à champagne en cristal taillé !

En donnant je n'étais pas celle qui donnait, mais la personne qui recevait le don : un premier appareil photo à une très jeune fille, un manteau de fourrure à ma belle-sœur, un grand calendrier de reproductions de Magritte à un ami qui allait emménager dans un nouvel appartement. Je le remerciai d'accepter, par la même occasion, d'emporter la table ronde et les six chaises bleues de la salle à manger, le divan orange, le lit et l'armoire en bois clair, les deux chevets du même bois, et mille autres choses ménagères dont une grande plante verte et des éléments de cuisine retaillés sur mesure ! Ainsi aurais-je un jour le plaisir de revoir ces objets familiers dans leur deuxième ou troisième vie.

Parfois les choses trouvaient de nouveaux partenaires surprenants : ainsi la grande télévision, dont l'image, après une chute, était devenue bleue sur le côté droit et que personne ne voulait plus, fut donnée à une vieille dame aveugle qui ne regardait pas la télévision mais l'écoutait, et s'en trouva fort aise. La coiffeuse au grand miroir reçut une nouvelle place dans la chambre d'une famille indienne musulmane qui en voila aussitôt artistiquement la glace.

Donner est un grand bonheur. Ce que j'offrais, ce n'était pas un objet. L'objet est un véhicule, un prétexte, il transmet de l'assurance, de la sécurité, de la confiance. Je donnais ce que je n'avais pas reçu : mes parents ne m'avaient jamais rien confié sans me mettre en garde : « Fais attention ! Ne casse pas ! N'abîme pas ! Ne jette pas ! N'en use surtout pas à ta guise ! Ce n'est pas vraiment à toi, c'est encore à nous ! Nous ne te le donnons pas, cet objet, c'est un prêt, un peu contre notre gré, comporte-toi avec non pas comme toi-même mais comme nous le ferions, ce dont tu es incapable évidemment puisque tu as deux mains gauches ! »

Les objets étaient-ils plus importants à leurs yeux que leur fille ? Le soin maniaque avec lequel ils les entouraient me faisait réagir à l'inverse, leur donnant, malgré moi, raison. J'aurais tellement aimé qu'ils m'invitent à en user librement, qu'ils m'offrent non pas un objet mais sa jouissance : « C'est à toi, tu agiras avec comme bon te semble, fais à ta guise, nous n'avons aucune méfiance à ton égard, aucune restriction, nous ne doutons pas que tu en feras ce qui est adéquat pour toi (c'est toi qui comptes et non pas cet objet), réalise tes expériences ! Tu peux salir, casser, jeter, perdre, cela n'a pas d'importance ! Jouis-en ! »

Je me mis en quête d'étudiants ne possédant encore à peu près rien et ayant besoin de quasiment tout. Je leur proposai d'emporter tout ce qu'ils souhaitaient emmener. Ébahis mais ravis, ils embarquèrent dans le désordre fauteuils, sofas, chaises, tabourets, bols à punch, plateau à fromages, boomerang australien, matelas, coussins, nappes, bougeoirs, lampadaires, lance africaine, essoreuse à salade et livres pour se divertir, *L'Art de plier des serviettes pour décorer la table*, *Comment lire son avenir dans les cartes* ou *Les 1 000 astuces pour se simplifier la vie*, sans oublier quelques ratons laveurs.

Ils s'en allèrent chargés et heureux. J'étais légère.

La traversée du deuil

Ce livre s'est imposé à moi comme une évidence. Assaillie par des émotions diffuses, ambiguës, violentes, souvent incompatibles entre elles, les mots jaillissaient d'eux-mêmes. Écrire captait le flot bouillonnant des affects. L'écriture naissait du deuil et lui offrait un refuge. Un lieu où se mettre à l'abri avant d'affronter de nouvelles vagues malaisées à contenir.

L'expérience du deuil se vit dans la solitude. Il n'est pas seulement douleurs et chagrins. Agressivité, colère, rage sont aussi au rendez-vous. On l'admet difficilement : les morts et les nourrissons ne sont censés éveiller que des sentiments tendres, respectueux, convenus. Tout excès est banni. Quel mensonge !

La psyché est bien plus mélangée. Elle est faite de mouvements imprécis, de tourments et de retournements incessants, elle n'est jamais lisse, pure, univoque. Autour de la mort et de la naissance (de la maladie, de la rencontre, de la séparation amoureuse, etc.), les sentiments se pressent dans un élan si vif qu'ils nous déstabilisent, nous bousculent par leur puissance et leur désordre. Ce sont des moments d'intense remaniement intérieur. Ils nous entraînent à explorer des chemins jamais parcourus, à rouvrir des pistes mal balisées, à oser franchir des obstacles qui paraissaient impossibles à affronter. Ils nous conduisent au-delà de nous-mêmes.

Devenir orphelin, même tard dans la vie, exige une nouvelle manière de se penser. On parle du travail du deuil, on pourrait dire aussi rite de passage, métamorphose.

Les arêtes vives des premières douleurs s'émoussent, hébétude et protestations font place à une lente acceptation de la réalité. Le chagrin se creuse. Avec des moments de vide, d'absence, de tumulte. Plus tard se répand une tristesse empreinte de douceur. Une tendre peine enveloppe l'image de l'absent en soi. Le mort s'est lové en nous. Ce cheminement ne connaît pas de raccourcis. On n'y échappe pas. La mort appartient à la vie, la vie englobe la mort.

Vider la maison des disparus exacerbe l'épreuve du deuil, en accuse tous les traits. Cette tâche révèle comme une analyse chimique la moindre particule de nos attachements, de nos conflits, de nos désillusions. Même les endeuillés qui font venir des « vide-tout » ne peuvent faire l'économie ni de leur mémoire ni de leur douleur. Chacun s'y plonge. Mais il est un temps pour le chagrin et un temps pour la joie.

Proserpine, après avoir passé les mois d'hiver sous la terre, revient à la lumière du soleil, elle ensemence les champs et les vergers. Fleurs et fruits renaissent. Il n'est pas bon de s'enfermer dans la mélancolie.

Je n'ai pas envie de mettre un point final à ce livre

Lettres d'amour en héritage

Après le deuil

Je n'avais pas mis de point final à ma dernière phrase.

Mon chagrin était encore trop vif, la perte trop écrasante. Je ne pouvais pas imaginer que ma peine se ferait petit à petit moins violente, qu'elle deviendrait une compagne apaisée, assourdie, faite de souvenirs et d'évocations réconfortantes. Le deuil n'était pas clos. J'en étais encore prisonnière.

Il me fallait du temps pour découvrir que l'absence des disparus, imperceptiblement moins aiguë, moins obsédante, se changerait, jour après jour, en une présence amie, emplie de tendresse et d'une mélancolie bienheureuse. La perte donnait naissance à un lien nouveau, inédit, unique, encapsulé, à l'abri de la réalité quotidienne. Il me semblait que mes parents disparus se fondaient en moi. Je les abritais, ils m'emplissaient. J'évoquais leurs manières d'être, leurs gestes, leurs paroles, je jouais avec l'idée que, s'ils étaient encore là, ils diraient ceci ou cela, réagiraient comme ci ou comme ça. Je dialoguais avec eux. Je les faisais miens. Ils ne pouvaient plus démentir ce que je pensais d'eux. Une sorte d'aura idéalisée les entourait. Rien ne venait plus contredire mes sentiments à leur égard. Ils se coulaient en moi. Parmi toutes leurs facettes, je choisissais celles qui me convenaient, je les embellissais, j'immobilisais les meilleurs souvenirs, les moments les plus drôles, les plus affectueux, les plus riches d'émotions.

Il m'arrivait, bien sûr, de m'en plaindre, de m'emporter, j'étais alors pleine de colère et de rancune, mais, le plus souvent, la tendresse reprenait le dessus. Je me surprenais à imiter leurs intonations ou leur gestuelle, à prononcer les mots qu'ils auraient prononcés, à répéter des anecdotes qui me confortaient dans l'idée que je me faisais d'eux. Ils venaient hanter mes nuits. Rêver d'eux me donnait de la force, un sentiment d'entente secrète, une complicité nocturne qui débordait sur les journées. Ils revenaient au cœur de mon intimité, présents selon des formes qui me devaient tout. J'avais impunément raison, je pouvais leur donner tort, les modeler selon mon bon vouloir. Je les recréais à ma façon, ils étaient des créatures dociles et consentantes. Ils m'appartenaient.

Que devient le deuil, après le deuil ? Comment vivons-nous avec nos morts ? Comment nommer ce nouvel état du chagrin ? Est-ce encore le deuil ou faut-il l'appeler autrement ? Le temps passe, le grand deuil – comme on disait autrefois – s'efface, le demi-deuil s'éteint lui aussi. Que reste-t-il ? Une peine, tantôt plus vive – à certaines dates, aux anniversaires, aux fêtes, soudain, à l'écoute d'une musique, d'une chanson, ou sans raison, par une sourde association –, tantôt plus douce, les yeux s'embuent, un pincement serre le cœur, la gorge, l'estomac, une peine mêlée de précieuses réminiscences nous étreint. Il n'est pas sûr que leur mort soit acceptée mais l'habitude en est prise, avec des moments de révolte – pourquoi n'est-il plus là, pourquoi a-t-elle disparu ? Se peut-il qu'ils aient réellement perdu la vie ? Comment puis-je vivre sans eux ?

J'avais vidé la maison de mes parents. J'étais venue à bout de cette tâche immense et éprouvante. Pourquoi avais-je conservé certains objets, en avais-je donné ou jeté d'autres ? Mes choix avaient été forcément arbitraires, j'avais pourtant peu de regrets, quelques incertitudes. Où se trouvait le petit serpent de bois vert et jaune, nommé Blako, fabriqué par mon père pour ma mère, son porte-bonheur, où étaient les assiettes de fête, la fine main en plastique blanc au bout d'un long manche pour se gratter le dos, le traducteur électronique ? Aurais-je dû conserver les vases des années cinquante et les trois fauteuils scandinaves aux formes enveloppantes ? Quelquefois ma fille se plaignait que certains objets avaient disparu. Plus moyen de se souvenir ce qu'ils étaient devenus. Les jeux et jouets que ses grands-parents avaient chez eux, pour elle, étaient, en revanche, soigneusement rangés dans des cartons : peluches, livres, cassettes vidéo, sa petite enfance restait disponible.

Des milliers d'objets avaient été jetés, vendus, donnés ; demeuraient les objets conservés. Parmi ceux-ci émergeaient de petites choses singulières, devenues très précieuses, porteuses de l'ombre des morts. Ainsi avais-je gardé le couple de mariés en bois qui surmontait le gâteau de mariage de mes parents. Il se pouvait qu'eux-mêmes eussent oublié qu'ils l'avaient conservé dans une cave parmi des centaines d'objets quelconques, peut-être même ne l'avaient-ils plus jamais regardé depuis leur mariage, mais ce petit objet s'était distingué de la foule des choses qui l'entouraient et portait désormais une charge affective unique. Il était venu se ranger dans ma bibliothèque avec quelques-uns de leurs livres et de leurs photos. La petite dame tout en blanc et le petit monsieur en habit noir se donnaient pour toujours le bras, solennels et souriants. Un autre objet avait trouvé sa place parmi mes souvenirs les plus chers : un dessin que j'avais fait de mon père, à l'âge de quatre ans. C'était un portrait que je trouvais très ressemblant, principalement à cause des lunettes. Mon père devenait ce petit bonhomme malhabile et malicieux, vu par les yeux d'un tout petit enfant, pour qui l'amour est encore un élan inconditionnel.

Dans une grande boîte, j'avais assemblé mes trésors : l'harmonica de mon père, le foulard aux personnages de Peynet de ma mère, les cintres recouverts au crochet par mon arrière-grand-mère, une boîte de tabac scaferlati rouge, les étiquettes « Take it easy » du transat de plage démontable que mes parents avaient inventé et dessiné à deux, puis tenté, en vain, de commercialiser… Dans une armoire vitrée, j'avais déposé les petits ciseaux en argent à couper le raisin près d'une photo encadrée de mon père, beau jeune homme aux yeux brillants et aux pommettes slaves, posant devant un bâtiment que j'imaginais, sans preuves, à Marienbad (je découvris plus tard qu'il s'agissait en réalité de Montreux). Une autre photo lui faisait pendant, celle où l'on me voyait, âgée d'un an et demi environ, avec un visage chiffonné et des mouvements de révolte, cherchant à échapper aux bras de ma mère. J'aimais cette petite image de moi, vigoureuse et têtue.

Entre-temps, j'avais déménagé, fait le vide dans ma propre maison, trié, jeté, donné, vendu mes propres objets, puis emballé des dizaines de boîtes et de cartons, rangé soigneusement mes archives et essayé de ne garder que l'essentiel. Le superflu, l'obsolète, le dérisoire, le double emploi étaient immanquablement éliminés. Une nouvelle vie pouvait commencer. Je n'achetais plus rien au hasard. Je réfléchissais à deux fois avant d'introduire quelque chose de neuf chez moi. Chaque objet se devait d'avoir une valeur affective ou d'utilité. Il ne fallait rien accumuler en vain. J'avais peur de reproduire l'amoncellement décourageant de mes parents. Je voulais laisser derrière moi un nombre limité de choses. Mais je me faisais sûrement des illusions : on ne protège pas ses enfants du deuil de leurs parents. On peut peut-être en amadouer les contenus et les formes, tenter de limiter l'incohérence, et encore…

Certains objets familiers de mes parents habitaient ma vie désormais. Leur présence discrète se répandait un peu partout dans la maison. J'avais rangé une partie de leur vaisselle avec la mienne. Je buvais parfois dans leurs verres, disposais des fleurs dans leurs vases. J'avais mêlé leurs livres aux miens. Je portais des foulards de ma mère, parfois ses gants, lorsqu'ils étaient à ma taille, timidement ses bijoux. Sa collection de flacons décorait ma salle de bains. Sur mes murs, je regardais quelques-uns de leurs tableaux. Mon enfance résonnait dans mon âge adulte.

Je retrouvais les photos de jadis parmi leurs albums et leurs boîtes de photographies. Mon vieil ours en peluche avec un œil perdu refit surface. Un petit bibelot insignifiant mais charmant, une enfant en céramique au visage asiatique, les bras ouverts, qui me faisait rêver lorsque j'étais petite, trouva sa place sur une étagère. Une machine à coudre miniature, en état de marche, avec laquelle j'imitais ma mère cousant, vint se poser sur un coin de bibliothèque. Des boîtes en plastique multicolores, typiques des années soixante-dix, se remplirent de menus objets dans ma chambre. Tous les âges du passé se mélangeaient au présent.

Mais, parmi tous les souvenirs qui me restaient de mes parents, ceux qui occupaient une place unique, les plus fragiles peut-être, se trouvaient dans trois boîtes découvertes dans leur grenier. Trois boîtes en carton que j'avais emportées chez moi sans les ouvrir. Je savais qu'elles contenaient la correspondance amoureuse que mes parents avaient échangée pendant trois ans, entre leur rencontre fin septembre 1946 et leur mariage le 1er décembre 1949. Fallait-il les jeter sans les regarder ou bien les lire ? Était-ce indiscret, ou même incestueux ?

Je laissai passer de longs mois avant de me décider à ouvrir les boîtes et à commencer ma lecture. Un an et demi s'écoula après le décès de ma mère, trois ans et demi après celui de mon père. Mes parents reposaient en moi avec une certaine douceur. Je rêvais beaucoup d'eux. Ils étaient réunis dans mes songes. Je me sentais capable de faire connaissance avec les jeunes gens qu'ils avaient été avant ma naissance. J'étais curieuse de comprendre comment leur couple s'était formé. J'avais envie de savoir de quelle histoire j'étais née. J'étais prête à lire une histoire qui n'était pas encore la mienne, même si elle allait le devenir. Comme si j'existais déjà avant ma naissance ou comme si j'inventais cette existence imaginaire…

Une machine à remonter le temps

Leurs lettres d'amour étaient posées devant moi, intactes, soigneusement numérotées, pour la moitié d'entre elles, serrées dans trois boîtes en carton. Sur l'avant de celles-ci, il était noté : « Correspondance Pieps & Paps ».

L'encre et le papier paraissaient contemporains, seuls les timbres, le cachet de la poste et la date signaient leur âge. Les plis, qui avaient enfermé la mémoire de leurs gestes, restaient peu marqués. Les lettres avaient été ouvertes sans brusquerie, à peine blessées. Parfois même l'enveloppe se détachait avec une certaine résistance comme si on la décachetait pour la première fois. L'odeur était à peine perceptible, la calligraphie moderne. Leurs écritures étaient pareilles à celles que j'avais connues. Celle de mon père m'était toujours apparue joyeuse, semblable à de la laine détricotée, celle de ma mère énergique et volontaire. Le temps n'avait pas marqué leurs lettres. Elles étaient aussi vivantes et vibrantes qu'un amour neuf. Près de soixante ans s'étaient écoulés depuis leur rencontre. Ils s'étaient promis de relire leur correspondance amoureuse dans leurs vieux jours, ils ne l'avaient jamais fait.

C'était à moi qu'il revenait de déplier délicatement leurs lettres, de les lire la gorge serrée. Par gêne, j'avais mis du temps avant d'oser les prendre en main, les ouvrir. Qui est-ce que je protégeais ? Était-ce eux, était-ce moi ? Je ne me sentais pas encore prête à les rencontrer dans une période de leur vie antérieure à ma naissance. Que se passerait-il si je ne les retrouvais pas semblables aux images que j'en conservais, s'ils me décevaient ? N'allais-je pas découvrir des sentiments trop intimes ? Étais-je autorisée à savoir, lettre après lettre, comment ils s'étaient rencontrés et aimés ?

Un jour, au cours de l'automne 2004, j'eus non pas envie, mais besoin, de prendre connaissance de leur correspondance. C'était une manière très concrète d'entrer à nouveau en relation avec eux, de les toucher, en quelque sorte, en effleurant les enveloppes et les feuilles de papier sur lesquelles ils avaient écrit l'un et l'autre. Je ne me sentais plus du tout indiscrète. Au contraire, je pensais qu'ils auraient été heureux de savoir que je lisais leur courrier. Ils étaient fiers de ces centaines de pages manuscrites. Ils les avaient gardées comme un trésor. Elles reflétaient l'épopée héroïque de leur rencontre, des trois années de lutte contre la maladie qui avaient précédé la réalisation de leur rêve, vivre ensemble ; trois années de lutte contre la maladie précédées par cinq ans de lutte contre la guerre.

Ce que j'y découvrais, ce n'était pas seulement une histoire d'amour, pas seulement la naissance d'un couple qui vécut plus de cinquante ans ensemble, mais quelque chose d'une cosmogonie, d'une histoire fondatrice, d'un miroir où chacun voudrait se reconnaître : le désir d'être né de l'amour.

Comment s'étaient-ils rencontrés ? Qu'est-ce qui les avait attirés l'un vers l'autre ? Qu'avaient-ils inventé ensemble ? Quels liens avaient-ils tissés, quelle place m'y avaient-ils laissée ?

C'était bien évidemment étrange de découvrir mes parents à travers les lettres de ces deux jeunes gens qui n'étaient pas mes parents encore, seulement un garçon de vingt-trois ans et une fille de vingt-cinq, à l'aube de leur vie, déjà lourds de malheur mais tournés vers l'espoir d'une vie plus douce, ensemble.

Leur correspondance devenait une *machine à remonter le temps*, une possibilité de se faufiler dans leur passé, de s'y faire le témoin ému des mouvements de leurs cœurs. Avais-je le droit d'entrer dans leur histoire, dans cette histoire qui précédait mon existence ?

Bien sûr, les circonstances de leur rencontre et ses péripéties ne m'étaient pas inconnues. Au fil de mon enfance, ils avaient évoqué ces moments qui leur étaient chers, ils m'avaient raconté certains souvenirs.

Deux images emblématiques de leur rencontre revenaient toujours. Le jour où mon père entra pour la première fois dans la chambre du sanatorium où ma mère était soignée pour une très grave tuberculose, une grande cocarde bleu-blanc-rouge était nouée à son lit de malade. Ma mère était d'emblée « la Française », parée de tous les fantasmes de la culture, de la langue, de l'élégance, du charme, et d'un patriotisme qui surprit le jeune Russe exilé. Quelques jours plus tard, Boris traversa le village, grimpa jusqu'au Grand Hôtel, situé dans le haut de Leysin, à l'orée de la forêt, une coupe de verre à la main, pour apporter à cette jeune fille alitée ce qu'elle aimait par-dessus tout : de la crème glacée. L'image de mon père ne prononçant aucun mot inutile et s'exprimant par la gentillesse d'une action inattendue et attentionnée est conforme à ce que j'ai connu de lui : il préférait toujours le geste à la parole. Ma mère était un personnage plus flamboyant, plus excessif. Mon père, un être tendre, secret, blessé.

Face à face, Jacqueline et Boris : l'une veut que sa vie, malgré la maladie, soit faite d'éblouissements, l'autre est prêt à braver les lois de la physique et à courir offrir une glace avant qu'elle ne fonde, pour le bonheur de faire plaisir et de se faire aimer.

Est-ce que j'embellis le scénario ? Est-ce que je me console de leur perte par ces images idéalisées ? Cela se peut, mais n'est-ce pas un des mouvements du deuil ? Embellir ses parents, les parer de qualités au point d'oublier leurs défauts. Pourra-t-on jamais complètement accepter qu'ils soient morts ? Définitivement morts ? Ne garde-t-on pas au fond de soi la pensée magique que la mort est réversible ? Comment ne pas espérer les retrouver, ne fût-ce qu'un millième de millième de seconde ? Comment ne pas souhaiter une apparition, un signe ?

Bien sûr, il n'est pas interdit de rêver, même la journée. Les regarder en photographies, en films. S'entourer de leurs objets, parler d'eux avec des proches, avec nos propres enfants. Écouter la musique qu'ils aimaient… Tout est bon pour évoquer leurs souvenirs et atténuer – ou raviver ? – le chagrin. Se console-t-on jamais de leur disparition ? Non, on vit avec une blessure qui ne se ferme pas complètement, une cicatrice imparfaite. Le deuil de nos parents ne ressemble à aucune autre perte. C'est un morceau de nous-même que nous perdons, cette part de soi qui, le temps passant, devient de plus en plus précieuse : les années d'enfance.

Leurs lettres d'amour me paraissaient soudain comme une manière unique, extraordinairement proche et vivante, de retrouver un peu de leurs présences. Leurs lettres, dans leur matérialité même, portaient non seulement les gestes de leurs écritures mais leurs voix, leurs pensées, quelque chose comme l'essence secrète de leur être.

J'avais vidé leur maison, j'avais écrit un livre pour raconter la violence de cette épreuve, le deuil cheminait en moi depuis de longs mois, ils me manquaient toujours ; je cherchais à les atteindre. Lire leurs lettres d'amour, c'était m'approcher d'eux. J'allais les accompagner, suivre les méandres de leur histoire, découvrir quels jeunes gens ils avaient été, quelles marques leur avaient laissées la guerre et la disparition de leurs proches, quels étaient leurs goûts, leurs lectures, leurs rêves, comment ils s'étaient approchés l'un de l'autre jusqu'à décider d'unir leurs vies. Je ne cherchais aucun secret caché dans leurs échanges épistolaires, seulement une forme de présence.

Peut-être allais-je pouvoir apprivoiser leur disparition.

Love letters

Je déposai les trois boîtes sur mon bureau. J'ouvris les lettres une à une, d'abord la première de mon père, puis celle de ma mère, la deuxième de mon père, à nouveau celle de ma mère… L'émotion était forte. Sur un petit rectangle de papier reposaient tant de sentiments, de vie, de passé, de présence.

Par pudeur, peut-être, je me mis à recopier les lettres sur l'ordinateur. C'était un travail extrêmement lent. J'y passais des heures et des heures, des après-midi entiers, au fil des jours qui déclinaient. La nuit tombait de plus en plus tôt, j'étais mélancolique. Je sentais mes parents tout près de moi et terriblement absents en même temps. Novembre, décembre, janvier. Je continuais patiemment à transcrire leur correspondance, leur curieuse rencontre par lettres interposées. Ils s'étaient à peine vus trois, quatre fois, à Leysin, en Suisse, avant d'être séparés par mille kilomètres ; ils continuèrent à échanger en s'écrivant, lettre après lettre, pendant plus de trois ans. Ainsi firent-ils connaissance, se découvrant, s'appréciant, se faisant confiance, se déclarant leur amour, luttant contre la maladie comme si elle était une nouvelle guerre, avant de se marier, puis d'être séparés à nouveau pour quelques mois.

Je recopiais lentement leur échange de lettres. Il me semblait qu'ils m'avaient confié, au-delà de la mort, une mission très précieuse. Je l'exécutais dans une sorte de recueillement. Mais je m'interrogeais. N'allais-je pas lire des choses qui devaient me rester inconnues, secrètes ? N'était-ce pas interdit aux enfants de se tourner vers cette pré-histoire, d'oser voler l'intimité amoureuse des parents ? Malgré toutes mes interrogations, les silences gênés de quelques amis quand je leur fis part de mon projet, je poursuivis ma tâche. Je prenais chaque lettre en main et la recopiais sans plus réfléchir. Mot à mot, je transcrivais chaque page. Certaines lettres en contenaient six ou huit, d'autres seulement quatre. Elles étaient rarement plus brèves. Repliant l'une d'entre elles, je me demandais quelle réponse serait donnée dans la suivante, comment réagirait mon père à la missive de ma mère ou réciproquement. De lettre en lettre, j'étais tenue en haleine. Leurs émois devenaient les miens, leurs peines les miennes. Je vibrais avec mon père, je vibrais avec ma mère. Je me demandai soudain comment étaient mes propres lettres d'amour. Ne devais-je pas les relire ? Comment commence tout amour ? L'histoire de mes parents était-elle singulière ou ressemblait-elle à toutes les histoires d'amour ? Était-elle fortement marquée par l'histoire des années quarante ? Et la mienne par celle des années quatre-vingt ?

Je poursuivais ma tâche mot à mot avec une patience sans faille. Bach, Mozart et Schubert m'accompagnaient presque religieusement. Mes parents n'étaient ni poètes, ni écrivains, ce n'étaient ni des artistes, ni des scientifiques, ils n'avaient eu aucun rôle politique ou militant, ils étaient les témoins anonymes de leur temps, victimes – et acteurs – de leur époque de chaos et d'horreur. Leur correspondance pourrait-elle intéresser quelqu'un d'autre que moi ? Était-elle autre chose que des archives destinées à rester privées ?

Je voulais savoir. Je m'en donnai la permission.

N'étais-je pas née de cette correspondance, de cette double écriture ?

Rencontre

La première carte

La première carte, datée du mardi 8 octobre 1946, écrite à l'encre bleue, était adressée à Mademoiselle Jacqueline Esser, chambre 141 au sanatorium Grand Hôtel à Leysin, en Suisse.

« Chère Jacqueline, Me voilà à Milan. Dans l'Orient Express, il n'y avait plus de place, mais mon ami et moi sommes arrivés intacts. Le temps est magnifique, les prix sont inimaginablement bon marché. Ce soir nous allons au théâtre, demain nous ferons des achats. La prochaine carte, je vous l'enverrai de la Ville Éternelle. » Signé : « Bien à vous, Boris. »

Promesse tenue, trois jours plus tard. « À sept cents kilomètres au sud de Milan, je ne vous ai pas encore oubliée ! Le voyage était très fatigant, mais ces seize heures de train valent bien la Ville Éternelle… Il y a tellement de belles choses à voir et trop peu de temps. À Florence, je penserai de nouveau à vous. »

Cinq cartes postales de Boris Flem à Jacqueline Esser : le Dôme de Milan, l'arc de Titus à Rome, le Lido de Rome, la place de la Signoria à Florence, la tour Eiffel.

Puis, la première lettre de Boris. Tapée à la machine sur du papier pelure, envoyée le 22 octobre 1946. Une lettre amicale, chaleureuse, pleine de détails amusants, concrets sur son voyage. Jacqueline l'avait sûrement taquiné sur ses manières bourgeoises, car il lui répondit qu'en huit jours il n'avait pas porté une seule fois la cravate. Il lui fait part de la tentation qu'il a eue, sur le chemin du retour, de s'arrêter pour venir la saluer à Leysin, mais il n'a pas osé. En passant vers vingt-trois heures devant la petite gare d'Aigle, il pense à son séjour dans la station de montagne ; quelques instants plus tard, emporté par le train de nuit, il est déjà à Montreux, puis à Lausanne. Le voyage approchait de sa fin. Il aurait aimé venir un dimanche s'asseoir près de son lit pour lui raconter son voyage en Italie. Il lui promettait une prochaine lettre pour décrire ses aventures parisiennes. Il lui adressait ses sincères amitiés.

Deux jours plus tard, Jacqueline lui répondit dans l'enthousiasme. « Vous dire combien vos cartes et votre lettre m'ont fait plaisir est difficile. C'était une explosion de joie. »

Durant les dix derniers jours, elle attendait chaque distribution de courrier avec impatience. Elle a eu souvent envie de lui écrire, mais n'a pas osé. Comme lui n'est pas remonté la voir. « Quant à moi, je vais déjà un peu mieux. Je me lève tous les matins pendant un quart d'heure, mais je fais toujours encore un peu de température. Je me suis pesée hier et j'ai constaté à mon désespoir que j'avais perdu trois kilos. Il va falloir que je mette les bouchées doubles pour rattraper cela. Mais le moral est excellent et je vis de rêves et d'espoir. Vous souvenez-vous de mon quatrain :

Le bonheur se compte en minutes
Une chaîne de minutes
Et chaque maillon de cette chaîne
C'est le bonheur !

« Eh bien, pour ma part, je cherche à allonger ma chaîne le plus possible. Et, peut-être sans le savoir, vous avez contribué vous aussi à allonger une chaîne. Merci ! »

Tels quels

Voilà, j'avais osé. J'avais lu leurs premières lettres. Le pas était franchi. Je ne savais pas combien de temps je prendrais pour les lire toutes. Je me mis à compter leurs envois. Ils avaient écrit, ensemble, environ sept cent cinquante lettres. Je calculai qu'ils s'étaient échangé deux lettres par semaine pendant trois ans jusqu'à leur mariage le 1er décembre 1949, puis encore pendant plusieurs mois, durant les hivers 1950 et 1951. Au-delà, je n'en ai pas trouvé trace. Ils les avaient numérotées pendant un an et demi. Je remis à plus tard de numéroter la suite. Je n'osais déposer mon écriture auprès de la leur. Je manipulais avec la plus grande précaution chacune des missives, je craignais d'y faire une tache, de les écorner, de les blesser.

J'avançais lentement. Je pliais et dépliais leurs lettres une à une, veillant à ne pas les mélanger. Je les reposais dans leur boîte respective, par ordre chronologique. C'était comme une cérémonie du thé, j'opérais avec lenteur et concentration. Je recopiai fidèlement leurs propos pendant plusieurs mois. Ensuite, je ne transcrivis plus que certains passages des lettres, résumant par quelques mots le restant du contenu, plus quotidien et répétitif : l'attente des lettres, l'échange de petits colis, la vie du sanatorium, les visites médicales, les radioscopies, les concerts auxquels mon père assistait, les expositions, son travail, ses amitiés, l'insupportable solitude qui durait… Je lus une centaine de lettres. J'avais environ deux cent cinquante pages serrées tapées sur l'ordinateur. Je marquai ensuite une pause. Je ne pouvais pas aller au-delà. Quelque chose m'en empêchait. Je devais souffler, laisser reposer, suspendre cette étrange entreprise.

Je pris le temps de réfléchir à ce que je ressentais. Ce qui me surprit le plus dès le début de ma lecture, ce fut de constater que les traits de leurs caractères étaient fort semblables à ce que j'avais connu d'eux. Se pouvait-il que l'on change si peu au fil des années ? À ma naissance, ils n'avaient que trente et vingt-huit ans, alors que mes derniers souvenirs concernaient deux personnes âgées de soixante-dix-sept ans pour mon père, de quatre-vingt-deux ans pour ma mère. Avaient-ils si peu changé ou était-ce moi qui ne relevais que les ressemblances ?

Je reconnaissais dans les lettres de mon père sa timidité, son extrême gentillesse, sa trop grande modestie, sa fantaisie presque enfantine, sa sincérité désarmante, son optimisme têtu, son réalisme et sa fidélité à toute épreuve. Chez ma mère, je retrouvais sa fougue, ses élans abrupts, son enthousiasme, sa franchise proche de l'étourderie, son égale sincérité et son inflexible volonté de vivre.

Mais ce qui me frappa d'emblée, c'était la gravité de l'état de santé de ma mère. Je n'avais jamais mesuré la durée de sa maladie. À peine mariée, elle reprit le chemin des montagnes, encore trop faible pour affronter la vie en ville. Alors que j'étais déjà née, elle allait encore régulièrement en Suisse faire des cures de repos. Je ne sais plus rien de ces séparations. La notion de longue durée des maladies et des convalescences a totalement disparu. Tout se précipite aujourd'hui, même la santé. À l'époque, on confiait au temps – et au bon air des montagnes suisses – une guérison que les médicaments d'alors ne pouvaient pas procurer. Il fallait une infinie patience et beaucoup de volonté. De longs mois, des années durant, elle lutta pour recouvrer une santé perdue à Auschwitz puis au cours de la marche de la mort en janvier 1945. Elle revint de déportation, à l'hôtel Lutetia, à Paris, atteinte d'une grave tuberculose pulmonaire, la peau sur les os, pesant moins lourd qu'un enfant. Après être demeurée plus d'un an entre la vie et la mort, Jacqueline quitta les hôpitaux de Paris pour être envoyée dans un sanatorium à Leysin, où elle arriva, en civière, le 2 juin 1946. Mon père, qui fut prisonnier plus de trois ans dans un camp de travail en Bavière, séjourna également à Leysin, à l'automne 1946, pendant quelques semaines seulement. Il avait été chargé par une connaissance de venir saluer une jeune fille malade, Olga. Dans une chambre voisine demeurait une autre jeune fille, très gravement atteinte, à qui il vint, à la demande d'Olga, faire une visite de politesse : c'est ainsi que Jacqueline et Boris firent connaissance un dimanche de la fin septembre 1946, le 29 septembre.

D'une certaine manière, ma mère ne cessa jamais d'être une enfant. Un malade est toujours à l'écoute de son corps, de ses sensations corporelles, un rien l'inquiète, le tracasse. Tout tourne autour de la maladie – et de la peur de mourir, bien que ma mère eût failli si souvent mourir qu'elle disait ne plus en avoir peur. Elle était au centre de l'attention, la sienne, celle de mon père. Enfant, j'étais chargée de grandir au plus vite, de ne pas peser, de ne pas faire d'« enfantillages ». Ma mère aimait raconter qu'elle n'avait pas eu à m'élever, que je m'étais élevée toute seule. En même temps je fus toujours entourée d'une attention anxieuse, la même sans doute que celle que ma mère – et mon père – portait à chaque symptôme physique. La bonne santé n'allait pas de soi, la force tranquille, le silence des organes n'étaient pas de l'ordre de l'évidence. Mon père, lui, ne souffrit à peu près que de quelques rhumes, d'aigreurs d'estomac et, au pire, de lumbagos. Lorsqu'il mourut, ce fut d'un seul bloc. Ma mère, presque toujours souffrante, avait appris à apprivoiser la douleur. Elle ne quitta pas brutalement la vie, elle s'éteignit en douceur.

Durant toute mon enfance, et bien plus tard encore, la personne dont il fallait sans cesse se préoccuper, c'était ma mère. Elle en devint sans doute égocentrique, pas égoïste, mais autocentrée. Pas par vanité, mais par habitude d'être au centre. Elle avait lutté pour sa survie au camp, elle continua ensuite à lutter pour guérir, mais, une fois guérie, elle ne mit pas son extraordinaire énergie au service d'une cause, d'une idée, d'un travail. Comme si son monde s'était rétréci.

Dans sa jeunesse, avant la guerre, elle avait

été, comme beaucoup de ses camarades, trotskiste. Elle avait fait de la résistance pour barrer la route aux nazis. Mais, après le retour de déportation, elle se trouva coupée de son milieu amical et politique. Jeune mariée fragile, elle se consacra à sa petite famille. Elle ne renoua pas avec son passé. Elle préféra m'en faire le récit. Dans sa bouche, la vie d'avant-guerre avait un parfum de liberté, de conquête, de curiosité intellectuelle presque magique. Elle se consolait en me contant ses années de jadis. Je l'écoutais bouche bée, rêvant de Saint-Germain-des-Prés et du mythique couple de Beauvoir et Sartre. Peut-être m'a-t-elle ainsi transmis son désir secret d'écrire. Mais sans doute a-t-il fallu que je me batte d'abord avec la rêverie et la douceur des contes, que je m'éloigne d'elle, rêveuse hors du monde, de ce cercle doré où elle s'était enfermée, où je me trouvais également captive.

Plus tard, bien plus tard, elle s'en étonna. Ses contes, je les avais faits miens. Seuls existaient les livres, je ne songeais pas au mariage, je le refusais même. Je voulais un couple où l'amitié s'allie à l'amour, la camaraderie intellectuelle à l'érotisme. Vivre ensemble sans papiers, n'était-ce pas affirmer chaque jour la puissance du lien amoureux, sa supériorité sur les conventions, sa victoire sur le quotidien ? Ma mère et moi étions à contretemps. Elle me voyait tout de blanc vêtue, elle voulait devenir grand-mère. Je n'étais pas pressée, elle s'impatientait. À vingt ans, l'idée de l'amour libre lui semblait aller de soi, à cinquante, à soixante, elle avait oublié ses idées d'antan. J'étais fidèle à sa jeunesse, je la trahissais au présent. Elle m'en voulait, moi aussi. Elle s'apaisa à la naissance de ma fille, portait à mon compagnon une adoration sans faille. Il était le fils qu'elle n'avait pas eu. Elle lui pardonnait tout, il était parfait. Elle ne me regarda jamais avec ces yeux-là.

Peut-être suis-je injuste. Elle m'aima, à sa façon, parfois avec tendresse, et même admiration – ce qui me gênait –, parfois avec des reproches plein la bouche. Ses sentiments étaient excessifs, elle ne mâchait pas ses mots, elle marquait sa désapprobation avec éclat, mais son affection aussi, elle n'en était pas chiche. Elle passait rapidement des embrassades au mécontentement. Je n'étais jamais sûre de sa constance. Elle oubliait ses sautes d'humeur, désirait être aimée sans conditions. Mais posait les siennes. A-t-on d'autre choix que d'aimer nos parents tels qu'ils sont ?

Une vieille blessure

Bruxelles, 26 octobre 1946

Chère Jacqueline,

Les lettres que vous m'avez écrites en pensée, oui, je les ai toutes reçues. Je vous ai même répondu. Surtout en traversant la Suisse, au moment où j'étais seul, sans mes amis, vous m'avez accompagné partout. Votre lettre – celle que vous avez écrite – m'a fait tant de bien. Vous me demandez quel accueil on m'a fait chez moi ? Le « chez moi » est une chambre meublée semblable à ses voisines. Le propriétaire n'a qu'un seul souci, celui de recevoir son argent à la fin du mois. J'ai des amis, des gens naturellement très braves, qui ont leurs propres préoccupations. Je ne leur en veux pas. Quelques formules de politesse : « C'était bien ? Tu t'es bien amusé ? »

Je me sens seul. J'ai rendu visite au docteur L. Sa fille Olga va bien, elle retournera à Leysin faire une nouvelle cure d'ici quelques semaines, sans doute. Ils m'avaient invité pour le goûter – un dîner aurait coûté trop cher, je suppose. Vous comprenez maintenant pourquoi votre lettre m'est si précieuse. J'ai besoin d'amitié. Néanmoins je dois au docteur L. de m'avoir invité à rendre visite à sa fille Olga, à Leysin, et ainsi à faire aussi votre connaissance.

Dimanche vers seize heures, je viendrai, en pensée, vous rendre visite, m'asseoir à côté de votre lit et bavarder un peu. Peut-être la radio donnera-t-elle la cinquième symphonie de Beethoven.

Au revoir… Jacqueline, et à bientôt !

Bien vôtre,

Boris.

Leysin, 28 octobre 1946

Cher Boris,

Ma lettre vous a fait plaisir, comme j'en suis heureuse. Je voudrais tant par une amitié sincère pouvoir vous donner un peu de réconfort. Je sais mieux que personne combien on a besoin d'affection dans la vie. Je souffre de son absence, d'autant plus que la vie m'a gâtée à ce point de vue jusqu'à la perte de mon papa chéri. Au camp, j'ai souffert du froid, de la faim, du manque de sommeil, de la vermine, des coups, mais tout cela n'était rien en comparaison de ma souffrance morale. Jamais personne ne m'adressait un sourire, ne me disait un mot gentil, ne me prenait dans les bras pour me consoler comme seul Papa savait le faire. Je fus arrêtée cinq semaines après la mort de mon père et je n'ai pas eu le temps de réaliser toute l'étendue de mon malheur. À Auschwitz, je me suis forgé une armature de dureté. Il fallait être forte pour résister. Car je voulais résister, tout comme j'ai résisté à la mort pendant une année de grave maladie dans les hôpitaux de Paris. Je veux vivre, Vivre, de toutes mes forces, je tends maintenant vers la guérison. Mais il faut à tout être un stimulant dans la vie et je crois qu'il n'y en a pas de meilleur que l'amitié !

Je voudrais meubler votre petite chambre de mes pensées affectueuses et vous, en retour, seriez assis au chevet de mon lit. Ne trouvez-vous pas merveilleux de pouvoir s'épauler ainsi l'un l'autre à distance ?

Bruxelles, 31 octobre 1946

Ma chère petite Jacky,

Vous m'avez fait du mal avec votre lettre. Je sais, ce n'est pas votre faute, vous n'y pouvez rien. C'est une vieille blessure presque fermée, fermée malgré moi, qui s'est rouverte ce matin en lisant votre lettre. J'ai retrouvé une partie de moi-même dans ce que vous écrivez. Comme je vous comprends bien, trop bien, hélas ! Pourquoi ? Oui, c'est dur à raconter, c'est l'histoire la plus pénible de ma petite vie. Une histoire cachée au fond de mon cœur, gardée jalousement car je sais qu'on ne me comprendra pas – sauf vous, peut-être ? Vous êtes plus forte que moi ! Excusez-moi, je n'ai jamais voulu raconter mon histoire à personne, mais je sais que vous allez me comprendre.

En 1925, mon père, ma mère, mon frère

et moi, nous avons quitté la Russie. Mon père fut assassiné à la frontière. C'est Hambourg que nous devions rejoindre, chez une sœur de mon père. En arrivant, l'un de nous quatre manquait, nous étions sans ressources, ma mère devait travailler. Mon frère allait à l'école. J'avais deux ans. On m'a mis dans un home pour enfants à quinze kilomètres de la ville, j'y suis resté pendant cinq ans.

Ma mère venait rarement me rendre visite, elle devait travailler. Une fois par mois seulement, les mères pouvaient rencontrer leurs enfants. La mienne n'avait pas le temps. Je voyais les autres enfants avec leurs mamans, tout heureux : est-ce que la mienne viendrait ?... Non, elle n'était pas là. Pourquoi ? Tout le monde était gai, j'étais seul, dans un coin, oublié ! C'était dur. Pourquoi ?

À sept ans, je suis revenue (*sic*) à Hambourg. Nous avions un petit magasin près du port et l'école se trouvait à trois quarts d'heure de tram de là. Après l'école (les enfants en Allemagne ne vont pas à l'école l'après-midi), je devais aller dans un jardin d'enfants manger, faire les devoirs. À sept heures du soir, je rentrais à la maison. J'avais juste le temps de me coucher. Parler avec ma mère, la regarder, oui, c'était possible le dimanche. Un beau jour, ma mère est tombée malade, elle partit faire une cure de repos. J'étais à nouveau placé en pension, chez une dame, pendant deux ans. En 1932, j'avais donc neuf ans, ma mère liquida le magasin à son retour. Nous sommes restés ensemble jusqu'en 1938. Plus ou moins, car elle travaillait jusqu'à deux ou trois heures de l'après-midi. Malheureusement j'étais trop jeune pour comprendre ce qu'est une maman.

En 1938 nous avons dû quitter l'Allemagne, dans les huit jours. Nous voulions nous établir chez mon frère qui habitait déjà en Hollande depuis 1933. Maman a obtenu le droit de s'y installer, pas moi. Mon cousin Joseph (qui vit maintenant au Canada) habitait à Bruxelles, il accepta de me prendre chez lui. Mais, à la rentrée des classes, il avait décidé de me placer à Charleroi, dans une école professionnelle et technique. Charleroi est à cinquante-quatre kilomètres de Bruxelles, quarante-cinq minutes en train. Quatre mille élèves. Charleroi, ville industrielle, entourée de charbonnages. En général, les élèves étaient des fils d'ouvrier et de mineur. J'étais à l'internat de l'école. La plus grande partie des élèves retournaient chez eux le samedi après-midi et restaient jusqu'au lundi matin à la maison. Qu'ils étaient heureux ! Moi, non, je ne pouvais pas rentrer. Mon cousin avait décidé que je resterais à Charleroi, le week-end, pour apprendre plus rapidement le français. Sans comprendre la langue, sans comprendre la mentalité, oui, c'était dur. Les samedis soir et dimanches tout seul. En semaine, il y avait un garçon avec moi, une connaissance de mon cousin. Je devais le consoler. Et moi ? Je ne pouvais voir ni ma mère, ni mon cousin. À qui dire ses soucis, confier sa peine ? Qui me caresserait, me consolerait ? Je n'avais pas le droit de pleurer. Sauf le soir dans mon lit, en dessous des couvertures. Dites-moi, qu'avais-je fait de mal pour être toujours seul ?

À Pâques, en 1939, je voulais absolument voir ma mère, hélas j'étais sans papiers ! À la frontière hollandaise, on ne m'a pas laissé entrer. Je suis resté en prison là-bas toute la journée ; le soir, on m'a reconduit au train qui devait me ramener en Belgique. Mais aux grandes vacances, en juillet, mes papiers étaient en règle, j'ai enfin vu ma mère pendant quatre semaines. Pourquoi ne l'ai-je pas mieux regardée, pourquoi n'ai-je pas mieux gravé ses traits dans ma mémoire ? Le 5 septembre 1939 j'ai dû la quitter. Oui, pour toujours. C'était la guerre, je devais rentrer en Belgique.

Le 10 mai 1940. La guerre en Hollande, en France et en Belgique. Mon cousin était parti à temps au Canada. Je suis resté chez des parents de mon cousin, mais pas des parents à moi, les R., à Bruxelles. Les Allemands étaient proches. L'exode commençait. On me traitait comme un bon domestique, les autres avaient des lits, je couchais par terre. Nous étions encerclés à quelques kilomètres de Dunkerque avec toutes les armées anglaise, française et le restant des Belges. Vous savez ce qui s'est passé là-bas. Le petit village était composé de mille âmes. Nous étions six mille réfugiés. En quelques jours tout le ravitaillement avait disparu. Il fallait faire la file pendant quatre, cinq heures pour un bout de pain. J'étais chargé de chercher ce bout de pain pour nous tous. Nous étions huit personnes. Je faisais la file, la pluie de bombes et les tirs des mitrailleuses m'étaient déjà familiers. Je n'exagère pas, les balles de mitrailleuse entraient à trois ou quatre centimètres de moi dans le mur. Beaucoup de gens partaient chercher un abri, la file devenait plus petite, j'étais content, je pouvais avoir plus vite mon pain. J'ai cru qu'un jour ma mère serait fière de moi, ce jour n'est pas venu.

Dites-moi pourquoi ?

À notre retour à Bruxelles, j'ai dormi pendant des mois par terre, faute de lit. Les samedis, quand je rentrais à Bruxelles venant de Charleroi (maintenant, on m'autorisait à rentrer le week-end pour apporter du ravitaillement de province), je devais faire la vaisselle, éplucher les pommes de terre, etc. Ce n'était rien, j'ai fait tout cela sans mot dire, mais en récompense je voulais que ma mère me donne un baiser, une caresse, un mot gentil. Non, je ne l'ai pas eu ce mot gentil, ce baiser, cette caresse. Jamais.

En 1942, la Gestapo m'a cherché à Bruxelles. La famille de mon cousin, chez qui je logeais le week-end, a donné mon adresse à Charleroi. Ils auraient eu le temps de me prévenir, mais ils ne l'ont pas fait. J'ai été arrêté et envoyé en Bavière, dans un camp de travail, avec d'autres Russes.

Au camp, j'ai résisté de toutes mes forces, comme vous !

Je ne voulais pas mourir là-bas.

En juillet 1945, j'étais de retour à Bruxelles.

Ma maman n'était plus là. Pourquoi ? J'aurais voulu la revoir. Quelques instants. Une seconde seulement.

Où était-elle morte ? Où était-elle enterrée ? Disparue en fumée comme des millions. À Auschwitz.

Mon frère était en Suisse dans un état pitoyable.

J'habitais de nouveau chez ces gens, les R., qui m'avaient dénoncé.

J'ai regretté d'être revenu d'Allemagne. Pourquoi ne suis-je pas mort là-bas ?

Chère petite Jacky, excusez-moi.

Je parle de ma peine comme vous l'avez fait dans votre lettre. J'ai fait *comme vous, comme toi.*

Comme tu as dû souffrir au camp. Comment as-tu pu résister ? Je t'admire vraiment. Pourquoi n'avons-nous jamais parlé de tout cela à Leysin ?

Bien affectueusement,

ton Boris.

Tant de chagrins, tant d'humiliations, tant de souffrances. Je n'ai jamais su que l'enfance de mon père avait été si pénible, si solitaire. Il ne me l'avait jamais dit. Il était trop pudique, trop secret. Il a gardé sa peine, l'a enfoncée au plus profond de lui-même. Je comprends mieux pourquoi il se crispait quand je lui posais des questions sur ses jeunes années. Il essayait de trouver les beaux souvenirs, ses parties de patinage sur glace avec ses cousines, Manja, Sonia et Nadja, les bêtises qu'il faisait avec son cousin Manfred. Les grandes fêtes chez la tante Clara. Trente ou quarante couverts, la nappe blanche, les candélabres, les verres de cristal, l'air réjoui des convives, les complicités entre cousins… Il devenait plus bavard lorsque nous étions, nous aussi, les patins aux pieds. J'avais six, sept ans. Il me tenait par la main et me décrivait le port de Hambourg ou les courses de vitesse que son frère gagnait sur les canaux gelés de Hollande, les poissonniers qu'il allait observer sur les quais, les grands bateaux pour l'Amérique…

De sa mère, il ne m'a presque rien confié. De son père, assassiné à la frontière russe par un passeur, en 1925, au moment de quitter l'Union soviétique antisémite, il ne savait rien. Il avait deux ans à peine. N'était-ce pas effrayant de réaliser que les deux parents de mon père, cet homme si doux, étaient morts de mort violente ? Avait-il tenté toute sa vie de s'opposer à tant de violence, de déchirements, par une constante tendresse, une joie de vivre fragile et obstinée ? Il lui fallait sauver sa femme de la mort à défaut d'avoir pu sauver son père, puis sa mère de l'assassinat.

Quand ma fille est née, il ne supportait pas que je consacre beaucoup de temps à mon travail, il se fâchait, voulait que je donne tout mon temps à l'enfant. Je ne savais pas qu'il me chargeait, sans me le dire, d'effacer ses années de pension et d'orphelinat, le manque de sa mère.

Notre histoire ne s'écrit pas sur une feuille blanche ; dès notre conception, nous nous trouvons saisis dans une autre histoire, celle de nos parents, de nos grands-parents, même si nous naissons longtemps après leur mort. Dans la suite des générations, notre place est désignée, nous ne sommes pas libres de nous-mêmes. Nous avons une mission à remplir.

La mienne, aux yeux de mon père, c'était d'être une mère tendre, toujours présente. Trop présente, peut-être. Le trop devait effacer le trop peu. Lui-même fut un merveilleux grand-père, offrant à sa petite-fille ce qu'il aurait aimé recevoir, des câlins, des histoires, des jeux, des chansons, une immense disponibilité... Il fit pour elle des jouets de bois qu'il peignit de couleurs vives. Il lui préparait de bons petits plats, jouait aux marionnettes, la prenait des heures sur son dos ou ses épaules, la faisait virevolter... Sa patience était infinie. Elle lui offrit, avant sa mort, ce qui fut, sans doute, un de ses derniers plaisirs, un bol de fraises à la crème.

Mon père fut pour moi aussi, dans ma petite enfance, un papa poule, extrêmement joyeux, tendre, parfois même enfantin. C'est lui qui, les jours de classe, me réveillait le matin, prenait le petit déjeuner avec moi, puis m'emmenait à l'école. Ma mère dormait encore. À ses difficultés respiratoires s'ajoutaient des insomnies récurrentes. Elle s'endormait vers deux, trois heures du matin, ses nuits souvent traversées de cauchemars, où elle se retrouvait aux prises avec les SS dans les camps d'extermination. Le matin, elle reprenait des forces. Mon père m'entourait de la tendresse qui lui avait manqué.

Plus tard, mon père joua davantage encore un rôle maternel lorsque ma mère fit deux années de suite des accidents de ski, puis, alors que je venais de fêter mes neuf ans, un très grave accident de voiture, qui l'emmena d'hôpital en hôpital jusqu'à mes douze ans. Ensuite, ce ne fut plus jamais la même chose, j'avais définitivement perdu la mère de ma petite enfance. À l'adolescence, alors qu'elle me séduisit par les récits exaltants de sa jeunesse et de la Résistance, mon père, lui, accueillit avec fierté ma jeune féminité. Il n'arrivait pas à retenir les noms des garçons qui me plaisaient, les écorchait avec plaisir. Il aurait voulu me garder pour lui.

Mon père n'avait pas de modèle de référence. Devenir le parent d'un adolescent lui était inconnu. À cet âge, il avait été confronté à la solitude. Il ne comprenait rien à mes désarrois nouveaux, à mes peines de cœur, à mes interrogations. Il ne pouvait pas m'offrir la force de sa parole. J'en souffrais. Je haïssais ses silences, je les vivais comme une désertion. Je me sentais seule à mon tour. La vie l'avait obligé à se débrouiller, il attendait, sans doute, que je fasse de même. De temps en temps, il me serrait contre lui, très ému, me disant que je pourrais toujours compter sur lui, qu'il était là pour moi. Ses paroles éveillaient l'angoisse, ce qu'il n'aurait jamais pu imaginer, ni vouloir ; je les recevais comme s'il ne me faisait pas confiance, comme s'il me croyait incapable d'affronter les difficultés de la vie. Il les redoutait pour moi, voulait m'en protéger plutôt que de m'aider à y faire face.

Parfois je me suis demandé si mes parents

avaient eu des discussions sur l'éducation qu'ils me donnaient, ou n'était-ce pas l'habitude dans leur génération ? Ils n'étaient pas des enfants de la psychanalyse. Ils ne croyaient pas aux mots comme j'y croyais. Leurs vies avaient été tellement traversées, bouleversées par les événements extérieurs – la Révolution communiste, l'accession de Hitler au pouvoir, la Seconde Guerre mondiale, les camps de travail, les camps d'extermination – qu'ils se souciaient peu de leur vie intérieure. Elle ne méritait pas qu'on en parle. On la subissait, on s'en accommodait, vaille que vaille, en silence, en son for intérieur. Surtout mon père, personne ne l'avait jamais écouté, il avait appris à enfouir ses sentiments, à les réprimer. Pour tenir debout.

Lorsque, à sept ans, je le vis pleurer en m'annonçant que ma mère venait de se casser la jambe, je fus bouleversée. Le monde vacillait. Mon père avait l'air si ébranlé, si affecté, si profondément touché que je me sentis perdue. Des sanglots montaient en moi, non pas tellement pour ma mère accidentée que pour le désarroi troublant de mon père. Je n'en laissai rien paraître. Je jouai à la grande. Toute la famille ne pouvait pas s'effondrer. En voyant les yeux pleins de larmes de mon père, je savais, comme savent les enfants, que celui-ci était saisi par des émotions et des sentiments qui allaient bien au-delà des faits présents, qu'ils concernaient des histoires du passé qui m'échappaient. Peut-être est-ce ce jour-là, en fin d'après-midi, sur le flanc enneigé d'une montagne, que je me destinai à devenir psychanalyste. Pour analyser, et panser, la douleur de mon père.

L'amour médecin

La scène se passe dans un sanatorium suisse, une chambre fraîche, un lit de fer-blanc. Curieux endroit pour une rencontre. C'est pourtant là que tout se joue. Elle est allongée, il s'assoit auprès d'elle. Ils bavardent, des banalités sans doute. Qu'est-ce qu'ils captent l'un de l'autre pour que toute leur vie se noue à cet instant ? Est-ce sa gentillesse extrême qui la touche ? Est-ce sa maladie en même temps qu'une volonté de vivre qui transparaît sur son visage et dans sa voix qui le retiennent ? Est-elle séduite par ses yeux si bleus, est-il séduit par sa chevelure, ses yeux noisette ?

Un jeune homme s'approche d'une jeune fille malade. Sait-il à ce moment-là qu'il veut devenir son sauveur ? Est-il poussé à son insu à aider cette femme à guérir parce qu'il n'a pu empêcher la déportation et la mort de sa mère dans le camp d'où elle revient ? Et elle ? Ose-t-elle rêver à l'amour ? Comprend-elle que ce visiteur va lui ouvrir la voie de l'amour médecin ? Sentent-ils qu'ils passent implicitement un pacte qui va les lier jusqu'à la mort ? Il jure de l'aider à se battre pour vivre, elle jure de guérir pour lui.

Ce sera une nouvelle guerre, une guerre privée contre la maladie, ils la mèneront ensemble, ils s'épauleront pour l'emporter. Elle et lui seront deux amoureux, deux combattants.

Leur histoire qui avait tout pour se fracasser contre la réalité prend son envol presque aussitôt. Très vite le courrier s'embrase. Les mots écrits allument les sentiments les plus vifs. Boris et Jacqueline se confient l'immensité de leur besoin d'amour. C'est en s'écrivant qu'ils se découvrent aimant. Elle cherche en lui le père trop tôt disparu, il désire trouver dans l'amour un amour maternel qui lui a cruellement fait défaut. Ils veulent être tout l'un pour l'autre, d'abord père et mère, frère et sœur, plus tard amante et amant.

Ne pense à rien d'autre

Leysin, 23 novembre 1946

Boris, mon chéri,

Je viens de lire quelques passages du livre *Déportée 50 440* de Wanda Carliez Lambert de Loulay. J'ai eu du mal à m'arracher à la lecture des descriptions du supplice de la baignoire tel que je l'ai subi moi-même. C'est décrit avec une précision et une vérité hallucinantes. Ai-je vraiment vécu cela ? Mais je veux vite oublier tout cela pour ne plus penser qu'à mon bonheur actuel et ne pas gâcher l'immense joie que m'a causée ta gentille lettre. Est-ce possible que j'ai eu le bonheur de rencontrer « l'âme sœur » ?

Maman est arrivée jeudi matin à dix heures. Comme ça, simplement, elle a ouvert la porte et elle est entrée. Elle m'a prise dans ses bras et m'a couverte de baisers. Elle était si heureuse de me revoir après six mois d'absence. Elle m'a vue partir en brancard de Paris et maintenant elle me trouve debout et solide sur mes jambes, quoique maigre encore. Depuis qu'elle est là, je ne fais plus rien d'autre. Elle parle et je l'écoute. Mais elle n'arrête pas de me répéter sur tous les tons : « Jacky, il faut que tu manges ! Veux-tu ceci, veux-tu cela, une pomme, un cognac aux œufs, un gâteau, du chocolat, du vin et pas de cigarettes ! » Elle-même fume comme un sapeur.

J'ai dû lui parler de toi en long et en large.

Bruxelles, 27 novembre 1946

Petite Jacky chérie,

Le facteur avait vingt minutes de retard, mon cœur s'est serré. J'avais si peur de ne pas recevoir de courrier. Ta lettre est comme une très forte dose d'opium. Chaque fois que je la lis, je m'envole au pays des rêves. Tu es mon âme sœur et je suis ton âme frère. Je voudrais tout trouver en toi : ma mère, ma sœur, mon amie, ma petite Jacky.

Jacky, pourquoi lis-tu des livres comme *Déportée 50 440*. Je ne t'écrirai pas, comme on me l'a dit à moi, d'oublier. Non, il ne faut jamais oublier, jamais ! Mais ne lis pas cela maintenant, tu es trop faible, c'est trop lourd. Attends encore quelques mois, tu seras mieux, tu pourras le lire sans danger pour ta santé. Jacky, tu dois guérir. Ne pense qu'à cela pour le moment. Tu voulais guérir pour moi ! Prendre du poids ! Ne pense à rien d'autre.

Le traumatisme en héritage

Penser à sa santé, à son corps, à ses souffrances, c'est ce que ma mère fit jusqu'au dernier jour de sa vie. Qu'est-ce qu'être l'enfant d'une mère malade ? Son amour pour moi était démesuré. Immense et malhabile, gauche, souvent incohérent : tantôt trop proche, tantôt trop lointain. La préoccupation inquiète pour ses maladies la rendait soudainement absente. Elle n'était plus là, requise par elle-même, ses difficultés respiratoires, ses douleurs d'estomac, ses cauchemars, sa jambe cassée. Le corps prenait toute la place, celle de la psyché. Elle ne pouvait pas penser. Son expérience concentrationnaire était un traumatisme inassimilable, impensable, impensé. Le corps dans sa crudité, sans médiation, criait pour elle. Les mots étaient absents pour dire l'horreur des camps. Revenaient sur ses lèvres : « C'est impossible à raconter, c'est impossible à croire. Si je parlais, on ne me croirait pas. »

Petite fille, je voulais sauver ma mère de l'anéantissement, lui épargner le Mal, la protéger des « méchants ». Je voulais la guérir – non pas seulement de ses maux physiques mais de ses visions cauchemardesques, de ses insomnies, de cette déchirure de l'être qui la hantait, de ce qu'elle avait subi là-bas, au-delà de l'imaginable, au-delà de l'humain.

Le traumatisme en héritage : l'agressivité inhibée, impossible de faire du mal, mes deux parents étaient trop fragiles. Seulement être sage et obéissante. Ne rien déranger. Rester immobile. Silencieuse, ramassée sur soi comme quelqu'un qui se cache, qui cherche à demeurer dissimulé. Faire le mort pour sauver sa peau. Ma mère disait qu'au camp elle s'était faite toute petite, invisible, pour se protéger, pour échapper au travail d'esclave, pour ne pas mourir. Tenir des heures dans le froid, à l'appel, au petit matin glacial de haute Silésie. Se cacher dans les latrines. Elle avait vingt-trois ans. Comment vivre lorsqu'on est un enfant de survivant ? Comment oser vivre, rire, bouger, chanter, être heureuse ? Pourtant, ils voulaient que la vie l'emporte sur l'anéantissement. Ma naissance était un miracle à leurs yeux. La vie plus forte que toutes les morts.

Quel poids, quelle responsabilité ! Réussir sa vie, comme une preuve, une revanche. Je ne suis pourtant jamais vraiment partie. J'ai pris ma liberté de l'intérieur. Mon corps est resté sur place. Comme un rempart, une présence inamovible. Je me suis enfuie par l'imagination, par la rêverie, par la lecture. Jamais je ne me suis levée pour dire : je m'en vais. Adieu. La séparation, toute séparation était un tel traumatisme. C'était, par association immédiate, la mort. Comment leur faire ça, à eux ? Être « méchante », c'était rejoindre le camp des nazis. Qui peut vouloir se mettre du côté des tortionnaires, des assassins ? Je n'avais pas cette force-là. Le fantasme était trop puissant. Et puis, toujours cette question revenait : aurais-je su lutter, survivre, moi aussi, ou serais-je partie en fumée après avoir été humiliée et asphyxiée ?

Mes parents étaient soudés l'un à l'autre, pas seulement fondus l'un dans l'autre, mais coulés dans un même corps : le corps souffrance de ma mère, le corps soignant de mon père – liaison covalente parfaite. Ce corps fantasme est né en Suisse, après la guerre, après la déportation, après l'indicible. On ne revient jamais de là-bas. Il fallait un même corps pour deux, puis un même corps pour trois. Comment faire confiance au monde ?

Boris, écorché vif, s'efforçait de faire taire ses propres tristesses, il s'engloutissait tout entier dans son amour pour Jacqueline. Elle était sa salvatrice, il était son sauveur. Il ne voulait pas qu'elle évoque sa déportation. Il n'arrivait pas à faire le deuil de sa mère, déportée et gazée à Auschwitz. Il lui enjoignit de ne pas penser aux camps de la mort. Il lui imposait silence pour ne pas éveiller son insupportable peine. Au retour de déportation, il s'agissait de reprendre le cours de la vie là où elle s'était brisée. La catastrophe avait été vécue collectivement, mais chacun se retrouvait seul avec ses propres cauchemars. Survivre éveillait un sentiment de culpabilité – culpabilité du survivant, disait-on –, un sentiment de victoire aussi, sur les nazis. Mes parents n'avaient pas partagé le sort des victimes, ils avaient échappé au génocide. Ils étaient meurtris mais vivants. Deux orphelins, deux survivants, s'épaulant mutuellement pour tracer un chemin de vie, c'est ainsi que se noua leur couple. Un couple fondé sur l'interdépendance, le rêve tout-puissant de vaincre la maladie et la mort. Ils s'arc-boutaient contre le monde. Ils voulaient m'en préserver. Le monde recelait trop de dangers. Ils voulaient me les épargner. Ils n'avaient pas confiance dans les forces que l'on peut développer en soi. Leurs expériences leur avaient prouvé que Thanatos l'emporterait toujours sur Éros.

Pourtant, l'amour était né entre eux, un amour salvateur, un amour telle une renaissance, une sève puissante, une rosée du matin. Mais leur confiance n'allait pas bien au-delà du petit cercle de leur couple. Ils doutaient des êtres humains et surtout des États. Ils colmataient leur nid contre tous les prédateurs. Ils avaient quelques amis qui avaient, eux aussi, connu les malheurs du temps. Je ne sais pas de quoi ils discutaient ensemble. Je jouais avec leurs enfants. Ont-ils été élevés comme moi dans le silence ? Qu'est-ce qui leur a été transmis de cet univers concentrationnaire ? À l'âge où j'aurais pu échanger avec eux, nous ne nous voyions plus. À l'époque, d'ailleurs, on ne parlait pas encore de ce qui était arrivé dans nos familles, de traumatisme intergénérationnel, on ne parlait tout simplement de rien. Les anciens déportés cherchaient à oublier, à vivre leur vie d'adulte, en travaillant et en élevant leurs enfants en honnêtes citoyens. Ils voulaient être comme les autres, sans histoire. La page était tournée. Place à l'avenir, pensait mon père, ma mère aussi. Parfois, pourtant, ma mère se laissait aller à raconter ses années de Résistance, les armes déplacées, les faux papiers, les faux tickets de rationnement… Si elle enchaînait sur son arrestation et commençait à évoquer Auschwitz, mon père l'interrompait, prétendant que ce récit lui ferait du mal, inutilement. À quoi bon remuer ce passé ? demandait-il, imposant silence.

Moi, j'aurais tellement aimé que mon père pleure sa mère gazée, que ma mère exprime ce qu'elle avait vécu d'effroyable, qu'elle trouve des mots pour dire l'horreur, l'irreprésentable. Son traumatisme, elle me le transmettait, à son insu, bien sûr, me chargeant de ne pas oublier ce que des millions d'êtres humains avaient enduré. J'entendais leurs voix hurler en moi. J'aurais voulu épeler chacun des noms des disparus. La tâche était incommensurable. Je ne savais comment répondre à cette demande à mi-mots prononcée. « Il faut que ta génération se souvienne, il ne faut pas oublier, c'était notre seul espoir au camp, que les autres sachent ce qui s'était passé. Tu te souviendras ? »

Oui, Mami – c'est ainsi que je l'appelais, à l'anglaise –, oui, Mami, je me souviendrai, et les enfants de mes enfants se souviendront. Mais le traumatisme en héritage doit s'éteindre, lentement se désagréger, perdre sa force de nuisance. La lutte doit être consciente. Je veux voir la vie vaincre, le plaisir l'emporter sur la souffrance, l'amour sur la mort, l'art sur le quotidien, la politique sur la confusion et l'indifférence. Je ne peux jusqu'au bout de ma propre vie porter ce fardeau si lourd que tu m'as confié. J'y perds le souffle et le pas. Peux-tu le comprendre ? Peux-tu l'accepter ? Je veux le partager avec d'autres, qu'il devienne un combat, une vigilance, une éthique.

Avant la guerre, à Tours, tu avais deux amis, l'un s'appelait Marcel, l'autre Paul. Tu aimais le premier, le second était amoureux de toi. Quarante ans après la guerre, tu appris incidemment ce qu'il advint de ce dernier. Tu en fus bouleversée. Je t'en voulais d'avoir préféré le pharmacien au poète. Je lui adressai une lettre imaginaire*. Je récrivais ton histoire. De génération en génération, que peut-on faire d'autre que toujours reprendre la même histoire pour en faire un nouveau récit ?

* « Lettre à Paul Celan », in *Lettres à l'amant*, chez Colophon, imprimeur à Grignan, 1997, p. 17-21.

Noël à Auschwitz

Leysin, 1er décembre 1946. Huitième lettre. Jacqueline a vingt-cinq ans, elle est malade, très malade, elle ne sait pas si elle retrouvera un jour la santé. Ne sont-ils pas en train de bâtir des châteaux en Espagne ? Elle lui écrit sans détour : « Est-ce que je pourrai te rendre aussi heureux que je le voudrais et que tu le mérites avec ma santé fragile et mon être physiquement diminué ? Tu vois que je m'ouvre franchement à toi et que je n'ai pas peur de te dépeindre la réalité telle qu'elle est. J'ai peur, oui terriblement peur ! »

Il lui répond : « Chérie, il y a un passage dans ta lettre qui m'a déchiré le cœur. "C'est la faute à cette sale maladie…" Toutes mes lettres ont-elles été vaines ? Tu m'as enlevé d'un seul coup tout le bonheur que tu m'avais donné pendant deux mois.

« Ta maladie sera bientôt finie, ni aujourd'hui ni demain, je le sais, mais le jour viendra, oui plus vite que tu le crois, si tu le veux ! "Mon être physiquement amoindri", que tu es cruelle de me lancer des mots semblables. Je ne suis pas prophète, mais je sais que, aussi longtemps que je vivrai, j'essaierai de te rendre heureuse. Veux-tu plus ? »

Un peu plus tard, Jacqueline évoque ses parents :

« J'ai perdu mon père le 21 mai 1944, à Grenoble, et cinq semaines plus tard je me faisais arrêter. Je me suis fait torturer pendant quarante-huit heures à la Gestapo pour ne pas donner mon adresse afin de permettre à Maman de s'enfuir. Elle a trouvé refuge au couvent Notre-Dame-de-Sion. J'étais même un peu troublée en la revoyant, au retour de déportation, parce qu'elle avait pu continuer à vivre presque normalement pendant que moi j'étais en enfer. Mais il y avait tant de mes camarades qui n'avaient plus leurs parents… J'avais de la chance dans mon malheur. Heureusement que Papa n'a pas vu sa fille déportée. Il ne l'aurait pas supporté.

« Maman, à la Libération, a pu regagner Tours, vers le mois de décembre 1944. Elle a retrouvé notre appartement, situé dans un grand immeuble neuf, miraculeusement épargné par les nombreux bombardements de la ville. Mais toute sa famille a été déportée et n'est pas revenue. Moi, je suis rentrée, malade, le 30 mai 1945. Maman avait mis tout son espoir en mon retour. Elle a passé des moments de désespoir à mon chevet, à Paris, quand j'étais mourante et n'avais même plus la force de lui adresser la parole. Je la repoussais quand elle s'approchait de mon lit car cela m'empêchait de respirer. Elle a vraiment été merveilleuse pendant toute cette période où je jouais à cache-cache avec la vie et la mort. Souvent elle ne mangeait pas pour être plus longtemps près de moi. Non, je n'oublierai jamais cela. »

Le bonheur n'allait pas de soi. Il fallait l'arracher à la maladie, le gagner jour après jour, avec patience. Croire à la guérison. Ne pas se décourager. Une camarade de chambre meurt et le chagrin, le découragement, le désespoir même l'emportent. Jacqueline craint le pire. Les amis de Boris le mettent en garde, on ne tombe pas amoureux d'une « tutu », une jeune femme atteinte de tuberculose, c'est insensé. Boris et Jacqueline tiennent bon. Ils n'ont rien à perdre sans doute. Ils ont déjà tout perdu. Cela leur donne de la force, de la volonté, du courage, de l'endurance morale. Ils s'écrivent depuis deux mois seulement mais leur lien est déjà solide. Ils veulent croire que leur histoire a un avenir même si tout s'y oppose.

Ils se racontent les livres qu'ils lisent, la poésie qu'ils aiment. L'écoute des mêmes programmes de musique classique, à la radio suisse « Sottens », les réunit. Boris va au cinéma – ici, le dernier cri, c'est *Arsenic et vieilles dentelles* –, Jacqueline assiste à des projections privées au sanatorium : *Le Cuirassé Potemkine*. Parfois, le cafard gagne, ils sont trop loin l'un de l'autre. Ils espèrent se revoir aux vacances de Pâques, mais il faudra obtenir des visas belges, français et suisses. Ce sont de longues démarches administratives. Boris trouve le temps interminable, Jacqueline s'inquiète de cet amour né par correspondance. Sur quoi est-il fondé, se demande-t-elle, ils ne se sont vus que deux ou trois fois, leur imagination n'est-elle pas trop vive ?

« Tu es mon premier amour, et le dernier », lui déclare Boris. Une perspective l'angoisse cependant. Son cousin Jo, qui l'emploie dans la firme familiale à Bruxelles, lui demande d'émigrer au Canada pour y travailler dans la filiale d'outre-Atlantique. Boris ne veut pas être éloigné de sa bien-aimée, pourra-t-elle émigrer avec lui ? Sera-t-elle guérie avant son départ ? À l'approche des fêtes de fin d'année, la nostalgie d'une vie de famille s'accroît. Jacqueline a passé Noël seule au lit, personne ne l'a invitée, elle a lu *Germinal*.

« Une tristesse infinie m'a envahie ce soir. Je pensais au Noël de l'année dernière, où j'étais à l'hôpital presque mourante, au Noël d'il y a deux ans, où j'étais également malade mais à l'infirmerie d'Auschwitz. J'étais étendue sur mon grabat, enroulée dans une mince couverture. Les compagnes valides dansaient un peu entre elles et chantaient une chanson que je n'oublierai jamais. Dans le refrain, il y avait ces mots : *nach jedem Dezember, kommt wieder ein Mai.* "Après chaque décembre, revient mai." J'ai pensé : si seulement je pouvais tenir encore cet hiver, au printemps nous serons sûrement libres. Cela a été dur mais j'ai tenu ! Le 18 janvier nous avons dû évacuer Auschwitz à pied. Les Russes avançaient, il fallait marcher vite, sans s'arrêter jour et nuit. 20° au-dessous de zéro, 39° de fièvre. J'ai tenu et je tiendrai encore ! »

Boris évoque des souvenirs moins dramatiques, cocasses même. « Je me rappelle la Noël 44, on avait demandé un chat à une jeune fille allemande qui travaillait à l'usine. Elle l'avait apporté mais son père n'avait pas eu le temps de le tuer, et nous, nous étions surveillés par la sentinelle. On avait glissé le chat dans un sac en dessous d'un escalier. De temps en temps, on entendait un miaulement plaintif. Nous étions sur des chardons ardents (*sic*) de peur qu'un officier allemand le remarque. Et tout à coup… la sirène retentit. Des avions américains étaient dans le ciel. Tout le monde courait… c'était une merveilleuse occasion de se réfugier avec le sac derrière la maison. Quelques instants plus tard, la tête du chat était coupée, la peau enlevée. Personne n'avait rien vu. Heureusement, notre "repas de fête" était sauvé ; nous l'avons mangé à cinq ou six, c'était si bon, un vrai goût de lapin, ou du moins chacun le prétendait pour ne pas dégoûter les autres peut-être… »

Il poursuit :

« Au camp, je me suis débrouillé. Parfois j'étais malade, des piqûres traversaient mes poumons, mais je tenais bon, jusqu'à minuit, parfois plus tard, je travaillais, je savais que ce serait trois cents grammes de pain pour chacun. Je faisais des jouets pour les enfants des Allemands. En échange, je recevais du pain que je partageais avec mes camarades du commando. J'ai fait des avions, des tanks, des cuillères pour la soupe et même des sandalettes pour dames avec des semelles pliantes et des lanières de cuir noir à bord rouge. Je crois qu'on a reçu cinq kilos de pain pour chaque paire ! Pour nous soutenir le moral, je racontais des blagues, je faisais rire, je jouais aussi de l'harmonica, de la musique à bouche… *La Marseillaise*, *Auprès de ma blonde*, *Avanti popolo*… En chantant, nous étions pris d'un élan d'espoir, nous nous sentions la force de vaincre, de vivre. Jusqu'à la Libération. En distrayant les autres, j'oubliais mes propres soucis. Encore une fois je vais faire cela, pour toi et pour moi. Je veux vaincre une fois de plus. Tu es mon nouveau combat. »

*

L'ennemi à vaincre, c'est une pleurésie purulente chronique du côté droit, provoquée par une opération, un pneumothorax partiel.

*

Les images de la guerre sont sans cesse présentes. Boris se souvient d'un coin de ciel bleu aperçu à travers les barreaux de la prison, au mois de mai 1942. Il espérait revoir un jour un coin de ciel bleu sans barreaux, sans prison, sans gardiens. En évoquant le moment où il pourra rejoindre Jacqueline à Leysin, dans quelques mois, c'est à ce carré de ciel qu'il repense.

Mythe fondateur

Cet amour contrarié par la maladie, mythe fondateur du couple de mes parents, m'avait donné la forte conviction que l'amour se gagne de haute lutte, qu'il ne va jamais de soi, qu'il est hérissé de difficultés et de contretemps, qu'il faut s'armer de patience et d'intelligence pour les vaincre, mais que ces obstacles lui donnaient aussi toute sa valeur. Longtemps, j'ai cru le couple de mes parents trop exemplaire pour oser croire que je pourrais atteindre leur bonheur. Je me sentais écrasée. Pourtant, être née de l'amour donne de la force, prédispose sûrement à répéter, dans sa propre existence, cet élan de vie et de confiance.

Quel est le secret des couples qui traversent le temps ? On préfère évoquer la rencontre, le coup de foudre, la lune de miel, l'idéalisation première, mais qui parle du passage du temps, de la réalité quotidienne, des ajustements à faire, des concessions, de la tolérance aux différences, de la patience, de la diplomatie, de la ruse même, cette *intelligence oblique* des Anciens ? Qui dira tout ce qui permet de dépasser les tensions, les conflits, d'apaiser les colères, de résoudre les disputes, de surmonter les brouilles ?

En lisant leurs lettres, je me demandais comment ils avaient vécu les premiers mois, les premières années de leur vie commune. Lorsqu'ils se retrouvèrent face à face, dans la plus concrète des proximités, comment ont-ils apprivoisé leur quotidien ? Il y fallait, sans doute, autant d'intelligence que d'amour, le désir de faire durer le couple, une grande confiance en soi, une forme d'humilité, le renoncement à certaines certitudes, à beaucoup d'amour-propre, une sagesse du détail, une bienveillance sans ombre…

Je ne les ai pas souvent vus se disputer, peut-être réservaient-ils cela pour leur chambre conjugale. Je sais, cependant, qu'il leur arrivait de se bouder un long moment, parfois même un jour ou deux. Je trouvais cela à la fois insupportable et presque amusant à force d'être absurde. Je les observais agissant comme d'habitude mais sans s'adresser la parole. Ils ne voulaient pas céder, c'était une petite épreuve de force, puis ils riaient d'eux-mêmes, se pardonnaient leur différend, la vie reprenait son cours. J'étais soulagée.

Face à moi, ils faisaient volontiers bloc. Enfant, quand j'adressais une requête à ma mère, elle me disait : « Va voir Papi » ; quand je me tournais vers mon père, il me répondait : « Va voir Mami. » Je me promenais entre les deux jusqu'à ce qu'ils se mettent d'accord. Il était très rare que je puisse obtenir de l'un ce que ne voulait pas m'accorder l'autre. Ils aimaient faire chorus. La barre de l'amour était placée très haut.

Pourrais-je jamais l'atteindre à mon tour ? me demandai-je. Comment y parvenir sans reproduire ce couple tellement soudé qu'il me paraissait étouffant ? Très jeune, je sentais confusément qu'il me faudrait davantage de liberté. J'aspirais à une intimité mêlée de vrais échanges, mais aussi de moments où chacun vaque à ses propres affaires, se tourne vers le monde ou vers soi, s'enrichit ailleurs. Face à mes deux parents, je devins une enfant unique qui savait jouer seule, je ne redoutais pas le vide. Quand je n'allais pas rejoindre d'autres enfants, j'étais bien forcée d'occuper mon temps. Un bout de ficelle, un peu de pâte à modeler, quelques marionnettes, des boîtes petites et grandes, des échantillons de tissu, n'importe quoi, tout devenait prétexte à inventions. La solitude se remplissait de mille échos joyeux. Le jeu est la première intériorité. Il m'arrivait bien sûr de me retrouver le nez sur la vitre, regardant les passants et les chiens défiler sur le trottoir, mais jamais longtemps. Je m'inventais des histoires, de grands voyages. Plus tard, la lecture amplifia mon imagination. À l'âge où je découvris l'amour, je compris qu'il me faudrait toujours des moments à moi, « une chambre à soi » comme le demandait Virginia Woolf à une époque où les femmes n'avaient pas de pièce qui leur fût réservée dans la maison. Moi, j'ai un bureau, je peux m'y enfermer, je suis chez moi. Ceux que j'aime frappent à la porte avant d'entrer. Je ne pourrais pas vivre autrement. Écrire est devenu mon terrain de jeu. Je cherche les mots, je tâtonne, j'essaie un rythme, une mélodie pour dire quelque chose d'infiniment intime, pour le partager ensuite avec les autres. Pour moi, l'amour se vit dans ce même va-et-vient entre quant-à-soi et partage, entre solitude et présences. L'amour est comme un funambule marchant sur son fil en se balançant dans un équilibre à construire à chaque seconde.

Alarme

Hémoptysie

Le 22 janvier 1947, Jacqueline a la gorge en feu. Elle se demande comment elle a pu attraper une angine sans même sortir de sa chambre. Elle se souvient que, deux ans plus tôt, le 22 janvier 1945, elle traînait lamentablement son « pauvre squelette couvert de haillons sur les routes enneigées de Pologne et d'Allemagne. Les jambes enflées dans des pantoufles détrempées par la neige, le ventre creux, la langue pendante de soif par 20° au-dessous de zéro. Le 18, nous avions quitté Auschwitz. Je sortais de l'infirmerie où la veille j'avais encore 39° de fièvre. Eh bien, le croiras-tu, en arrivant après huit jours de marche à Ravensbrück, je n'avais pas même un petit rhume. Ma fièvre avait disparu et, avec elle, la chance de me faire admettre à l'infirmerie où on était tout de même mieux qu'à coucher à même le sol dans une baraque ouverte à tous les vents, où l'on vous marchait dessus toutes les nuits sans égard pour vos pieds gelés. Je crois que le 22 janvier 1945 j'aurais volontiers donné dix ou vingt ans de ma vie pour un lit chaud avec des draps et un peu de soupe bouillante».

Leysin, 17 février 1947

Boris, mon chéri,

Lundi matin huit heures. Je n'ai pas le droit d'écrire mais j'ai peur de te laisser sans nouvelles. Et un télégramme t'inquiéterait davantage. Hier matin, j'ai fait une hémoptysie. La première de ma vie! Cette nuit, une seconde. Suis très faible mais je pense que tout finira par s'arranger. Ta lettre m'a fait infiniment plaisir mais je ne sais quand je pourrai y répondre.

Excuse-moi mon chéri.

Je pense très fort à toi. Et sois assuré que je t'aime plus que tout au monde. Je t'embrasse tendrement,

Toute à toi,
Jacky.

Bruxelles, 19 février 1947 (par exprès)

Chérie, ma petite Jacky adorée, mon tout,

Mercredi matin. Le contremaître vient de m'apporter ta lettre, si mince. En ouvrant, je n'ai trouvé qu'une feuille, c'était déjà beaucoup trop pour toi. Chérie, je suis effondré. Pourquoi encore cela ? N'as-tu pas assez souffert ? N'ai-je pas le droit de t'aimer pour toujours ? Chérie, dis-moi, qu'as-tu fait, qu'ai-je fait pour mériter ces nouvelles souffrances ? Ne cesseront-elles jamais ?

Je ne veux penser qu'à ta guérison, cette rechute ne sera que passagère, elle nous unira encore plus fort, pour nous aimer à jamais. Je suis à toi, uniquement, depuis longtemps. Nous ne formons qu'un seul être. Ton avenir est lié au mien. Regarde-toi comme une héroïne, tu combattras jusqu'à la victoire finale : être avec moi pour toujours. Promets-moi de guérir bien vite, je t'en supplie. Tu es ma maman, ma sœur, ma femme, mon bébé, ma petite Jacky, tu es mon tout. On m'a enlevé tous ceux que j'aimais et on veut t'enlever à moi, non, non, je ne le laisserai pas faire. Si tu ne peux pas écrire peut-être trouveras-tu une amie pour écrire quelques lignes à ta place.

J'ai une petite grippe, je suis au lit et peux penser à toi sans cesse. Tu vivras avec moi !

Je te chéris, je te caresse, je te soigne, beaucoup de baisers affectueux,

Ton Boris.

Lettre de l'infirmière, 20 février 1947

Monsieur,

Je vous mets un mot à la demande de Jacqueline, immobilisée, qui a fait quelques petites hémoptysies et qui est condamnée pour quelque temps à un repos complet. Cette menace de silence prolongé lui causait du souci, aussi je vous donne de ses nouvelles qui, quoique non fameuses, ne causent pas trop d'inquiétude. Je suis son infirmière et Jacqueline a une soif de vivre et une volonté qui doit triompher malgré les durs assauts de la maladie. Je suis sûre qu'une longue lettre de vous lui donnera des forces neuves pour lutter, ou mieux, une visite, mais votre amie m'a avoué l'impossibilité matérielle d'obtenir un visa rapidement.

Que cette lettre vous apporte tout ce que Jacqueline mettait dans les siennes et ce qu'elle pense sans avoir le droit de l'exprimer.

Soyez assuré que j'entoure votre amie de toute mon amitié,

Bien à vous

O.L.

En PS, un mot de Jacqueline :

Boris, mon chéri,

Crois bien que je t'aime très très fort et que toutes mes pensées sont concentrées sur toi. Je veux vivre pour toi, mon chéri ! J'ai du mal à écrire, je vois à peine clair. Si seulement je pouvais te voir ! Je t'embrasse avec tout ce qui me reste de forces.

Avec toute mon affection et ma tendresse pour toujours à toi,

Ta petite Jacky.

PS : Maman n'est pas au courant !

Bruxelles, 20 février 1947

Ma Jacky, ma petite chérie, mon tout,

Depuis hier, je ne vis plus. Depuis que ma réponse à ta petite lettre est partie, je ne sais que faire. J'ai déjà pensé à tout. J'espère que tu vas déjà beaucoup mieux. Chérie, je t'aime et souffre terriblement. Je n'en peux plus. Je voulais tout te donner, le meilleur. J'aurais eu le bonheur parfait avec toi. Tu sais bien que je ne peux pas vivre seul, il me faut une maman. Nous nous sommes rencontrés et c'est un vrai miracle, nous nous aimons d'une façon qui n'existe peut-être pas deux fois. Tu sais que dans ta personne j'ai retrouvé tout ce que j'avais perdu. Je pleure, je prie, je t'aime. Je t'aime ! Je te supplie de guérir. Chérie, je t'embrasse, je te serre dans mes bras, je te donne des millions de baisers, toujours ton

Boris.

Bruxelles, 24 février 1947

Chère petite Jacky chérie,

Lundi soir. Depuis aujourd'hui je travaille de nouveau. Ton mot et celui de ton infirmière sont arrivés hier matin. Merci infiniment à toutes les deux. Depuis vendredi soir, depuis que j'ai téléphoné et parlé avec ton médecin, je me sens mieux. J'ai dû attendre deux heures et demie pour obtenir la communication. Je croyais devenir fou. Mais enfin, ça valait la peine. Jusqu'à vendredi, c'était terrible. Surtout le télégramme du médecin. Mais heureusement, c'est fini, n'en parlons plus. J'avoue que tu as très mal choisi ton moment, étant au lit moi-même j'étais impuissant. Pour répondre à ton télégramme, je suis sorti avec la fièvre. Jascha, mon ami, m'a grondé. Samedi j'ai rendu ma demande pour obtenir un visa au consulat suisse. Tu vois, maintenant, ça roule. Ordinairement ça dure trois semaines mais ça ira sans doute plus vite, ils ont ajouté le télégramme à la demande. J'ai déclaré que tu étais ma cousine afin d'avoir un lien de parenté. Je dois venir vite parce que mon cousin rentre la première semaine de mars et je dois être là, tu dois me comprendre, ma petite Jacky.

Je te souhaite de bien te rétablir, encore un peu de patience, je t'embrasse et te caresse bien doucement, avec toute mon affection, beaucoup de baisers, comme toujours ton

Boris.

Télégramme, 1er mars 1947 (sic)

« État mademoiselle Esser toujours aussi grave faites démarches sans délai pour venir en Suisse

Docteur Jeanneret – sanatorium Grand Hôtel – Leysin »

Leysin, 27 février 1947

Boris chéri,

Comme je me sens un peu mieux, je vais essayer de t'envoyer quelques mots.

Il ne faut pas perdre courage si vite, mon chéri. S'il m'était vraiment arrivé quelque chose, je crois que de toute façon il aurait été trop tard pour te revoir. Que veux-tu, mon petit Boris, c'est ainsi dans la vie. Quand votre minute est arrivée, on s'en va sans demander l'avis de personne. Enfin, heureusement, j'ai la peau dure. « Mauvaise herbe ne périt pas ! »

Ton télégramme m'a donné un réconfort formidable.

Je n'ai pas encore le droit de bouger et depuis dix jours je reste dans le même petit creux de mon lit. Je fais un tout petit peu de fièvre et en ce moment j'ai les joues en feu.

Heureusement que le médecin ne me voit pas écrire, il me gronderait sérieusement.

À bientôt, je l'espère de tout cœur, écris-moi souvent, même un petit mot. J'ai tant besoin de tes lettres réconfortantes !

Toujours à toi, ta petite Jacky.

Le 12 mars 1947, un télégramme annonce l'arrivée de Boris à Leysin, pour quatre jours :

« Félicitations anniversaire – Viendrai après-midi – Boris. »

La chambre des parents

De ce court séjour, je ne saurai rien ou presque, quelques allusions dans leurs lettres. Le bonheur de la présence. Comment se sont-ils retrouvés après l'échange de ces premiers courriers ?

J'ignorais que ma mère avait failli mourir alors qu'elle connaissait déjà mon père. Quelques mois seulement après leur rencontre, tout avait failli basculer. Boris devait avoir une énorme confiance dans la vie pour s'engager ainsi avec une jeune fille aussi gravement malade.

Que sait-on de l'amour de ses parents ? Une génération nous sépare. Nous ne serons jamais contemporains. Ils appartiennent à une histoire qui n'est pas la nôtre, qui ne peut être la nôtre. Nous nous inscrivons dans leur histoire sans pouvoir la connaître, seulement la deviner, en esquisser quelques contours. Et pourtant elle nous a forgés. Étrange paradoxe : des liens amoureux de ses parents, l'enfant ne veut rien savoir et tout savoir. La chambre conjugale éveille sa curiosité. Il y prête l'oreille, mais, lorsque son père et sa mère s'embrassent en sa présence, il détourne le regard. Il est intimement persuadé que ses parents n'ont eu de relations sexuelles qu'une seule fois, pour sa conception. Depuis, assurément, ils sont chastes. Il est bien difficile de regarder ses géniteurs comme un homme et une femme avec leurs incertitudes, leurs angoisses, leurs plaisirs en dehors des nôtres. Aux yeux d'un enfant, les parents ne sont que des parents. Leur rôle d'éducateurs, de nourriciers, de conteurs, résume toute leur existence. On perçoit bien, même tout petit, à certaines expressions furtives, à certains gestes inattendus, à certains mots incompréhensibles, que quelque chose du monde adulte nous échappe. Il y a sur le buffet la photographie de leur mariage, mais leur couple se dissout dans la famille. Comprendre ce que représente un couple est hors de portée. C'est une réalité et une énigme. La nuit, ils dorment à deux dans le grand lit, ils ont de la chance, ils ne sont pas seuls. Nous nous consolons avec des peluches, un peu de lumière, le bord de notre coussin que nous roulons doucement entre les doigts. Nous nous inventons un ami imaginaire, un double, avec qui faire des niches, avec qui ne plus avoir peur dans le noir.

Parfois mes parents sortaient le soir. Les préparatifs étaient fébriles. Une odeur de parfum – Chanel n° 5 – se répandait soudain, des vêtements festifs faisaient leur apparition. Ma mère en robe noire tendait à mon père un collier qu'elle lui demandait de fermer dans le cou. Il lui arrivait de remonter dans son dos une longue fermeture Éclair, de lui attacher de petits boutons ou quelque minuscule crochet. Ces gestes me fascinaient, ils représentaient le comble de l'érotisme, ce que je pouvais imaginer de plus sensuel entre un homme et une femme. J'aime les retrouver dans de vieux films des années cinquante et soixante, c'est une image précieuse de mon enfance.

Mon père se rasait pour la seconde fois de la journée, il sentait bon la mousse et l'after-shave. Il passait une chemise propre bien repassée, glissait dans les fentes préparées à cet effet, par une torsion très particulière des doigts, des boutons de manchette dessinés par son frère – un F et un B majuscules –, puis choisissait entre plusieurs cravates celle qu'il porterait. Il demandait l'avis de ma mère, en comparait l'effet devant le miroir de la coiffeuse, en les approchant de son cou. Elles étaient toutes en soie, il les achetait en Italie lors de ses voyages d'affaires. Il en avait une grande collection. À treize ans, je lui en choisis une à Londres, dans les tons beige et bleu, qu'il porta longtemps ; je l'ai retrouvée dans son placard quand je l'ai vidé.

Avant mes neuf ans, avant l'accident de voiture, ma mère portait encore des chaussures à talons aiguilles. Parfois elle me laissait les essayer, pas souvent, parce qu'elle craignait que je les casse en jouant maladroitement à la « dame ». Une maman me semblait appartenir à une autre humanité que la mienne, comment pouvait-elle marcher juchée à une telle hauteur ? Allait-il falloir l'apprendre à mon tour pour devenir une femme ? Cette perspective me semblait aussi périlleuse qu'improbable.

Pour sortir, ma mère emportait un petit sac du soir, souvent noir et brillant comme un bijou, y glissait un mouchoir de fin batiste brodé à ses initiales, un miroir de poche, un bâton de rouge à lèvres et un petit peigne en corne. Elle y ajoutait aussi un minuscule atomiseur pour pouvoir se reparfumer au cours de la soirée. Auparavant, elle avait soigneusement limé ses ongles, puis les avait laqués de rouge. Elle tenait ensuite longuement ses doigts écartés, soufflant dessus pour que le vernis sèche plus rapidement. J'aimais assister à ces préparatifs, c'étaient les coulisses d'un spectacle auquel je ne participerais pas. J'étais autorisée à suivre leur métamorphose. Peut-être est-ce pour cela que j'ai toujours aimé me glisser derrière le rideau rouge, guetter la loge où l'artiste passe avec une infinie rigueur de la réalité à la fiction.

Je regardais mélancoliquement mes parents partir sans moi, élégants et solennels dans leurs manteaux sombres, me recommandant d'aller vite au lit. Ils allaient chez des amis, au concert, au théâtre, dans des endroits mystérieux auxquels je n'avais pas accès. Est-ce que cela m'arriverait aussi un jour, plus tard, quand je serais grande ? Deviendrais-je comme eux ? Me marierais-je un jour, moi à qui le blanc n'allait pas ? Ne reste-t-on pas pour toujours un enfant aux côtés de parents éternels ?

Printemps 47

Un phénomène de la nature

Dès son retour à Bruxelles, Boris annonce de bonnes nouvelles professionnelles. Son cousin Jo est arrivé du Canada ; ils ont eu une longue conversation. Après un apprentissage technique à l'atelier de confection, il souhaite que Boris ait une expérience commerciale. Pendant les séjours à Bruxelles de son cousin, Boris sera son secrétaire, en son absence, son représentant.

« … Mon avenir ? Capitaliste, bourgeois, ploutocrate ! Il m'a donné une position de chef. Maintenant je peux vraiment commencer à bâtir ma vie, pour toi. J'ai tous les atouts en mains. Je ne suis plus à l'atelier, enfermé entre quatre murs. J'ai un horizon très large. J'aurai plus d'argent aussi. Depuis ce matin ma tête est pleine de dollars, de bas Nylon, d'envois par bateaux, de pull-overs, de chiffres par millions, de télégrammes, de lettres, de factures… un "mélange maison", first class !!! »

Leysin, 26 mars 1947

Mon petit Boris,

Il fait mauvais dehors et l'on a le nez écrasé contre la vitre. Je pense au camp, aux longues heures d'appel passées sous la pluie, le vent, la neige, et mes pensées d'alors me reviennent… Avoir un abri… un lit, avoir chaud, ne plus jamais avoir faim… je n'en demandais pas davantage pour le restant de mes jours. Et maintenant j'ai tout cela et l'amour d'un être incomparable, que me faut-il encore ?

Leysin, 29 mars 1947

Mon Boris chéri,

Le docteur Nicod m'a regardé en scopie il y a quelques jours et s'est exclamé : « Mais vous êtes un phénomène de la nature ! » Il paraît qu'en peu de temps il y a une formidable amélioration au point de vue radiologique.

Leysin, 1er avril 1947

Mon chéri, mon petit Boris,

Je prends des gouttes pour stimuler mon appétit, mais les résultats sont lents, très lents.

À propos, vers quel moment crois-tu que tu pourras venir ? Mai, juin, juillet ? Et crois-tu que tu pourras facilement obtenir un visa ?

Je crois t'avoir dit déjà que j'ai toujours eu l'impression que mon papa m'enverrait des bras forts et un cœur aimant pour le remplacer, et ne crois-tu pas que ta maman m'a choisie, moi, pour t'aimer, te chérir, te caresser à sa place ?

Leysin, 7 avril

Maman a demandé l'autre jour à Nicod : « Quand est-ce que je peux emmener ma fille, Docteur ? » Il me demande : « Il y a combien de temps que vous êtes ici ? » – « Dix mois ! » – « Eh bien, comptons encore autant ! » Je voudrais bien qu'il ait dit vrai, car dix mois ne me semblent pas si longs. Avoir un délai, pouvoir compter les mois, ce serait merveilleux ! Je disais la même chose au camp, savoir quand... alors le temps semble s'écouler plus vite. Mais malheureusement ce n'est pas uniquement une question de temps maintenant. Il faut encore guérir !

Jour après jour, je découvrais leurs lettres

Jour après jour, je découvrais leurs lettres, les lisais, les recopiais. À travers ce lent travail de copiste, je poursuivais mon deuil. Je sentais leur présence, une présence flottante, inédite, qui m'émouvait et m'intriguait. J'essayais de les imaginer en jeunes gens. Je regardais les photos de cette époque, en noir et blanc, d'un tout petit format, aux bords dentelés. Je les laissais éparpillées sur mon bureau, près de leurs lettres. Ma mère avait un fin visage allongé, un large front, de grands yeux sombres et ardents, des lèvres généreuses, une longue chevelure bouclée. Ses traits étaient tirés par la maladie, elle paraissait fragile mais déterminée. Mon père avait la silhouette des acteurs de Hollywood, habillé de costumes qui flottaient un peu autour de lui. Son sourire était joyeux, ses yeux clairs et brillants, il portait les cheveux bouclés vers l'arrière, des lunettes rondes, puis de légères montures à peine visibles. Il paraissait heureux et confiant.

Ces photos témoignaient des moments de leurs rencontres à Leysin – plus tard en villégiature à Lucerne, Locarno ou Montreux, au bord du lac Léman –, haltes entre de longs mois de séparation et de solitude, temps sans écriture, sans correspondance, au bonheur des retrouvailles.

Sur l'une des images, je reconnaissais le sac que ma mère portait ; je l'avais trouvé soigneusement rangé dans une de ses armoires. Elle l'avait gardé depuis 1947, je l'avais conservé moi aussi. Par fidélité à sa fidélité. Les objets sont les complices de notre vie, ils racontent nos gestes, nos habitudes, cette part d'intimité qui nous accompagne à tout instant, porteurs de notre identité la plus minuscule et la plus certaine.

Un sac, c'est un peu de soi que l'on trimbale partout entre la maison et le dehors, un concentré des petites choses indispensables, un mouchoir, un peigne, un ticket de bus, des clés, des médicaments, une pièce d'identité, des photos souvenirs, de l'argent, du papier, un stylo, un tube de rouge à lèvres, un carnet d'adresses, un gri-gri, des bonbons, de vieux tickets de transport, un prospectus, une facture, un bouton, une lime, une pince à cheveux, un foulard, un plan de ville, de la lecture, une bouteille de parfum, un petit miroir, une lettre d'amour…

Après plusieurs mois de lecture et de copie des lettres, je m'arrêtai. J'avais besoin de souffler un peu. De reprendre le cours de ma propre vie. De m'occuper de mon jardin. De lire. Rien n'égalait le bonheur de la lecture. Kafka, Dostoïevski, Hannah Arendt, Irène Némirovsky, Elsa Morante, Marguerite Duras, Marivaux, Edith Wharton, Maupassant. Et toujours Balzac et Proust.

Après l'été, j'ouvris à nouveau les trois boîtes de correspondance. Je humais l'odeur très légèrement fanée de leurs contenus. Je repris en main les lettres, je les comptais, numérotais celles qui ne l'étaient pas. C'était un peu étrange d'apposer mon écriture sur leurs enveloppes. Je me persuadai qu'il n'y avait pas moyen de faire autrement. Je regardais les timbres, les cachets de la poste, les adresses sur les enveloppes. Je découvris qu'il me restait énormément de lettres à lire. J'étais un peu découragée. Je n'avais plus l'envie de les recopier. Cela m'éloignait d'elles, me les rendait presque aseptisées. Je voulais les lire sans mettre de biais entre elles et moi. Je les goûtai lentement, une à une, sans me hâter. Je fis une petite découverte. Mon père évoquait son père. Je me sentais proche de celui-ci, par la lecture et l'écriture. Mon grand-père russe m'était un peu rendu.

Printemps 1947. Boris rend visite, à Anvers, à la tante de son cousin Jo. Elle a bien connu son père ; elle lui raconte de petites choses sur lui qu'il ignorait. Il est très heureux d'en faire part à Jacqueline. « Mon père aimait, paraît-il, terriblement la lecture et surtout la littérature. Il lisait énormément. Beaucoup trop, commenta la tante. Elle est persuadée que, s'il avait vécu plus longtemps, il aurait certainement écrit des livres. En 1905, il imprimait des tracts sur une petite machine pour le parti socialiste ou progressiste. » Il ajoute avec humour : « Si tu oses encore prétendre que je suis bourgeois, moi qui suis membre d'une vieille famille révolutionnaire… »

Je ne connaissais de mon grand-père qu'une seule photographie, en gros plan. Son portrait était celui d'un jeune homme. Elle datait sans doute des années 1900. Il avait un fin visage, des cheveux sombres, des yeux vifs et clairs, un regard intelligent et mélancolique, une très fine moustache, comme les hommes en portaient au début du XXe siècle. Il avait l'allure d'un poète. Je le trouvais très beau, très attachant, une auréole de mystère l'entourait. Je savais seulement qu'il avait été ingénieur, peut-être dans la fabrique de son beau-frère. S'agissait-il de pétrole ? C'était un intellectuel. Mon père voulait devenir ingénieur comme lui.

Qu'ai-je reçu en héritage de cet homme au destin tragiquement suspendu ? J'aurais aimé qu'il puisse me raconter des histoires russes. Qui préférait-il, Tolstoï, Gogol, Tchekhov ou Dostoïevski ? Avait-il beaucoup voyagé ? Comment avait-il rencontré ma grand-mère ?

Pourquoi s'étaient-ils plu ? Où vivaient-ils à Saint-Pétersbourg, devenue Petrograd, puis Leningrad, avant de retrouver son nom ? Qu'attendaient-ils de leur vie ? Quelles étaient leurs familles ? Que faisaient-ils le dimanche, le soir ?

Lorsque ma mère entreprit de faire des recherches généalogiques, ce qui me fascina et me donna une étrange impression d'emprisonnement, ce fut de découvrir la détermination implacable, mathématique, qui nous relie à nos ascendants. J'étais issue – et seulement issue – de mes deux parents, de mes quatre grands-parents, de mes huit arrière-grands-parents, de mes seize bisaïeuls, de mes trente-deux trisaïeuls, de mes soixante-quatre… de ceux-là et de personne d'autre. N'est-ce pas affolant d'être ainsi lié, une génération après l'autre, à une histoire unique ?

Ma mère remonta assez loin dans sa propre

famille, paternelle et maternelle, jusqu'au XVIIe siècle, je crois. Je n'ai encore jamais pris le temps d'étudier l'arbre généalogique qu'elle reconstitua patiemment. Elle entreprit également de brèves et difficiles recherches pour la famille de mon père. Un jour, j'explorerai ces archives dont l'accès m'est en partie barré par la langue. Je lis l'allemand avec réticence, ne connais pas le russe. Pourquoi mes parents ne cherchèrent-ils pas à me faire acquérir ces langues ? La réponse, pour l'allemand, tient sans doute à leur ambivalence à son égard, mais aussi aux circonstances de leur vie. Alors que j'étais petite, ils entreprirent les démarches pour se faire naturaliser en Belgique, ils ne voulaient pas que des voisins puissent témoigner qu'ils parlaient une langue étrangère et l'enseignaient de plus à leur enfant. Ils manquaient aussi de pédagogie. Quand il m'arrivait, très jeune, d'essayer de parler l'allemand, ils coupaient mon élan, corrigeaient mon accent, insistaient sur mes fautes. Pour éviter les rebuffades, j'abandonnai. Cette langue me met dans un paradoxe étrange, elle m'est extraordinairement familière *et* étrangère. Quand je l'entends, j'en comprends une part, ses sonorités me bercent d'une mélodie intime, presque nostalgique. Étudiant Freud, j'oubliai mon histoire familiale. À Vienne, je m'entendis parler l'allemand pendant quelques jours, mais, quand je quittai cette ville, ma bouche se scella à nouveau.

Pourquoi mon père ne m'a-t-il pas appris le russe, même s'il le connaissait imparfaitement ? Adolescent, il l'avait oublié, mais, durant ses années de captivité en Allemagne, avec les autres prisonniers russes, il réapprit sa langue maternelle. Dans ma petite enfance, les amis de mes parents étaient tous d'origine russe. Pourquoi ne m'ont-ils rien transmis ? Donnèrent-ils priorité à leur intégration, à leur vie nouvelle, à la paix et à la sécurité enfin retrouvées ? Leurs langues maternelles appartenaient au passé, voulaient-ils l'oublier ? Je me sens amputée de ces langues. Je suis coupée de mes racines. Je n'ai pas accès, d'évidence, à mes ancêtres. Il y a une barrière entre nous. Comment pourrais-je fouiller les archives pour retrouver des traces de mon ascendance russe ? Avec quels efforts et quelle peine devrais-je me pencher sur les documents – souvent en écriture gothique – rassemblés par ma mère sur mes ascendants d'outre-Rhin ?

Un des derniers voyages de mes parents les conduisit à Saint-Pétersbourg. Venus en bateau depuis la Scandinavie, ils n'y passèrent qu'un seul jour, pas même une nuit. Que cherchaient-ils à éviter ? Pourquoi mon père n'a-t-il pas essayé de retrouver où il était né, où il avait vécu ses premières années ? Ce qu'était devenue sa maison natale ? Il leur arriva une bien curieuse aventure, qui m'apparut comme un acte manqué. Ils voulaient visiter le musée de l'Ermitage. Pour épargner les nombreux escaliers à ma mère, ils demandèrent à emprunter un ascenseur. Ils se perdirent dans les dédales du bâtiment, dans les pièces et les couloirs administratifs, n'arrivèrent jamais jusqu'aux salles de peinture. Égarés, épuisés, ils cherchèrent la sortie en désespoir de cause et quittèrent l'Ermitage sans en avoir vu les trésors.

« Tu n'as rien vu à Saint-Pétersbourg. Rien. »

La langue du cœur

Soudain, je me rendis compte d'une chose banale et pourtant étonnante : mes parents s'étaient écrit en français ! Le français accueillit leurs premiers élans. Pour s'écrire, pour se parler, mes parents l'utilisèrent toujours. Ce n'était pourtant leur langue maternelle ni à l'un ni à l'autre. Mon père avait vécu sa petite enfance en russe, ma mère en allemand. La première langue de l'exil fut l'allemand pour mon père, puis le hollandais et le français qu'il apprit vers quinze ans, à Charleroi, en 1938, loin de son foyer. Ma mère avait douze ans à son arrivée à Strasbourg, en 1933. Pour elle, le français représentait la liberté, un nouvel élan, un monde d'espoir et de joies nouvelles. Elle était une fillette volontaire et enthousiaste. La France devenait sa véritable patrie, celle du cœur. Pendant la guerre, pour se créer une identité de résistante, elle se choisit un nouveau prénom, Jacqueline, qu'elle ressentait comme bien français, en comparaison de son prénom de naissance aux consonances germaniques, Edith, dont elle ne voulait plus.

Elle fut arrêtée par la Gestapo, à Grenoble, le 10 juillet 1944, sous le nom de Jacqueline Monnier. Plus tard, au camp, à Auschwitz, elle fut dénoncée comme juive. Sur son avant-bras, elle portait à l'encre bleue indélébile deux numéros. Le premier « 87196 » fut barré et remplacé par un second : « A 25299 ».

Je ne sais si cette pratique était courante. Personne n'a jamais rien pu m'en dire. Ma mère portait ainsi tatouées sur son corps ses deux identités, celle de sa naissance et celle qu'elle s'était librement choisie, à laquelle elle tenait par-dessus tout.

À la fin de sa vie, elle demanda à porter officiellement son prénom d'emprunt qu'elle vivait comme profondément sien. Elle veilla toujours à parfaire sa connaissance du français, de sa grammaire comme de sa culture. Elle garda longtemps, malgré sa vie en terre belge, un accent français dont elle était fière. Comme elle avait vécu plusieurs années à Tours, elle se vantait de parler une langue aux sonorités tourangelles.

Mon père garda, lui, un léger accent étranger indéfinissable, mélange improbable de russe, d'allemand et d'une musicalité qui lui était personnelle, et faisait penser à certains qu'il était peut-être suisse. Le genre des mots le torturait ; pour ne pas blesser le féminin, il donnait la préférence à celui-ci. La règle de grammaire qui veut que le masculin l'emporte s'était changée, pour lui, en son contraire. Dans ses lettres, il accorde volontiers tous les adjectifs au féminin ou au féminin pluriel, n'hésitant pas moins à parler de lui au féminin également. Grâce à lui, je n'ai jamais douté qu'il était bon d'être une femme.

Pourquoi ne se sont-ils pas écrit en allemand ? Cette langue, devenue la langue des oppresseurs, des assassins, était désormais impossible à utiliser pour parler d'amour. Il n'y eut guère trace chez eux d'une hésitation. Du premier au dernier mot, leur correspondance s'est déroulée dans la langue française. C'est elle qu'ils m'ont offerte au berceau. Mon père nota pourtant, à plusieurs reprises, qu'il lisait en allemand, Goethe et Thomas Mann en particulier. Ma mère prétendait n'en avoir pas le courage. Plus tard, je les ai connus lisant l'un et l'autre en plusieurs langues, dont l'allemand. Ils se parlaient aussi dans cette langue pour que je ne les comprenne pas, jusqu'à ce qu'ils découvrent que ce n'était plus le cas ; ils se mirent alors à échanger leurs secrets en anglais. Au milieu de leur vie, ils apprirent ensemble l'italien, que mon père parla avec volubilité malgré de nombreuses fautes alors que ma mère, appliquée et perfectionniste, s'exprimait correctement mais avec une grande lenteur. C'était un sujet de plaisanterie entre nous.

Une des dernières fois que je parlai avec mon père, à l'hôpital, il fit un trait d'humour en italien. Il m'est impossible de me rappeler lequel. Je le cherche en vain depuis lors. Faut-il que toujours sa parole vienne à me manquer ?

Sentiments religieux

Au fil des lettres, Jacqueline lui parla de ses sentiments religieux. Boris fit de même. Le père de Jacqueline était libre-penseur, sa mère plus ou moins croyante. Ses grands-parents maternels, en revanche, respectaient les coutumes et les fêtes juives, qu'elle apprit à aimer. L'idée de Dieu ne l'avait plus effleurée depuis le lycée, ni à la mort de son père, ni à Auschwitz. Tout au contraire, au camp elle était plus athée que jamais. « Le massacre de tant d'innocents, de ces vieillards qui se lamentaient dans leurs prières, de ces enfants venus au monde pour mourir tout aussitôt dans un four crématoire » lui avait enlevé

« toute croyance en une justice divine ». Pour échapper à la mort, elle ne comptait que sur elle-même et sa volonté de résister. Néanmoins elle avait cherché encore une fois du réconfort dans la religion et dans l'existence éventuelle de Dieu. « C'était l'année dernière aux environs de Noël 1945. J'étais très très mal, comme tu le sais, et je me trouvais dans un hôpital dirigé par des religieuses. Je croyais ma mort prochaine et je n'avais plus la force morale de lutter contre l'influence que je subissais. J'ai commencé par prier, comme me l'avaient conseillé les sœurs, afin de trouver la foi. C'était dur au début mais, petit à petit, je trouvais un tel réconfort dans la prière que j'étais très heureuse d'avoir au moins cela pour me consoler. Je priais avec sincérité. Je crois d'ailleurs que je suis incapable de faire quelque chose sans sincérité. Je priais tous les soirs et surtout avant chaque opération ou intervention. Et cela me soutenait, me donnait du courage. J'avais des prières à moi, qui ne ressemblait à aucune prière d'aucune religion. Je priais surtout Papa afin qu'il veille sur moi et qu'il me donne la force de supporter mes souffrances. J'allais de mieux en mieux et, en reprenant des forces, j'ai senti ma foi décliner. Je priais avec moins de ferveur et je m'en sentais coupable. J'ai encore prié quelques fois au début de mon séjour à Leysin, puis, tout d'un coup, c'était fini. Maintenant je ne prie plus, mais j'attache tout de même une certaine importance à l'idée de Dieu… »

Boris se souvient d'être allé à la synagogue pour la première fois à l'âge de sept ans, un jour de Yom Kippour. Il y avait foule, il s'ennuyait terriblement. Il cherchait une distraction, regardant partout, en vain. Après être resté sage pendant plus d'une heure, il commença à fouiller ses poches. À gauche, non, rien, à droite, rien non plus… mais si, quelque chose de dur, tiens, qu'est-ce que c'est ? Il sortit l'objet de sa poche, c'était un pétard, oui, un véritable pétard. « Merveilleux, j'étais sauvé. Personne ne prêtait attention à moi. Et voilà, je faisais marcher mon pétard. Ça faisait ch… ch… craque… boummmmm !!!!!! Tout le monde se tourna vers moi en protestant et en se fâchant. Depuis ce jour-là, mes oncles, tantes et cousins craignaient que je ne dissimule à nouveau un pétard dans ma poche à chaque fois que je les accompagnais à la synagogue. En 1936, je fis ma bar-mitsva. Pendant des semaines j'appris le psaume que je devais chanter ce samedi de mes treize ans. À partir de ce jour, je voulais devenir pratiquant, mais après 1938 cette idée m'a quitté. Pourtant, sans être pratiquant, je crois encore en Dieu, un dieu personnel auquel j'adresse des prières matin et soir. »

Au cours de mon enfance, ils ne me parlèrent pas de Dieu ; l'un et l'autre avaient perdu la foi. Ils se considéraient comme des Juifs athées. Leur judaïsme était devenu un attachement à l'histoire d'un peuple, le souvenir d'une persécution millénaire. Ma grand-mère maternelle allumait les bougies du vendredi soir et se rendait à la synagogue aux grandes fêtes, parfois le samedi matin avant d'aller au marché aux puces chiner. Mes parents jeûnaient à Yom Kippour, le jour du Grand Pardon. Par solidarité, disait ma mère. Mais la fête à laquelle ils demeuraient fidèles d'année en année, c'était Hanoukka, la fête la plus joyeuse, celle des lumières, celle des friandises et des cadeaux, du jeu de la toupie, des chants pour les enfants. À cette époque de l'année, mes parents retournaient – avec des sentiments ambivalents – en Allemagne, qui n'était pas seulement le pays de la barbarie nazie mais aussi, douloureusement, celui de leur petite enfance, à l'un et l'autre. Ils y achetaient des biscuits aux épices – clou de girofle et cannelle –, qu'ils disposaient dans chaque assiette le premier soir des huit jours de fête. Ma mère confectionnait des *latkes*, des beignets de pommes de terre, servis avec de la compote de pommes. Elle appelait ce plat *Himmel und Erde*. « Ciel et terre. » C'était un plat traditionnel qui devait rappeler par sa friture qu'après le saccage du Temple par les Grecs il ne restait qu'un peu d'huile, mais qu'elle fit de la lumière miraculeusement pendant huit jours. La fête de Hanoukka a lieu en décembre, un peu avant celle de Noël, ou en même temps. Enfant, j'avais un certain regret à n'avoir pas chez moi un sapin à décorer. Dans la petite pension de famille où nous allions souvent passer les fêtes de fin d'année à la montagne, en Suisse, j'aimais participer à la décoration de Noël.

Le dimanche de Pâques, ma grand-mère glissait des œufs en chocolat aux creux de son jardin, parmi les iris et les jonquilles. Pour la Pâque juive, nous allions souvent chez les mêmes amis au fil des années. J'aimais cette atmosphère de convivialité, d'amitié et de fête ; les pratiques religieuses n'avaient pas d'autre sens. Mon judaïsme était entièrement émotionnel. C'était, à la manière de Freud, quelque chose d'intime et de « mystérieux ». Une forme de joie. *Die Freude.*

Vite, vite

Leysin, 1er mai 1947

Mon Boris chéri,

Que de souvenirs éveille en moi la date du 1er mai. Je respire l'enivrante odeur des premiers muguets. Je pense au temps où je me levais à trois heures du matin pour aller « boire le lait de mai », une vieille coutume de la Touraine. On se lève avant l'aube et on va à pied à la campagne où jeunes gens et jeunes filles dansent jusqu'au matin et boivent du bon vin de Touraine et rapportent de gros bouquets de muguet. Toutes les routes sont barrées par de joyeuses bandes de jeunes qui chantent en se donnant le bras. Ah, il est loin ce temps-là ! Il y a quatorze ans que j'ai foulé pour la première fois le sol français. Que la liberté me semblait douce ce jour-là. Pendant ces quatorze ans, j'ai vécu, aimé, lutté et souffert en France et pour la France. La terre de France est devenue un peu de mon bien, sa culture est la mienne et j'aime sincèrement tout ce qui est français. Et pourtant je ne suis pas encore française…

Tu veux savoir quand je préfère que tu viennes… le 14 juillet, c'est la meilleure saison…

Bruxelles, 5 mai 1947

Ma Jacky adorée,

« vite… vite », mais Jacky, tu ne me comprends pas, si j'écris cela c'est pour te rappeler de faire attention, de ne pas te surmener, de rester sage. Si je t'écris de guérir vite, c'est pour te rappeler que j'ai besoin de toi, le plus vite possible, chaque jour, chaque heure et chaque minute.

Ton passage sur le 1er mai m'a fait penser que pendant longtemps j'aimais camper, faire de l'auto-stop, dormir chez les paysans, mais en 1933 Hitler est arrivé au pouvoir, puis il y a eu Charleroi, « le pays noir » sans camarades, sans pouvoir parler… Nous devons nous rattraper en voyageant en voiture partout, *je t'emmènerai à travers toute l'Europe.*

Tu parles de la France, ça me fait penser au dimanche où je t'ai vue pour la première fois, avec un grand ruban tricolore attaché à ton lit. Tu me semblais très patriote…

J'ai vu un documentaire sur les camps. Nos morts seront-ils un jour vengés ? Les nazis devront-ils répondre de leurs crimes devant un tribunal ? Qui nous rendra un papa, une maman, un frère, une sœur, qui ?

Leysin, 5 mai 1947

Mon petit Boris chéri,

J'aimerais bien savoir de mon vivant que si je meurs, d'ici quarante ou soixante ans (!?), quelqu'un se souviendra de moi et viendra de temps en temps me rendre une petite visite sur ma tombe. Je sais, hélas, que cette guerre a fait des millions de victimes dont on ne connaîtra jamais la dernière demeure. Cela me fait songer à quelque chose : ne pourrait-on pas instituer un jour de recueillement spécial pour tous nos morts inconnus… Ce qui fait la force et la beauté des hommes, c'est qu'ils ont le pouvoir de créer. Oh, comme j'aimerais ne pas quitter cette terre avant d'avoir créé quelque chose… Laisser au monde mon souvenir, la trace de mon passage sur cette terre. Mais je crois que c'est un sentiment d'orgueil. Mais c'est peut-être en grande partie ce sentiment d'orgueil qui m'a fait tenir le coup au camp et surtout sur la route à l'évacuation. Ne pas mourir seule, au milieu de nulle part, dans l'inconnu, sans que personne ne sache jamais rien de moi.

Bruxelles, 11 mai 1947

Ma petite chérie,

C'est merveilleux que tu aies pris du poids. Je déborde de joie. Que je voudrais être déjà chez toi. Dans un mois, j'irai à la légation suisse, je remplirai les trois formulaires, et puis, une semaine, deux semaines, trois semaines et je serai là. Au revoir Bruxelles ! Bruxelles – Luxembourg – Strasbourg – Bâle – Lausanne – Montreux – Leysin. Me voilà ! Quand j'arriverai, j'aurai une petite Jacky toute joufflue !

J'aimerais, moi aussi, qu'on vienne plus

tard mettre une fleur sur ma tombe. Pour la fête des mères, j'ai pensé à ma maman, elle aurait aimé te connaître et savoir son fils heureux. Je pense à toi et compte les jours.

Ton Boris.

Leysin, 12 mai 1947

Mon petit Boris chéri,

Je veux te faire partager mon bonheur… Hier, j'ai grimpé un petit talus ; je ne sais pas si tu te rends compte de ce que cela représente pour moi de monter une pente de quarante-cinq degrés après être restée de longs mois au lit. Je voudrais pouvoir te communiquer cet instant de jouissance suprême : j'ai de nouveau assez de force pour faire des choses que tout le monde est capable de faire et que je croyais désormais inaccessibles.

Ta petite Jacky qui t'aime infiniment.

Boris s'inquiète de savoir s'ils pourront, en juillet, être seuls dans la chambre de Jacqueline, sans personne. Elle compte les jours en lisant Vercors, qui est venu faire une conférence au sanatorium universitaire. Il écoute Stravinsky à la radio, rapporte de Hollande une grande et belle photo de sa mère, la seule qu'il ait. Dommage, écrit-il, qu'on ne puisse pas, toi ou moi, se plier en quatre pour se glisser dans une enveloppe et rejoindre l'autre, comme une lettre. Jacqueline a remis, pour la première fois, une robe. « Quelle sensation merveilleuse de se sentir à nouveau un peu femme, de faire tournoyer sa jupe autour de soi en regardant l'effet produit dans le miroir… » Elle voit un film de Harold Lloyd que Boris vit lorsque à sept ans il alla pour la première fois au cinéma. Lui va regarder *Les Enfants du paradis*. Le 13 juillet, il lui écrit : « J'arrive, oui, j'arrive ! Jeudi tu pourras te jeter dans mes bras pour un long mois. »

Télégramme, 17 juillet 1947

« Arriverai à deux heures Boris. »

Boris séjourne à Leysin du 17 juillet au 17 août 1947.

Corps maternel

J'essayais d'imaginer ma mère, menue mais joyeuse, tournoyer pour voir sa jupe se déployer autour d'elle comme une large corolle. Image de ravissement.

Son corps tel que je m'en souviens n'a pas été souvent associé à la légèreté, au bien-être, à la joie de vivre. Je l'ai toujours ressenti comme un corps fragile, souffrant, cassé. Quand je me blottissais dans ses bras, sur ses genoux, avant l'âge de neuf ans, avant sa jambe raide et son absence par intermittence durant trois ans, je la sentais fébrile, à court de souffle, préoccupée. Riait-elle parfois avec moi ou était-elle toujours sérieuse ? Elle aimait me lire des histoires, m'apprendre des choses plutôt que de s'amuser. Est-ce la douleur qui l'avait tendue, rendue presque sévère, pensant sans cesse à ce qu'elle devait encore faire ? Toujours le devoir avant le plaisir. Mais le temps du plaisir arriverait-il ou les obligations l'emporteraient-elles toujours ?

La tendresse d'une mère, c'est la douceur de sa voix mais aussi de ses gestes, ses baisers, ses câlins, ses étreintes. La tendresse d'une mère, c'est son corps aimant. Le corps de ma mère s'absentait. Il semblait prisonnier de la maladie, des sévices subis là-bas, elle avait raconté un jour que la Gestapo lui avait fracassé la tête. Vinrent les accidents : un pied puis une jambe cassés au ski. Plus tard, l'été de mes neuf ans, l'accident de voiture.

Elle conduisait une petite Fiat 600 blanche, depuis quelques mois à peine. Alors qu'elle démarrait, le feu étant devenu vert pour elle, qu'elle s'engageait dans un carrefour, une conductrice en Mercedes sport, venant de sa gauche, brûla le feu rouge et emboutit violemment la légère voiture de ma mère. Après plusieurs tonneaux, celle-ci fut éjectée contre un mur. Je la retrouvai à l'hôpital, la jambe en petits morceaux. Je ne pouvais pas la toucher, le moindre geste la faisait souffrir. J'aurais tellement voulu l'embrasser, me serrer contre elle, lui donner de la force, en prendre.

C'était une vilaine fracture ouverte. Les chirurgiens tentèrent en vain de sauver son genou. Il y avait sans cesse de nouvelles complications, on lui avait malencontreusement cousu un nerf dans la cheville. La douleur ne la quittait pas. J'allais à l'école, sur le chemin, les voisins m'arrêtaient pour me demander de ses nouvelles. Je leur en donnais. Pourquoi personne ne s'interrogeait à mon propos ? Je souffrais de l'absence de ma mère mais qui s'en souciait ? Je crus qu'à neuf ans on ne devait plus pleurer. J'attendais qu'elle rentre à la maison, mais, une fois revenue, comme elle ne guérissait pas, elle repartait à l'hôpital. Elle fit le tour des médecins à la recherche d'une solution. L'été de mes douze ans, à Hambourg, un chirurgien allemand – ironie de l'histoire – lui fit une petite incision pour infiltrer une longue tige d'acier à travers toute la jambe. Huit jours après, elle pouvait enfin marcher.

Ma mère était encore une jeune et jolie femme. Après avoir perdu un poumon, elle perdait l'usage de son genou droit. Quand elle s'asseyait, elle tenait une jambe tendue devant elle. Celle-ci était plus courte, il lui fallait des chaussures compensées. On lui demandait si c'était une séquelle de la guerre. Comment a-t-elle vécu cet acharnement du sort ? Je me souviens que, quelques mois après cette ultime intervention chirurgicale, elle prit un peu de poids et avoua qu'elle ne s'était jamais sentie aussi bien depuis la guerre.

Redoublant les années de sanatorium, elle avait traversé les trois années qui suivirent cet accident de voiture avec le même courage, la même volonté de s'en sortir. Elle faisait l'admiration des médecins et du personnel infirmier. Elle gardait toujours le sourire. Elle ne doutait pas qu'une fois de plus elle serait plus forte que son corps. Je l'admirais, moi aussi, mais son moral si puissant m'écrasait. Ce n'était pas facile d'être à la hauteur d'une telle héroïne. Je me sentais coupable d'être en bonne santé, de vouloir m'amuser, de n'avoir mal nulle part. Ma mère m'encourageait à être bien sage et obéissante. Je voulais lui faire plaisir, je réussissais bien en classe, j'étais gentille avec mon père et ma grand-mère. Je ne prenais pas beaucoup de place, on ne devait pas se soucier de moi.

Quand elle revint de Hambourg, ma mère était guérie, mais je ne pouvais plus m'asseoir sur ses genoux. Je me persuadai que j'avais passé l'âge de le faire. Je devenais adolescente, mon corps se transformait. Comment devenir une jeune fille alors que celle à qui l'on doit s'identifier possède un corps mutilé ? Pouvais-je aller vers le plaisir alors que ma mère avait connu tant de souffrances, avait une identité physique meurtrie ? N'allais-je pas confondre le plaisir et la douleur ?

Un souvenir honteux me reste. J'avais peut-être dix ans, ma mère faisait une petite promenade en ma compagnie, elle me donnait le bras tout en s'appuyant sur une béquille. Je me vois encore, alors que nous nous étions arrêtées un instant, lui dérober sa béquille par jeu, puis, découvrant mon pouvoir sur elle, ne pas vouloir la lui remettre. Pendant quelques secondes, j'étais devenue toute-puissante, ma mère était à ma merci, je la tenais en otage. C'était une joie mauvaise que je découvrais dans un mélange de triomphe et de honte. Tout se déroula en quelques secondes, mais ce souvenir me poursuivit longtemps. J'avais transformé ma propre impuissance en victoire éphémère. Je lui rendis la béquille, nous poursuivîmes la promenade. Sa colère ne dura pas, elle y vit de la malice, un jeu poussé trop loin, elle me pardonna. Je m'en voulais, j'avais perçu en moi une agressivité, un désir de faire mal, un plaisir de dominer que je ne connaissais pas. Cet accident qui lui était arrivé, elle en avait été la victime, non l'actrice, cependant c'était à son égard que je ressentais de l'hostilité. De ce qui lui était arrivé à elle, je vivais aussi les conséquences. Le savait-elle ? S'occupait-on de la vie intérieure des enfants dans les années soixante ?

J'ai toujours hésité : quelle était la « mauvaise jambe » de ma mère, la gauche ou la droite ?

Comme si je ne pouvais inscrire en moi son corps dissymétrique. Je ne m'y repérais plus. Son corps devenait flou, comme s'il contenait des taches aveugles, des zones dangereuses qu'il me fallait éviter, tenir à distance. Par osmose, mon propre corps ne me semblait pas très fiable. Pouvais-je lui faire confiance, m'appuyer sur lui ? N'allait-il pas se défaire, se briser, s'épuiser ? Avais-je le droit d'aller vers la joie ou seulement vers la souffrance ? Mon destin devait-il répéter celui de ma mère ou m'était-il permis d'en tracer un autre ? Comment devenir une *femme comme elle* sans devenir comme elle ? Oserais-je marcher alors qu'elle avait perdu la marche, oserais-je respirer alors qu'elle avait perdu la respiration ? Était-ce trahir ma mère d'avoir un corps entier, un corps libre ? Je découvrais la sexualité à l'heure de la pilule, du féminisme et de la loi Veil. Mon corps m'appartenait. C'est ce que l'on proclamait dans les tracts et les rues.

Mais un pacte secret lie les filles à leur mère, il est malaisé de s'en libérer. Comment faire mieux qu'elle ? Comment lui ressembler et la dépasser ? Comment oser revendiquer ma féminité face à elle, pour toujours handicapée, à bout de souffle, mutilée, boitillante ? Comment me dégager sans honte ni culpabilité de cette image maternelle à la fois écrasée et malgré tout si puissante ?

Semblable et différente, c'est tout l'enjeu des liens mère-fille. Ne pas se laisser happer par la similitude tout en gardant une complicité. Résister aux vases communicants, aux jeux troubles et tentants du miroir. L'amour entre mère et fille est un labyrinthe dont on ne sort pas indemne, peut-être n'en sort-on jamais si ce n'est par le haut, comme Dédale lui-même s'échappant de sa propre invention en s'envolant, des ailes de cire attachées à ses bras.

Prendre son envol, s'éloigner, aller vers sa propre vie.

Pieps et Paps

Docteur, est-ce que je peux me marier ?

Lorsque l'échange de lettres reprend le 17 août 1947, leurs propos sont plus tendres, plus complices. Ils se sont inventé des petits noms qu'ils garderont jusqu'à leur dernier souffle, tels des moineaux gazouillant sur la branche : Pieps et Paps.

Ils rêvent de vivre l'un avec l'autre, de se marier, de créer un chez soi. Jacqueline feuillette des magazines de décoration, rêvant à de futurs intérieurs douillets. Boris regarde les meubles dans les vitrines des magasins. Il compte reprendre dans quelques mois le petit appartement de ses cousins. En août, ils font, chacun, à mille kilomètres l'un de l'autre, une intoxication alimentaire. L'un à cause de moules, l'autre de champignons, ils se sentent faire partie de la même famille. Le 1er septembre, Boris fête ses vingt-quatre ans. Ils lisent beaucoup (les *Buddenbrook* de Thomas Mann, *Les Chemins de la liberté* de Sartre…) et s'échangent *Notre vie sexuelle. Ses problèmes, ses solutions. Manuel pratique pour tout le monde* du docteur Fritz Kahn. Boris va très souvent au concert, il écoute tous les grands interprètes du moment : Schnabel, Szigetti, Fournier, Heifetz, Magaloff, Lipatti, Menuhin… Au cinéma, on donne *Le silence est d'or, Autant en emporte le vent, Tortilla Flat, Les Enfants du paradis, La Belle et la Bête…*

Parfois le moral fléchit, le 21 septembre 1947, Jacqueline écoute Schubert au fond de son lit : « Malgré la beauté du paysage je trouve que tout est triste et j'ai le cafard, un cafard noir. Peut-être est-ce l'adieu à cet été qui m'avait rendue si heureuse, peut-être est-ce la frayeur d'un hiver long et morne, peut-être aussi le physique chancelant qui déteint sur le moral. Je ne sais, mais c'est sûrement parce que tu es loin de moi et que je suis toute seule pour combattre la bête noire. J'ai des vertiges. J'ai l'impression que mon centre de gravité a été déplacé ou que la terre ne m'attire plus. Tu n'es pas là et j'écoute avec angoisse chaque bruit de mon corps. Je m'affole, j'ai peur de ne pas guérir assez vite, d'être loin de toi pour très longtemps. »

En octobre, ils s'émerveillent de se connaître depuis un an déjà. « Il nous reste à vivre l'un à côté de l'autre pour constituer une union parfaite, heureuse et indissoluble jusqu'à notre mort. »

Le 1er décembre 1947 (deux ans avant leur mariage), Jacqueline interroge Boris, à propos de la fête d'un couple d'amis : « Aimerais-tu te marier avec tout ce tralala ? »

Le 16 janvier 1948, elle a une conversation avec son médecin :

– Docteur, est-ce que je peux me marier ?

– Vous marier ! Quand ?

– …

– Le plus tôt possible, je suppose. Bien sûr, à condition de ne pas trop vous fatiguer, et naturellement d'éviter les grossesses.

Boris lui répond quelques jours plus tard :

« Ma Jacky, mon amour, ma poupée, mon Pieps, chérie unique et adorée,

« Ta lettre était formidable, fantastique, merveilleuse, splendide… Ta conversation avec le docteur Nicod est le clou de notre bonheur. Il te reste une année de convalescence et puis il faudra dire adieu à notre vie de célibataires. Nous commencerons une vie "Pieps et Paps". Je voudrais être une année plus vieux. Peut-être serons-nous au printemps 49 à Venise !

« Toujours à toi. »

Sa place dans le monde

Pas de grossesses, prescrivit le pneumologue, protégeant sa patiente. Comme c'est étrange de lire ces mots. Ainsi donc ne devais-je pas naître. Je savais que mon père n'avait pas souhaité d'autres enfants pour ne pas mettre en danger la santé – et la vie – de sa femme, mais je ne savais pas que toute grossesse avait été écartée à l'origine. Ma conception n'allait pas de soi. Ma naissance ne venait pas seulement après des millions d'assassinats – près d'un million et demi d'enfants nés juifs –, elle survenait comme un risque vital pour ma mère. Elle aimait à me raconter qu'elle était allée consulter un grand professeur en obstétrique, qui l'avait rassurée, et lui avait promis de l'aider à mener à bien sa grossesse, si elle était décidée. « Vous le voulez, cet enfant, ne craignez rien, je m'en occupe ; tout se passera bien. »

Souvent j'ai regretté les frères et sœurs qui ne sont pas nés après moi, mais j'étais fière de savoir que j'avais été désirée. L'amour qu'on a reçu dans sa petite enfance ne disparaît pas, il nous donne une force au fond de soi qui ne peut jamais être vaincue. Malgré tous les reproches que je pouvais et pourrais encore faire à mes parents, je leur dois, à tous les deux, d'avoir été aimée. Même fort, même mal, mais aimée. Sur la partition de notre histoire ne s'effacent pas les étranges détours de l'inconscient de nos parents. Nous avons été modelés autant par ce qu'ils ont voulu nous transmettre que par ce qu'ils nous ont transmis à leur insu. Une généalogie inconsciente, sur plusieurs générations, nous traverse. Nous portons, souvent sans nous en douter, des blessures venues de nos ascendants, d'anciennes missions, de lourds secrets. Il ne nous est pas toujours donné d'en éclaircir les ombres, d'en dénouer les liens. Nous faisons notre vie cahin-caha, et à réfléchir à l'histoire de nos parents, de nos ancêtres, nous parvenons parfois à ne pas répéter leurs destins, mais à nous en échapper en partie. À faire un pas de côté.

À ma naissance, ma mère demanda le sexe de l'enfant. « Oh, une fille ! » répliqua-t-elle d'un air déçu, désappointée. « Mais elle est si jolie », répondit mon père. Ma mère, dont les espérances avaient été trompées, surmonta sa déception, mais je sentis toujours que je ne pourrais jamais la satisfaire. Lorsque je vidais la maison de mes parents, je trouvai un petit agenda. Au milieu de nombreuses pages demeurées vides se trouvait une phrase isolée : « Mon mari me reproche d'être une femme impossible à combler. » Cela datait des années soixante. Je me sentis affreusement indiscrète. Je jetai aussitôt ce petit carnet de cuir jaune, gênée d'être prise en flagrant délit d'indélicatesse. Demeura la phrase, elle ne me surprenait pas. Elle me laissait entrevoir que mon père avait ressenti que son épouse n'en avait jamais assez, qu'elle en voulait toujours davantage. Pourtant, je fus témoin des mille et mille attentions qu'il lui prodigua. Il me sembla parfois que c'était une cage dorée où ma mère perdait petit à petit son autonomie, mais cela fut sans doute vrai dans les dernières années de leurs vies. Car ma mère était une femme puissante – elle avait la force de sa fragilité – qui ne se laissait pas facilement diriger, bien qu'elle attendît de son mari qu'il modère ses enthousiasmes, qu'il tempère ses excès. Ils formaient un vrai couple, avec son partage des rôles. L'un se devait d'assagir, l'autre de stimuler.

Enfant unique, peu de famille autour de nous : le cercle était étroit. Il n'y avait qu'eux et moi. Un monde à trois. J'étais enfermée. Je m'échappais en faisant du patin à roulettes avec des amies ou seule, je me racontais mille contes. J'étais une danseuse étoile sur la scène de l'Opéra ou du Bolchoï. Je m'appelais Galina Oulanova. Je découvris le monde des livres avec fascination et reconnaissance. Je m'étais trouvé une terre de salut, des amis fiables, toujours disponibles. L'été de mes sept ou huit ans, je reçus d'une tante d'Amérique cinq dollars, une fortune. Je demandai à ma mère d'aller dans une librairie. Comme elle croyait mon apprentissage de la lecture encore fragile, elle me proposa de choisir un seul volume. Mais j'étais sûre de moi, déterminée, je voulais lire, je voulais beaucoup de livres. Je savais que, pour cinq dollars, je pouvais avoir au moins cinq ouvrages, je ne supportais pas l'idée d'en être privée. Ma mère, surprise par ma détermination, céda. Je reçus mes cinq premiers livres de la comtesse de Ségur, femme de lettres française née en Russie, ce qui ajoutait à son charme à mes yeux : *Les Petites Filles modèles*, *Les Vacances*, *Les Malheurs de Sophie*, *L'Auberge de l'ange gardien* et *Un bon petit diable.*

Je commençai à lire cet été-là et ne m'arrêtai plus jamais. Je me jetais sur mon lit avec volupté, je lisais toute la journée, même tard le soir, sous mes couvertures, à la lumière d'une lampe de poche. L'été de mes neuf ans, je préférai lire au lit, un matin, plutôt que d'accompagner ma mère en ville, pour acheter un cache-pot. C'est ce jour d'août qu'elle eut son grave accident de voiture. Je me suis toujours demandé ce qui serait arrivé si j'avais été présente. Serais-je morte ? Ma mère aurait-elle été moins blessée ? Je me sentis longtemps coupable de l'avoir laissée seule, comme si j'avais pu lui éviter son accident. L'idée ensuite me poursuivit que je pourrais, au même âge qu'elle, avoir, à mon tour, un accident grave. Je mis beaucoup de temps à me décider à conduire, mon père m'en dissuada autant qu'il put, arguant absurdement que c'était difficile de trouver une place de parking. Heureusement, lorsque j'eus vingt ans, un ami, à qui j'avais raconté cette histoire, m'offrit symboliquement un porte-clés. Il me le tendit en déclarant que l'on trouve toujours une place pour se garer puisqu'il y a pour chacun une place dans ce monde.

Le 4 février 1948, à seize heures trente, Albert Camus, venu rendre visite à Michel Gallimard au sanatorium Grand Hôtel, donna une petite conférence pour les malades à la demande du médecin. Jacqueline le raconte dans une lettre datée du lendemain :

« Camus est un type de trente-deux, trente-trois ans, extrêmement sympathique et de manières très simples. Il parle sans emphase, en copain, en égal. Personne n'était intimidé pour lui poser des questions ou lui porter la contradiction. Déjà extérieurement il est très simple, vêtu d'un pantalon de ski gris, pullover sur chemise de l'armée kaki et dont le col ouvert laissait apparaître une écharpe de laine jaune. Nous étions une vingtaine de personnes, réunies au 115, notre salon, et certains posaient à tour de rôle des questions à Camus, auxquelles il répondait toujours longuement et de bonne grâce. Il nous a raconté qu'il avait été élevé en Algérie. Avant d'être écrivain, il a été acteur et a interprété des classiques dans de petites villes nord-africaines à quatre-vingts francs le cachet par jour. Plus tard, il a fait du journalisme et s'est occupé de reportages criminologiques. À ce propos il nous a raconté une petite anecdote. Se trouvant à un procès où on jugeait un type pour collaboration, il s'est enfui après la deuxième séance parce qu'il commençait à prendre l'accusé en sympathie. Il est en principe contre toute violence et cherche à faire le moins de mal possible. Il est résolument contre la peine de mort et nous a dit à ce propos en riant : “Je ne me serais pas risqué à proclamer cela avant le procès de Nuremberg !” Il n’est ni marxiste, ni catholique. Il est difficile de raconter ici cette causerie, qui était plutôt une discussion amicale entre camarades. D’ailleurs, à la fin, il nous a dit qu’il a horreur de donner des conférences et qu’il n’a accepté de venir bavarder avec nous que parce qu’il connaissait l’origine des malades du Don-Suisse, et qu’il venait discuter en camarade avec des camarades. À propos des élections, Camus disait : “Je vote socialiste. Ils sont aussi bêtes que les autres mais moins méchants !”

« On lui a demandé quel est le livre qu’il préfère, sur quoi il a répondu : “Le prochain !” J.-L. Barrault lui a demandé de faire les dialogues pour une pièce de théâtre dont il a eu l’idée. Mais Camus dit que rien n’est plus difficile à écrire qu’une pièce de théâtre et qu’il a du mal à y arriver. Il nous a encore dit que son idéal serait d'avoir une petite maison au bord de la mer et de pouvoir prendre un bain tous les matins. Il nous a confié encore qu'il lisait des manuscrits pour Gallimard et j'ai regretté de ne pas en avoir un à lui donner.

« En conclusion, je pense que Camus est un type très sympa, bon écrivain, mais un homme qui cherche à traverser la vie avec un parapluie de crainte de se mouiller… »

Désir de coïncidence

À l'adolescence, j'ai adoré Camus, ses romans, ses essais, ses pièces de théâtre. Je me souviens des heures de lecture passionnées passées en sa compagnie, des interrogations qu'ouvraient ses livres : le mal, l'oppression, la différence… J'étais fière que ma mère l'ait rencontré ; je ne savais pas avant d'avoir lu la lettre où elle le décrit qu'elle ne l'avait pas trouvé très courageux. Un écrivain doit-il être à l'image de ce qu'il écrit ?

À ce lecteur de Gallimard, ma mère reconnaît qu'elle se serait réjouie d'avoir un manuscrit à remettre. Elle m'a souvent avoué qu'elle aurait voulu écrire. Elle accomplit ce vœu à l'extrême fin de sa vie ; elle rédigea une centaine de pages pour raconter son enfance, qu'elle dédia à sa petite-fille. Aurait-elle écrit si elle était restée dans le milieu intellectuel qui était le sien avant son arrestation à Grenoble ? Elle voulait faire des études de droit après la guerre. Sa vie prit un autre cours. Sans doute a-t-elle déposé en moi son désir d'écrire. Je ne pense pas qu'elle souhaitait devenir romancière. Elle s'intéressait à l'histoire, à l'histoire des religions, à la politique. Peut-être aurait-elle rédigé des essais, des ouvrages de sciences humaines. Il n'est pas impossible d'imaginer qu'elle aurait pu écrire un livre de témoignages, comme tant d'autres l'ont fait, au retour de déportation. Elle n'écrivit jamais ces pages que j'aurais aimé lire. Mon père s'y serait opposé. Après sa mort, elle en parlait comme d'un projet, mais, par fidélité à son mari peut-être, elle ne le mit jamais à exécution.

Dans une autre de ses lettres, je vis qu'elle avait lu *David Golder* d'Irène Némirovsky, récit qui me laissa une vive impression mais que ma mère détesta. Lorsque je découvrais ainsi nos désaccords, nos différences, nos sensibilités parfois opposées, je lui en voulais. En revanche, en lisant les lettres de mon père, je me chagrinais moins de nos contradictions. L'altérité était plus supportable. Avec ma mère, j'aimais la proximité, l'accord, la ressemblance. Vieux fantasme de fille qui voudrait se confondre avec sa génitrice, être adoubée, faire corps avec elle, passer un pacte d'amour absolu. Rêve de coïncidence impossible et mortifère auquel il est pourtant si difficile de renoncer.

Noir sur blanc, ma mère rédigea ses lettres telle qu'elle était, ni meilleure, ni pire, en toute sincérité. Elle aimait me réciter un poème de Prévert qui commence par ces vers :

> Je suis comme je suis –
> Je suis faite comme ça

Liberté

Le 11 février 1948, après avoir examiné sa radiographie, le médecin décide d'enlever le drain qui rattachait Jacqueline en permanence à une machine.

« Tu te rends compte, il y a plus de deux ans que j'avais un fil à la patte et je me sens toute drôle sans drain. Je le cherche tout le temps et le bruit de l'eau qui coule me manque. Ma chambre est d'un calme inaccoutumé. Mais malheureusement il ne suffit pas d'enlever le drain, il faut encore que la plaie se ferme et que le liquide se tarisse. Depuis hier soir je suis quasi muette car je n'ai pas le droit de parler. Il faut éviter le moindre effort au poumon. Si tu me voyais tenir des conversations avec Miquette ou Mlle D. en langage de sourds-muets, tu t'amuserais royalement. Je suis descendue à la scopie et, après m'avoir regardée, Nicod m'a enfoncé une aiguille de pneumo entre les côtes pour m'enlever un peu d'air et un peu de liquide. J'aime mieux te dire que ce n'est pas drôle du tout. Il paraît qu'il va recommencer l'opération journellement pendant quelque temps, puis tous les deux jours, et ainsi de suite, en espaçant toujours un peu plus. Il m'a dit que si c'était trop douloureux il ferait à chaque fois une anesthésie. Il pense qu'au bout de quinze ponctions l'affaire sera classée. "Vous partirez guérie au mois d'avril !" ont été ses derniers mots. Chéri, pense très fort à moi tous les soirs vers six heures.

« Je viens de lire des contes de Maupassant,

c'est très amusant et spirituel. Maintenant j'ai commencé à lire *Le Songe d'une nuit d'été.*

Que ce sera donc chic quand on pourra s'endormir chaque soir dans les bras l'un de l'autre !

« Il faut d'abord que j'aie du courage pour supporter les ponctions du docteur Nicod. J'ai bien résisté aux tortures de la Gestapo et là, les souffrances étaient toutes gratuites. (Si N. savait que je le compare à la Gestapo…) »

Jacqueline et Boris espèrent se retrouver à Genève pour trois journées, à Pâques. Boris n'obtient pas le visa français de transit, leur déception est grande. « C'est rageant, écrit Jacqueline le 27 mars 1948, parce que nous sommes à la merci d'un sale chiffon de papier. Oui, chéri, nous sommes des êtres humains de second ordre. Des hors-la-loi ! Et dire que j'ai lutté corps et âme pour conquérir cette liberté que j'estimais le bien le plus précieux de la terre ! »

Ventriloque

Je me souviens que ma mère avait sur le côté, gauche ou droit je ne sais plus, un petit morceau de chair en spirale, un peu comme un nombril, trace du drain qu'elle avait gardé deux ans durant. Étrange marque, une de plus sur son corps défait par la guerre, la maladie, les accidents.

Le corps de la mère, c'est la première géographie, le pays d'où l'on vient. Pays de l'absence pour le nourrisson que je fus. Une femme qui avait eu la tuberculose ne pouvait pas rester près de son nouveau-né. Les médecins craignaient que la grossesse ne réactive le bacille de Koch chez la mère ; ce péril écarté, ils se souciaient de la santé de l'enfant, le tenaient en quarantaine pour lui éviter les éventuels germes de la tuberculose. Tel fut mon sort. Ma mère, m'ayant mise au monde, partit se reposer, me laissant à la maternité du 15 juillet au 5 septembre.

Les premières photos où l'on voit ma mère me tenant dans les bras m'ont toujours gênée, troublée, car ma mère y portait une blouse blanche d'infirmière. Le lui avait-on recommandé ? En avait-elle pris l'initiative ? Était-ce justifié ? Voulait-elle être « stérile » pour nous protéger des microbes ? Était-elle restée trop longtemps dans un milieu médical ? Elle paraissait presque effrayée d'avoir un tout-petit dans les bras, elle se tenait très droite, le torse raide, en retrait, l'air de penser que c'était une trop grande responsabilité pour elle, une charge au-dessus de ses forces. Les photographies de la même époque avec mon père sont détendues, joyeuses, complices. Il semble parfaitement à l'aise, comme s'il pouvait à la fois assumer d'être devenu père et, par empathie, redevenir un bébé lui-même. Ma mère n'avait pas cette capacité, elle prenait son rôle très au sérieux, trop au sérieux. Elle a l'air si solennelle… Plus tard, l'aisance vint, mais elle garda longtemps un maintien guindé. Peut-être était-ce sa manière de se faire photographier…

J'ai dû rassurer ma mère, lui prouver que j'étais un bébé en bonne santé, les joues pleines et le regard vif, pour qu'elle cesse de s'inquiéter. Un tout petit enfant sent très tôt comment répondre aux désirs de ses parents. Osmose précoce qui anticipe peut-être une perception plus vive aux besoins des autres, une acuité particulière à la détresse d'autrui. C'est l'enfant qui fait de sa génitrice une mère. Pour elle, je devais grandir le plus rapidement possible, non pas jouer ou chanter, mais parler et très vite lire, discuter avec elle de philosophie, de politique ou de religion. Lui réciter des poèmes. Elle me racontait qu'avant la guerre, elle avait une amie à qui elle tressait les cheveux pendant que celle-ci lui déclamait Baudelaire ou Apollinaire. Lorsqu'elle voulait me faire particulièrement plaisir, elle me préparait des crêpes, dorées, fines aux bords dentelés, les meilleures du monde. Jamais personne n'a égalé sa mousse au chocolat, ni ses gâteaux aux fraises.

Je cherchais avec elle une complicité tout comme elle en cherchait une avec moi. Bousculant l'ordre des générations, elle souhaitait être une amie. Elle aimait me faire part de ses découvertes, me lisait des extraits des *Pensées* de Pascal, ou de la *Vie de Jésus* de Renan. Lors de vacances passées à deux au bord du lac de Locarno, alors que j'avais douze ou treize ans, je me souviens qu'elle me lut chaque soir quelques pages de *L'Aventure de la pensée occidentale* de Bertrand Russell.

Ces livres sont aujourd'hui dans ma bibliothèque.

Ma mère avait perdu le milieu stimulant de sa jeunesse, n'en avait pas recréé un nouveau après son mariage. Elle demeurait fort isolée dans sa nouvelle patrie. Les femmes des amis de son mari n'étaient pas devenues ses amies. Elle n'avait pas de confidente, personne à qui se raconter, avec qui discuter de tout et de rien, personne avec qui échanger des idées, des sorties. Elle était extrêmement solitaire, s'occupant de son intérieur, faisant des courses, lisant, écoutant la radio en cousant pendant de longues heures. Elle vivait dans un monde autarcique, elle se suffisait à elle-même. Entre son mari, sa mère et sa fille, elle poursuivait sa vie sur un mode mineur. Quand, plus tard, j'amenai à la maison des camarades d'université, elle discuta avec eux, prise d'un élan d'enthousiasme qui avait été le sien autrefois, mais que je ne lui connaissais pas.

Ai-je été, à sa place, vers le monde des livres et des idées ? Ai-je écrit pour elle ? A-t-elle vécu par procuration à travers moi ? Étais-je devenue son ventriloque ? Sa marionnette ?

Bien sûr, nos choix appartiennent autant à notre inconscient qu'aux hasards de la vie, aux rencontres que nous faisons. Ma vie s'est tissée au travers des attentes de mes parents comme au travers de mes propres désirs, mais d'où viennent ceux-ci ? Qu'est-ce qui nous appartient en propre ? Sommes-nous libres de nous-mêmes ou n'y a-t-il qu'un peu de jeu, un peu de lest, qui nous soit dévolu ?

Lettres perdues

La cent cinquantième lettre

La cent cinquantième lettre de Boris est datée du 1er mai 1948. Il n'y a plus trace des lettres suivantes jusqu'au 2 octobre 1949. Où ont-elles disparu ? Ma mère les a-t-elle égarées lors d'un déménagement ? Les lettres de mon père numérotées de 151 à 299 n'existent plus, un grand vide. Rien. Ces lettres de mon père me manquent, comme sa présence me manque. Sa compagnie épistolaire, je m'y étais habituée, elle me consolait. J'aimais ouvrir une à une ces missives confiées à la poste, toujours joliment timbrées. Déplier les feuilles de papier, reconnaître l'écriture si caractéristique de mon père, ses petits dessins tellement vivants et pleins de gaieté. Chaque enveloppe était comme une petite valise dans laquelle étaient glissés des coupures de journaux, des programmes de concert, des photographies, des petits mots supplémentaires, des échantillons de tissu… Ses lettres me faisaient plaisir – autrement qu'elles firent le bonheur de ma mère pendant plus de trois ans. Elles étaient un baume sur mon cœur, une manière de le retrouver, de reconnaître son humour, ses tournures de phrases, ses expressions, les maladresses de syntaxe ou d'orthographe… Tout me faisait plaisir à lire. J'aimais aussi ses défauts.

Je me mis à lire les seules lettres de Jacqueline, imaginant celles de Boris. Ce n'était pas pareil. J'en voulais à ma mère d'avoir perdu ces précieux courriers. Cela ne lui ressemblait pourtant pas. Que s'était-il passé ? Je ne le saurai jamais. Peut-être était-elle elle-même désolée de ne plus les retrouver. Combien de fois ces lettres furent-elles relues pour apprivoiser l'absence, l'éloignement, le manque ?

Une lettre est un message jeté dans l'espace ; par train, bus, avion, puis dans la sacoche du facteur, elle entreprend un long voyage pour aboutir jusque dans la main fébrile qui l'attend. N'est-ce pas merveilleux de pouvoir confier à des inconnus, une longue chaîne de fonctionnaires de la poste, une missive chargée d'amour qui trouve ainsi son destinataire ? C'est une belle histoire de confiance. Soixante ans plus tard, elles sont là, le cachet de la poste faisant foi de la date. Et du lieu de départ. Leysin, Davos, Bruxelles.

Écrire une lettre, c'est se confier à un autre qui n'est pas là. L'espace de la lettre ouvre un espace intérieur, un moment de réflexion, de méditation, une ouverture vers l'inconnu de soi. Il y a une immense liberté possible dans la rédaction d'une lettre. On est avec soi tout en pensant à l'autre lorsqu'on l'écrit. On est avec l'autre tout en étant seul lorsqu'on la reçoit. Échanges différés dans le temps. Ce qui s'écrit dans l'instant – l'impulsion du moment, lorsqu'on vient par exemple de recevoir une lettre et qu'on achève à peine de la lire – sera lu quelques jours plus tard, parfois une semaine lorsque le courrier prend du retard, parfois seulement quelques heures, une nuit, lorsque la poste a été zélée, qu'un concours de circonstances favorables a fait cheminer la lettre par un train de nuit et qu'elle arrive déjà dans la boîte au petit matin.

Une grande partie du contenu de la correspondance ne parle que de l'attente du courrier. « J'attendais ta lettre depuis deux jours, elle est enfin arrivée. J'étais si anxieux, j'allais sans cesse voir la boîte aux lettres, toujours rien… »

À côté des lettres, il y a le monde des

cartes postales : des reproductions de tableaux (Rembrandt, Van Gogh), des vues de ville (Genève, Bâle, Zurich, Tours, Paris…) et quelques cartes humoristiques et tendres de l'illustratrice anglaise Mabel Lucie Attwell.

C'était le temps – impossible à imaginer aujourd'hui – où le facteur venait au moins deux fois, voire trois par jour faire sa tournée, y compris le samedi. Si rien n'était arrivé lors de la première tournée, on pouvait espérer que la seconde allait récompenser l'attente. Les lettres ne mettaient souvent que deux jours à parvenir à destination. On pouvait à peu près compter dessus. Alors, quand rien ne survenait dans la boîte aux lettres, l'inquiétude s'annonçait. Est-il arrivé quelque chose ? Une maladie ? Un accident ? Le téléphone était cher, tout le monde ne l'avait pas chez soi. Les appels à l'étranger se faisaient par une opératrice, il fallait parler fort, cela brisait toute intimité. Difficile de parler d'amour en criant. Il fallait attendre le facteur.

Verbania

En juillet 1948, Jacqueline quitte le sanatorium Grand Hôtel de Leysin pour celui de Davos, Mon Repos. Elle écrit : « Des médecins de Leysin je garderai toute ma vie un souvenir de profonde reconnaissance et d'estime. »

À l'occasion de ce déménagement, les deux amoureux font un petit tour de Suisse. Ils se promènent au bord du lac Majeur. Dans la lettre du 22 juillet, au moment de leur séparation, apparaît un mot en lettres capitales, *VERBANIA*, tel un code secret entre eux. Est-ce le nom d'un lieu de villégiature sur le lac Majeur ou celui d'un hôtel ? Quelques lettres plus tard, une enveloppe contient la photographie prise à l'hôtel Verbania à Locarno. Est-ce là qu'ils se sont donnés l'un à l'autre pour la première fois ? Je n'en saurai rien et n'en veux rien savoir. Ce secret leur appartient.

Allongée sur son lit de cure, au grand air, sous une masse de couvertures, Jacqueline raconte son nouvel environnement. Elle dort dans une chambre à quatre lits, décore son coin de cartes postales de Van Gogh et de Modigliani, de mille petites choses personnelles pour se sentir un peu chez elle. Une compagne vient la rejoindre, une Berlinoise d'origine polonaise, Bacia, qui parle le yiddish. Au fil des mois, elles vont devenir amies, « c'est un cœur en or », mais au premier abord Jacqueline ne se sent aucune affinité avec celle-ci. Elle confie à Boris : « Je n'ai rien de commun avec ces gens, ni la langue, ni la culture, ni la mentalité. Une seule et unique chose m'unit à eux : la *souffrance*, souffrance due à notre persécution commune. »

Je savais que les Juifs allemands, très assimilés à la culture européenne, se considérant généralement comme plus Allemands que Juifs, avaient toujours éprouvé un sentiment de mépris et d'incompréhension pour les Juifs polonais, profondément inscrits dans une culture juive traditionnelle. Jacqueline ne rêvait ni de partir sur l'*Exodus* rejoindre la Palestine britannique, ni de vivre dans une communauté fermée. L'aspiration sioniste à un État pour les Juifs ne faisait pas partie de son horizon. L'idée même la révoltait. La souffrance qu'elle avait éprouvée, en tant que juive, au camp, lui donnait plus que jamais le désir de se fondre parmi tous les humains. Elle cherchait à s'assimiler, non à se différencier. Elle sentait pourtant une certaine solidarité avec son peuple, mais ne le reconnaissait pas volontiers. Ses idées et ses sentiments étaient ambivalents. Elle acceptait et refusait sa judéité. Elle voulait s'assimiler, mais hésitait à voir disparaître complètement ses origines. À la fin de sa vie, elle écrivit pour sa petite-fille ses souvenirs d'enfance à Cologne et dans la paisible campagne rhénane. J'y découvris que ses grands-parents lui avaient offert un foyer chaleureux où brillaient tous les vendredis soirs, et lors de toutes les fêtes du calendrier juif, les bougies traditionnelles. Ses premières années avaient été bercées par cette ambiance. Elle gardait pour sa grand-mère, qui l'avait en partie élevée, un amour immense et reconnaissant. Elle en parlait comme d'une femme intelligente, sensible et forte qui travailla toute sa vie comme modiste, menant de main de maître sa boutique de chapeaux. Elle lui avait donné une maxime qu'elle appliqua elle-même toute sa vie : « Ce que des mains humaines peuvent faire, d'autres mains peuvent le faire également. »

Avortement

De la fin du mois d'août à la mi-septembre 1948, les lettres portent des timbres français et le cachet de la poste indique Tours, Indre-et-Loire. Il semble que Boris et Jacqueline se soient rencontrés quelque part entre Bruxelles et Paris, peut-être à la frontière seulement, parce que Jacqueline n'a pas reçu de visa pour la Belgique. Les lettres ne sont pas très claires à ce propos.

Son courrier est fébrile, elle se sent nerveuse, fatiguée, elle a des vertiges et des maux de tête. C'est la première fois qu'elle retrouve l'appartement où elle a vécu jusqu'au début de la guerre. Le souvenir de son père décédé est partout, elle en est très troublée. C'est la première fois aussi depuis son retour de déportation qu'elle est « dans la vraie vie », hors d'un hôpital ou d'un sanatorium pour tuberculeux. Elle ne se sent pas encore de taille.

Le 27 septembre, de retour dans son lit, à Davos, elle fait allusion à une rencontre avec Boris qui aurait eu lieu à B., puis à un autobus qui l'aurait conduite à Mouscron, où un dénommé Julien l'a aidée à passer clandestinement la frontière franco-belge. Dans la voiture, l'homme lui montre un article de journal sur la vaste opération de police qui avait eu lieu la veille et l'avant-veille au poste de douane, il lui fait peur et en profite pour augmenter ses tarifs. Elle devient blême, paye sans discuter, soulagée d'être arrivée sans difficulté en France. Une coupure de presse à ce sujet est glissée dans l'enveloppe.

La lettre du 6 octobre, la deux cent dixième,

porte l'empreinte des lèvres de Jacqueline teintées de rouge à lèvres. Trace émouvante d'un baiser confié à la poste. Boris y a-t-il appliqué ses lèvres à son tour ?

Le 16 octobre, quelques phrases laissent deviner un secret : « Je crois que je suis un peu abattue moralement, et le fait que je ne puis confier mes craintes à personne me ronge intérieurement. Mon chéri, mon amour, mon tout-au-monde, je ne voudrais te causer aucun chagrin. Je regrette déjà de t'avoir dit tout cela. » Le 18, elle note : « Plus que deux mois avant de nous revoir. Pourvu que tout le reste s'arrange d'ici là. » Le 20, elle écrit : « Tout dépendra de l'évolution "de la situation". Chéri, que tu es bête de me demander si je t'en veux. Voyons ! Bien sûr que non, nous sommes aussi responsables l'un que l'autre. Je constate seulement que le métier de femme n'est pas des plus faciles… D'ailleurs il n'y a pas de quoi te mettre la tête à l'envers. Tout s'arrange dans la vie. Le tout c'est de trouver le moyen qui affectera le moins ma santé. Pour l'instant tu ne peux absolument rien faire pour moi. Si, une seule chose, m'écrire de très gentilles et réconfortantes lettres. Car sans tes lettres, je ne pourrais vivre. Ce sont elles qui me donnent le courage nécessaire pour envisager la situation avec optimisme. Voici ce que je pense faire. D'ici une dizaine de jours environ, j'irai voir un médecin au-dehors. À ce moment-là il sera possible de constater la chose d'une façon certaine. Je lui expliquerai mon état de santé et je lui demanderai conseil. En tout cas il sera encore temps de le faire fin décembre et j'avoue que je préférerais que tu sois auprès de moi. En attendant, ne te fais pas trop de soucis, mon chéri. Cela arrive à tout le monde, il faut se dire que c'est ainsi et pas autrement. Tu sais combien je t'aime, et je prends tout cela avec philosophie, sachant que tu m'aimes beaucoup, toi aussi. Nous sommes donc toujours deux pour partager nos peines, comme nous sommes deux à être heureux. »

Le 27 octobre, Jacqueline confie à Boris : « J'attends avec une impatience folle la conclusion de cette visite (chez le médecin). Tu l'imagines aisément. Si notre petite étoile voulait seulement briller bien fort ce jour-là ! Je pense que cette lettre te parviendra juste à temps pour que tu puisses penser très fortement à moi, pour nous porter chance. Ce n'est pas de la superstition, mais, sachant qu'en pensée tu es avec moi, j'aurai plus d'assurance et de courage. Embrasse-moi, chéri… »

Davos, 30 octobre 1948

Mon amour de Paps, mon Boris,

Samedi quatorze heures. Bonjour chéri !

Embrasse-moi bien bien fort, puis… je vais te dire une bonne nouvelle dans le creux de l'oreille. Mais commençons par le commencement. Hier soir je suis allée à la poste pour téléphoner au docteur. Il m'a donné rendez-vous pour ce matin neuf heures trente. Hier soir, avant de m'endormir, je pensais : si seulement notre petite étoile voulait bien briller très fort pour moi cette nuit et que demain matin je n'aie pas besoin d'aller chez le médecin. Et ô miracle, mon désir est devenu réalité. Oui, parfaitement ! J'étais tellement heureuse ce matin, tu ne peux imaginer combien. Laisse-moi me jeter dans tes bras et te dire combien je t'aime… Oh ! tellement, chéri, tellement fort ! Vive la vie, vive la joie et l'amour !

Envoyée par avion, l'enveloppe de cette deux cent vingtième lettre fut déchirée à la hâte par Boris impatient.

Jacqueline craignait d'être enceinte ; elle savait, bien sûr, qu'un avortement thérapeutique était légal pour une jeune femme atteinte de la tuberculose. La perspective ne lui plaisait pas, mais elle était prête à s'y résoudre pour préserver sa santé.

Je joue avec les idées. Ainsi donc aurais-je pu naître plus tôt que prévu. Qu'est-ce que cela aurait modifié dans mon histoire ? Nul ne le sait. D'ailleurs, serait-ce « moi » qui serais née ? Étrange pensée : un garçon aurait pu voir le jour, comment aurais-je été en version masculine ? Cela donne le tournis d'imaginer que « je » aurait pu être une autre, un autre. Ou serais-je née après un premier enfant ? La rencontre entre un spermatozoïde et une ovule n'était pas pour ce jour-là. L'inquiétude était sans objet. Ma naissance attendait encore son heure.

Baisers en papier

Le 2 novembre 1948, Jacqueline note que sa lettre est la deux cent vingt et unième et que la dernière de Boris est la cent quatre-vingt-dix-neuvième ! Deux cents lettres échangées de part et d'autre en deux années. « Nous sommes déjà un vieux couple. Mais nous nous aimons chaque jour davantage. »

L'idée d'un mariage trotte dans leurs têtes. Jacqueline rêve d'être enfin avec Boris dans un petit nid à eux, partant à deux au concert ou allant à l'école du soir apprendre des langues étrangères.

« Je ne sais pas, peut-être que je me fais des illusions et que le mariage amène d'autres soucis. Mais pour l'instant je me plais à imaginer une vie un peu féerique, une vie d'enfants gâtés, qui peuvent faire tout ce qui leur plaît, sans avoir besoin de demander l'avis à qui que ce soit, à aucun parent, à aucun médecin, à personne, ne cherchant qu'une seule chose, le bonheur l'un par l'autre. » Elle se sent faite pour « le grand jeu de la vie ». En attendant, ils rêvent de se retrouver quelque part pour la Noël, mais trouver une chambre à louer n'est pas facile « *because we are not married* » (13 novembre 1948).

Novembre, décembre. Les semaines passent lentement, d'une lettre à l'autre, la vie est suspendue. Côté médical, on ponctionne son poumon malade et on lui injecte de l'Aminacyl. Elle grossit trop lentement. On lui prescrit du foie de morue et de la crème fraîche.

La santé de Jacqueline s'améliore. Elle raconte, au jour le jour, la vie au sanatorium, les complicités, les tensions entre camarades d'une même chambre, les permissions ou les refus de sortir donnés par le corps médical, les distractions au cinéma, les courses, la distribution anxieuse du courrier, le menu des repas, les petites fêtes à l'occasion d'un anniversaire, le départ des malades guéris…

Le 12 mars 1949, Jacqueline fête ses vingt-huit ans en espérant que, le prochain anniversaire, elle le fêtera avec son « gentil mari ». Les jours passent, c'est à nouveau l'attente des visas pour que Boris puisse, encore une fois, la rejoindre en Suisse.

Le 22 juin, Jacqueline écrit à la nouvelle adresse de Boris, là où ils vivront au début de leur mariage. Le 2 juillet, elle avoue à Boris qu'elle n'a pas encore osé demander au médecin-chef la permission de partir en voyage cinq jours plus tard. Elle attend la dernière minute, persuadée qu'il ne pourra pas refuser. « Dernière instruction au bout du fil mardi soir. »

En juillet, les amoureux passent une vingtaine de jours à Locarno. Dès son retour, Jacqueline rêve qu'elle est déjà à Bruxelles, qu'elle achète des petits pains pour leur petit déjeuner...

La trois centième lettre – du 6 août 1949 – commence par ces mots : « Boris, mon amour, mon désir, ma foi et ma lumière. » Le 24 août, elle s'inquiète : « Devrai-je avoir une robe de mariée... ? Et toi, un smoking ? » « Ce n'est plus tout de même comme au temps de nos grands-mères. On ne va pas préparer son trousseau pour toute sa vie. Évidemment je comprends fort bien qu'il faille faire quelques concessions à ton entourage... » Le 10 septembre : « D'accord pour le mariage en bleu, je trouve cela très chic. »

Il n'est pas impossible que les amoureux se soient revus au cours du mois de septembre. Dès leur séparation, Jacqueline note que c'est à nouveau « régime baisers en papier », mais, désormais, elle sait que le but est proche. Elle se prépare à quitter le sanatorium de Davos pour Tours. Le mariage est prévu pour la fin de l'année, novembre ou décembre. Pour emporter les nombreuses affaires qu'elle a accumulées depuis trois ans et demi, elle se fait confectionner une grande caisse avec charnières, serrure et cadenas.

Littérature « de grenier »

Voici presque dix mois que je lis et relis les lettres d'amour de mes parents, déposant mes propres mots, brodant mes analyses, mes méditations, mes souvenirs, sur leur correspondance. Pudiquement d'abord, m'enhardissant petit à petit. Les associations défilent : de doux moments reviennent à ma mémoire, de plus sombres harmoniques se font entendre. Je suis prise sans cesse dans un double mouvement. Tendresse et mélancolie d'un côté, douleur et chagrin de l'autre. J'oscille. Au fil des mois, ils viennent me rendre visite dans mes rêves. Dans l'un d'eux, je leur montre avec inquiétude mon livre *Comment j'ai vidé la maison de mes parents.* Ils hochent légèrement la tête, en signe d'approbation. Vais-je rêver une nuit qu'ils découvrent ces pages-ci ? Seront-ils indulgents ou mécontents ? Ai-je besoin de leur tacite soutien ? Suis-je dégagée de leur emprise ? Tenir la plume (même si elle est devenue électronique), n'est-ce pas toujours une image de liberté ?

Combien de tiroirs, de coffres, d'armoires, de malles au fond d'un grenier regorgent de lettres jaunies, entourées d'un ruban de satin rose, bleu ou rouge, oubliées depuis longtemps, tenues pieusement fermées, gardées sans être lues, par respect, par pudeur, par crainte de ce qui s'y trouve enfoui ? Chaque famille conserve-t-elle de vieux journaux intimes d'une ancêtre qui ne les a pas brûlés ? Des lettres de grands-pères ou d'arrière-grands-pères partis à la guerre ? Des billets doux d'un fiancé ou d'une fiancée ? Quel fils, quelle fille, en vidant la maison de ses parents, n'a pas retrouvé leurs lettres d'amour ? Qu'en faire ? Les jeter ? Les conserver sans les lire ? Les ouvrir ? Chacun, chacune réagit avec sa sensibilité. Toutes les histoires sont différentes.

Ces correspondances appartiennent à la vie privée, pourtant elles sont aussi le témoignage d'un lieu, d'un temps. Elles disent l'intimité mais également les enjeux d'une époque historique, d'un milieu social, de préoccupations quotidiennes et politiques, économiques. Elles ont rarement des prétentions littéraires, cependant on n'écrit pas comme on parle. Les amoureux sont souvent inventifs, imaginent des tournures de phrases, des expressions personnelles pour dire leurs sentiments. À chaque fois, l'expérience de l'amour, si commune, devient singulière. La vie entière semble dépendre de quelques mots sur un bout de papier. Ces lettres d'amour qui dorment dans les greniers racontent l'amour mais aussi la guerre, la vie, la mort, le corps, l'érotisme, la religion, les rêves d'avenir. Elles ne sont pas des œuvres d'art, mais les témoins d'un parcours de vie, d'une espérance. Un moment d'existence. Chacun peut s'y reconnaître, elles émeuvent, attendrissent. En même temps, quoi de plus banal ? Que pourrait-on écrire que personne n'a écrit auparavant ? Malgré cette banalité, c'est un moment unique, irremplaçable. Quand l'amour vous arrive à vous, il ne ressemble à rien de connu. Chaque amoureux est persuadé que personne n'a jamais éprouvé la même chose que lui. Son amour à lui, à elle, est sans commune mesure avec ce qui a déjà été vécu. Cela n'arrive qu'une seule fois en mille ans, en dix mille ans.

Pourquoi personne ne parle-t-il de la correspondance amoureuse de ses parents ? Ne veut-on pas savoir que nos parents ont d'abord été tout simplement un homme et une femme, un jeune homme et une jeune fille au début de leur vie ? S'ils ne voulaient pas que nous découvrions leurs lettres, ne les auraient-ils pas détruites ? Si elles demeurent dans quelque lieu de la maison familiale, cela ne signifie-t-il pas qu'elles appartiennent à notre héritage ?

Longtemps j'ai tourné autour des trois boîtes contenant leur courrier, remettant à plus tard d'en prendre connaissance. Ensuite, quand je me suis mise à écrire mes associations à leur sujet, j'ai hésité à les reproduire telles quelles. J'ai choisi d'en donner des extraits plutôt que de les paraphraser. Ce sont les lettres de mes parents comme je les ai lues. Mon regard n'est pas celui d'une historienne de l'intime mais celui d'une fille qui poursuit son deuil.

Ma lecture m'a permis de passer du temps

en leur compagnie. Ce fut un long voyage au pays de l'enfance et de ce qui l'a précédée, tout à la fois éprouvant et émerveillé. Je vis comme une grande chance d'avoir pu recueillir ces *love letters* que chacun s'attend peut-être à trouver en vidant la maison de ses parents. Par l'imagination, grâce à cette littérature « de grenier », j'ai pu assister à ce qui est arrivé avant ma naissance et l'a préparée. C'est une expérience unique, modeste et précieuse.

Faire-part de mariage

La frontière m'est ouverte

À partir du 2 octobre 1949, la double correspondance reprend. Je peux à nouveau lire leurs lettres à l'un et l'autre. Je suis émue de retrouver l'écriture de mon père.

Les préparatifs du mariage commencent. Le consentement de l'oncle Jo est acquis. Mille tracasseries administratives. Les actes de naissance pour la publication des bans. Les faire-part. Les invités, la liste des cadeaux. La préparation du nid d'amour. Boris veille à tous les détails. Il envoie des photographies pour que sa « fiancée » puisse voir l'état des lieux. Chaque jour, il y apporte des améliorations. Ses dernières acquisitions sont une « merveilleuse lampe », un aspirateur *« terrific »* (en anglais dans le texte), « léger, puissant, facile, agréable », acheté à crédit, et deux oreillers.

Avant de quitter le sanatorium, Jacqueline a trouvé de jolis coquetiers de toutes les couleurs. Elle les achète en pensant au plaisir qu'en auront leurs futurs enfants, et avant cela, eux-mêmes, qui « sommes encore des gosses », précise-t-elle. Ces coquetiers multicolores ont égayé mon enfance ; je les ai retrouvés, pâlis par les ans.

Jacqueline quitte l'univers médical du sanatorium de Davos le 23 octobre 1949. Elle emmène avec elle cent vingt kilos de bagages. Dans le train entre Zurich et Bâle, elle écrit : « Je ne peux pas encore très bien réaliser que je roule vers Paris, la liberté et le bonheur. » Elle passe quelques jours dans la capitale chez une amie avant de rentrer à Tours chez sa mère. « J'ai été au consulat belge cet après-midi et, ô miracle, j'ai obtenu un visa pour deux mois, pour plusieurs voyages. N'est-ce pas merveilleux, chéri ? Maintenant, je ne suis plus qu'à quatre heures de chemin de fer de toi, puisque la frontière m'est ouverte. » Le 31 octobre, de Tours, elle frémit d'impatience : « Mon petit Boris chéri, mon Tout-au-monde, bientôt ce sera la réalité, cette réalité que nous avons rêvée depuis si longtemps. »

Boris lui répond qu'il a les larmes aux yeux d'émotion, qu'il ne peut encore croire à son bonheur après toutes ces années d'attente et de lutte contre la maladie. « Dans quelques semaines, un rêve encore incroyable il y a trois ans deviendra une réalité, qui sera alors un rêve merveilleux. »

À Tours, Jacqueline emprunte une machine à coudre pour confectionner une robe. Elle se réjouit d'en avoir une bientôt à elle. « Je ferai beaucoup de jolies choses pour Pieps, Paps et les petits Piepapsiens… ! »

Leur annonce de mariage a été publiée au « journal officiel des mariages », mais Boris se plaint qu'on a écorché son nom en « Felm, Boris ». La date choisie, pour la mairie, est le 1er décembre, « cela sonne bien ». Le mariage religieux aura lieu, à Anvers, trois jours plus tard.

Le 22 novembre 1949, Jacqueline écrit sa dernière lettre avant son arrivée :

Boris chéri, mon amour de Paps, rayonnement de ma vie,

Tu es si gentil, si bon avec moi, que je ne saurai jamais t'en remercier assez.

La dernière lettre de Boris avant le mariage date du même jour :

Ma toute petite femme chérie et adorée, mon ciel bleu, mon soleil éclatant, mon tout,

J'ai reçu de tante Trudel, la femme de Jo, les dernières recommandations. Si tu arrives seule, tu dois descendre à l'hôtel jusqu'à l'arrivée de ta maman. Je dois te dire au revoir en bas de l'hôtel et ne pas monter dans ta chambre ! Si tu arrives avec ta maman, vous irez dormir à l'appartement, avenue Louise, et j'irai dormir avec mon frère dans la famille. Et cela jusqu'au 4 décembre, c'est-à-dire dimanche. Quelles idées ! Je la croyais plus à la page. Le dîner de noces aura lieu au "Colisée" en face de l'Opéra…

Je t'aime encore beaucoup, beaucoup plus, plus, plus… infiniment,

Toujours à toi, ton
Boris.

Quinze jours plus tard, la jeune mariée repartait en Suisse, au sanatorium, pour une cure de quatre mois.

L'inconscient ne connaît pas la mort

J'avais terminé de lire leurs lettres. J'avais aimé leur présence épistolaire. Elle m'avait accompagnée de longs mois, presque deux ans. J'aurais voulu poursuivre ce voyage de la mémoire, mais je devais les quitter. Toutes les enveloppes étaient à présent refermées, glissées dans leurs cartons. Il n'y avait plus rien de neuf à découvrir. J'en avais fait le tour. Leurs *love letters* étaient lues.

Leurs silhouettes de jeunes gens se mêlaient aux souvenirs de leurs derniers moments. Ils n'étaient plus seulement des parents, ils avaient eu une vie indépendante de moi à laquelle je n'avais pas participé. Étrange impression :

nos parents nous appartiennent et ne nous appartiennent pas. Nous les réinventons à notre guise, une fois disparus. Pas tout à fait. Certains faits résistent. Notre roman familial s'oppose, se mélange, recouvre l'histoire telle qu'elle a été vécue par nos géniteurs. D'ailleurs, nous reconnaîtrions-nous dans le miroir qu'ils nous tendraient ? Quelle est la véritable histoire, la leur, la nôtre ? Elle demeure un mystère, un canevas sur lequel il nous faut sans cesse revenir, une tapisserie à tisser et à détisser, à sculpter sans fin. Il n'y a pas de vérité dernière, seulement des images en mouvement, un film et non pas des photographies. Parfois, on fait un arrêt sur image, on cherche à capter ce qui demeurerait caché, un moment minuscule que l'on croit essentiel, que l'on veut éclaircir à tout prix. Comme sur le divan, un événement infime, un incident mineur, une inflexion de la voix, un sourcil qui se lève imperceptiblement nous requiert parfois des années durant. Notre psyché vient s'y blesser, raviver une douleur ancienne jamais apaisée.

Combien de fois n'avais-je pas évoqué la séparation d'avec ma mère qui avait suivi ma naissance ? Que pouvais-je en dire de neuf ? Est-ce que cela me consolait de savoir que *toutes* les mères ayant contracté la tuberculose étaient éloignées de leur nouveau-né ? Il m'était resté un vide, un manque, une césure que rien jamais ne pouvait combler. Je le sentais palpiter en moi comme un oiseau affolé. Je n'en démordais pas. J'y revenais comme à l'instant fondateur. Était-ce irréparable ou seulement un incident de parcours, un fait à dépasser ? Je cherchais à me consoler avec l'image de mon père, la tête penchée, les yeux brillants, le sourire tendre, me contemplant à travers la vitre de la maternité, derrière laquelle, bébé de trois, quatre semaines, je reposais dans les bras d'une jeune infirmière. Des années durant j'étais revenue sur ces premières semaines de ma vie, y cherchant les racines de ma douleur. Avais-je raison, avais-je tort ? Toute histoire n'est-elle pas reconstruction ? Toute mémoire n'est-elle pas, en partie au moins, transformation, imagination, espoir de cohérence ?

La vie, l'analyse, l'amour, l'amitié, le temps qui passe, la musique, la maladie, la disparition de ceux que l'on aime, la beauté d'un chat, de la neige, l'arabesque d'un bouquet de tulipes, le trésor des livres, le goût du thé… ont suturé les bords de la blessure. Petit à petit, les blessures se referment ; de l'extrémité du doigt, on peut en parcourir la cicatrice. À certains moments, on ne peut s'empêcher de l'agacer. On reprend de vieilles histoires, on retrouve des émotions vives, ce n'est plus un souvenir mais une reviviscence. Les périodes de deuil s'y prêtent. Tout est remis sur la table, avec violence.

Il faut tout recommencer. Reparcourir la mémoire en tous sens, éprouver à nouveau les émotions, les sensations oubliées. La tempête nous bouscule, nous sommes à vif. J'aurais aimé récrire mon enfance, la modeler à ma guise, transformer mes parents, essayer de nouvelles combinaisons, d'autres réactions, d'autres caractères, d'autres circonstances. Impossible. Il faut accepter cette histoire-là, cette généalogie, mes failles, les leurs, mes propres limites. L'inconscient est comme un jardin dont il est nécessaire de retourner régulièrement la terre, pour l'aérer, lui enlever les mauvaises herbes, la nourrir… Freud aimait citer la phrase de Voltaire dans *Candide*: il faut cultiver notre jardin. Le cultiver à chaque saison, chaque année. L'air de rien, il se métamorphose, les grandes lignes demeurent mais les couleurs se modifient, certains massifs s'épanouissent, d'autres s'effacent. Insensiblement, les perspectives se dessinent différemment, les points de vue changent. Nous portons au fur et à mesure que nous avançons dans notre vie, au fil des épreuves et des événements, un regard qui varie. La mémoire se réinvente sans cesse, nourrie du présent.

Mes parents sont morts, je ne m'y ferai sans doute jamais. La mort est proprement inimaginable. Par la force des choses, l'habitude s'en prend, mais le cœur ne s'y résout pas. C'est notre condition humaine de nous savoir mortels, dit-on. Sans doute, mais la mort des autres, celle de notre mère, de notre père, de ceux que nous chérissons, comment l'accepter totalement ? Est-ce pour cela que nous poursuivons avec eux un monologue intérieur, une conversation imaginaire, que nous inventons des temps d'évocation, de commémoration, des gestes, des rituels ?

À plusieurs reprises, depuis le décès de ma grand-mère maternelle, il y a vingt-cinq ans, j'ai rêvé que je prenais le thé avec elle, tous les cinq ans environ, le temps de lui raconter les dernières nouvelles, de la mettre au courant de ma vie récente. Tendre moment de confidences, de ressourcement. J'accepte sa disparition puisque j'ai encore rendez-vous avec elle. Ces brèves rencontres nocturnes, de loin en loin, me sont douces. Je n'ai besoin de rien de plus. Mon deuil est apaisé.

En sera-t-il de même avec mes parents ? Suffit-il de s'abandonner au temps, à sa capacité de cicatriser les plaies ? Parfois, dans la rue, j'aperçois de dos un homme aux cheveux blancs, pantalon beige en velours et veste en daim, je crois y reconnaître la silhouette de mon père. Et si c'était lui ? Instant d'hallucination plus réconfortante que cruelle. Et cette petite dame, élégamment habillée de bleu, n'est-ce pas ma mère ? Comme j'aimerais en levant le téléphone entendre leurs voix ou les voir arriver à l'improviste chez moi comme autrefois. J'efface les désaccords, les tensions, les rancœurs. Je ne garde que la nostalgie de la tendresse, les heures de complicité. Je me souviens très exactement d'un jour du printemps 2001, avant la mort de mon père. Je me disais, tout va bien, tout le monde est en bonne santé, ce ne sera pas toujours le cas, il faut profiter de ce moment privilégié de la vie. Il y avait du soleil, j'allais au cinéma avec ma fille. Mon compagnon serait là ce soir. Jouissons-nous assez du cours ordinaire des choses ? De ne pas souffrir des dents, par exemple ? De manger à sa faim, de ne pas être en prison, sous les bombes, de disposer de son corps, de ses idées ? D'avoir ses proches près de soi ? Je pense souvent que le bonheur, il faut le créer et savoir l'accueillir quand il est là. Ne pas en demander davantage, ne pas chercher à s'étourdir. Prendre ce qui est bon. Le chercher.

Je crois que mon père fut un homme heureux. Il était content avec ce qu'il avait, avec ce qu'il était. Sans doute avait-il regretté de n'être pas devenu ingénieur, mais il se fit une raison. Il apprit à aimer son métier et à bien le faire. Tout ce qu'il faisait, il le faisait bien. À la maison, je le voyais bricoler, réparer, améliorer. Que ce soit de la plomberie, de la peinture, du jardinage, il avait une patience d'ange, de l'intuition et un vrai savoir-faire. Il me donna toujours un coup de main, et davantage, que ce soit dans mon studio d'étudiante, mon premier appartement ou ma maison. C'était aussi un excellent pédagogue – il m'éclaira les mathématiques – et un merveilleux conteur. Pour ma chambre d'enfant, il construisit un très joli théâtre de marionnettes et une toise multicolore dont mes petits-enfants hériteront un jour. Il me rappelait volontiers qu'il avait commencé sa vie avec rien, deux valises disait-il, il se réjouissait d'avoir un toit et une famille. Il n'envia jamais le sort de personne. Il ne se plaignait jamais de rien, ne voulait dépendre de personne. Discret, pudique, presque toujours de bonne humeur, il avait acquis une forme de sagesse. Il possédait un humour très particulier, jouait volontiers avec les mots. Il adorait se promener dans les magasins, fasciné par toutes les innovations. Il découvrit avec enthousiasme les ordinateurs et l'internet ; les derniers mois de sa vie, il transmit son savoir tout neuf à plus néophyte que lui. Mais l'œuvre de sa vie fut son amour pour ma mère. J'en suis témoin, jusqu'à son dernier souffle, il la porta à bout de bras, il la soutint, l'entoura, chercha à lui plaire, à la chérir, à la gâter. Quand il disparut, je compris, au désarroi de ma mère, le vide qu'il laissait derrière lui. Il avait été tout pour elle, elle perdait tout avec lui. Quant à son tour elle allait mourir, elle proclama son désir de rejoindre son mari tant aimé. En mourant, elle pensait le retrouver. Dans la tombe, leur couple s'est reformé.

Ils ne sont plus là pour connaître mes joies et mes peines. En pensée, je les leur raconte. Déménagement, mariage, livres, anniversaires, voyages, les enfants qui grandissent, toutes les choses de la vie. Je fais les questions et les réponses. Je porte autour du cou l'œil égyptien qu'ils me rapportèrent du British Museum pour me consoler de celui que j'avais perdu. Parfois je pense qu'ils sont partis depuis trop longtemps déjà, qu'ils devraient revenir, comme on revient d'un voyage, d'une absence qui s'est prolongée. Je ne suis pas sûre que l'inconscient connaisse la mort, seulement la séparation. Qu'est-ce qu'être séparés pour toujours ? Qu'est-ce que toujours ? Faut-il toute une vie pour apprendre à vivre ? Peut-on être adulte et rester dans un coin de soi un tout petit enfant ?

Sommes-nous comme les arbres, gardant en leur cœur les traces circulaires de tous les âges passés ?

En sortant du cimetière après avoir enterré mon père, je vis un lapin courir à toute allure au travers de la route et rejoindre les champs. L'idée me vint, c'est mon père réincarné. Deux ans plus tard, après avoir dit adieu à ma mère, au bord de la tombe, alors que je m'éloignais lentement, je vis deux lapins s'enfuir au grand galop.

Comment je me suis séparée de ma fille et de mon quasi-fils

Mais pour en revenir à moi-même, je pensais plus modestement à mon livre, et ce serait même inexact que de dire en pensant à ceux qui le liraient, à mes lecteurs. Car ils ne seraient pas, selon moi, mes lecteurs, mais les propres lecteurs d'eux-mêmes, mon livre n'étant qu'une sorte de ces verres grossissants comme ceux que tendait à un acheteur l'opticien de Combray ; mon livre, grâce auquel je leur fournirais le moyen de lire en eux-mêmes.

Marcel Proust, *Le Temps retrouvé*.

Partir peut-être

Down, down, down. Would the fall never *come to an end?*

Elle tombait, tombait, tombait. Cette chute ne prendrait-elle donc *jamais* fin ?

Alice au pays des merveilles
Lewis CARROLL

J'y songeais comme à une chose lointaine, une perspective abstraite. Ce futur – longtemps inimaginable – appartenait soudain au passé. Le rempart du temps s'écroulait. Je n'étais plus à l'abri. La séparation s'annonçait dans sa réalité concrète, intime, quotidienne, elle se tenait devant moi : inévitable et déchirante.

L'idée s'agitait dans ma tête depuis des mois, je jouais avec elle, l'examinant puis la chassant, pesant le pour et le contre ; j'hésitais. Son évidence, sa nécessité, s'imposèrent. Il fallait que notre fille quitte la maison pour apprendre à voler de ses propres ailes.

L'heure était venue pour Sophie de découvrir le vaste monde, loin de chez elle, loin de nous.

Nous l'avions tendrement aimée, trop peut-être. L'autonomie, la confiance en soi, la capacité de déployer sa propre créativité, qui s'éprouvent d'abord en présence des proches, ne peuvent pleinement se vivre que par l'expérience répétée en dehors du cercle familier.

Pourquoi ne pas envoyer notre fille à l'étranger apprendre une autre langue, une nouvelle culture, découvrir d'autres manières de vivre, de penser ? Par le décalage, le décentrement, la distance, lui permettre de vérifier qu'elle était capable de se débrouiller seule, de prendre sa place, de choisir ce qui était bon pour elle, d'affirmer ses repères, ses intuitions, ses propres désirs ?

L'idée cheminait. Petit à petit, malgré l'obscure inquiétude qui se levait – que je tentais d'étouffer –, je l'évoquais à voix haute. Famille, amis, professeurs, tout le monde se montra favorable. Le projet prenait forme. L'intéressée ne s'y opposa guère, sans afficher un enthousiasme effréné. Partir n'était pas à son programme. Elle se laissa convaincre. À plusieurs reprises, l'Angleterre l'avait accueillie, à Pâques ou au début de l'été ; elle s'y était plu, alors pourquoi ne pas y passer une année entière ? Shakespeare faisait partie de son monde au même titre que la musique hip hop, les feuilletons américains et le cinéma de Hollywood. L'anglais version British avait peut-être quelque chance de la séduire.

Alors que nous évoquions ce départ probable, Sophie, fine mouche, fit remarquer : « C'est *vous* qui me poussez dehors ! » J'y entendis un sourd reproche, une peur de l'inconnu bien légitime. Je ne lui fis nullement part de mes propres états d'âme. Il fallait poursuivre. Aussitôt dit, aussitôt fait. Toutes les démarches administratives furent mises en route, mais, à la veille de l'inscription définitive pour une année académique dans la section internationale d'un *college* anglais, soudain ce fut *mon* estomac qui se révolta. J'étais déchirée. Ma tête, ma raison me dictaient de favoriser la séparation, l'éloignement ; mon ventre criait : « non, pas encore, c'est trop tôt ».

S'il arrive qu'un bébé naisse prématurément, se pourrait-il aussi qu'une grande adolescente quitte prématurément son cocon familial ? Trop près, trop loin ; trop tôt, trop tard : comment trouver la bonne distance, le juste tempo ?

La décision fut maintenue, le rendez-vous pris. Sophie écrivit sa lettre de motivation, sa maman se tenait la main sur l'estomac. Brave petit soldat parti à la guerre contre elle-même. Il fallait s'y résoudre ; la vie est une bataille, dépassons-nous, trouvons la meilleure stratégie, encerclons l'ennemi. Mais l'ennemi était tout intérieur. Devais-je combattre ou déposer les armes, me réconcilier avec lui ? Comment faire la paix avec cette partie de soi qui freinait des quatre fers en voyant son enfant s'éloigner, même et surtout si c'était une autre moitié de soi qui l'y avait encouragé ?

Je consultai mon agenda, découvris qu'une nouvelle vie commencerait le 11 septembre. Hasard ironique du calendrier qui marquait le début d'une nouvelle existence pleine de promesses ou manière d'annoncer le sentiment – réprimé mais persistant – d'aller au-devant d'un séisme ?

Nous étions au cœur de l'hiver. L'angoisse vrillait mon sommeil. L'idée était mienne, mais la perspective d'une si longue séparation (même entrecoupée de retrouvailles), de la première vraie séparation après une vie commune si proche, si intime, presque fusionnelle, me perturbait au-delà de tout ce que j'avais imaginé. Je ne pouvais anticiper qu'un vide abyssal, une solitude terrifiante. Comme si mon pouls allait s'arrêter de battre.

Des émotions multiples, contradictoires m'animaient : l'excitation, l'anxiété, l'enthousiasme, l'abattement. Je me réveillais la nuit, éclatais en sanglots irrépressibles. Envisageant cette future séparation, est-ce que je souffrais de ce que la langue, dans sa grande sagesse, appelait *la peur au ventre* ?

Celui avec lequel nous mangeons, nous respirons et, pour les femmes, le centre de la génération. En Orient, on le désigne comme le point d'équilibre, le lieu de gravité de notre être. En Occident, on préfère parler du cœur ou du cerveau, des sentiments ou de la Raison. Le ventre, lui, est sans noblesse, en dessous de la ceinture ; il abrite des pulsions honteuses : digestion, excrétion, fornication.

Alors que ma tête conduisait l'action, mon

corps exprimait l'ambivalence que je devais taire. Le « c'est bon pour toi, mon chéri, avale » ne s'adressait pas seulement à l'enfant, mais aussi à son parent : « Avale cette potion malgré son amertume, avale, cela te fera du bien ; pas tout de suite, mais un peu plus tard, tu verras. »

À la mi-février, l'inscription définitive pour l'année à venir fut clôturée. Il n'y avait plus moyen de reculer. Paradoxe : d'un côté j'y croyais, je le voulais, c'était une chance unique, un formidable pari de confiance. De l'autre, mon corps faisait des siennes. Plutôt que des larmes coulant de mes yeux – ô si douces larmes –, l'estomac produisait des larmes acides à se tordre de douleur.

Je ne digérais pas cette nouvelle situation : voir mon tout petit bébé devenir une jeune fille qui allait s'éloigner, me quitter, partir vivre sa vie ailleurs, loin de moi, *sans moi*. La pensée en était vertigineuse.

Le pire, c'est que je savais qu'un mot, un

seul mot prononcé, « on arrête tout, tu restes, tu vas à la fac ici », et le cours ordinaire des choses se rétablirait instantanément. Mais cette phrase je ne pouvais pas la prononcer. Aussi grand que fût mon souhait de faire machine arrière, aussi fort que fût son désir de rester à nos côtés, il était important, essentiel même, de poursuivre dans la voie empruntée : celle du départ.

Londres ne se situait pourtant pas à l'autre bout du monde depuis que l'Eurostar roulait dans un tunnel reliant l'Angleterre au continent comme si elle avait cessé d'être une île. À peine plus de deux heures jusqu'à la nouvelle gare de Saint-Pancras. Un saut de puce. Les technologies nouvelles viendraient à notre secours, remplaceraient le cordon ombilical : téléphone portable, texto, ordinateur, courriel ou Skype (le téléphone gratuit par réseau), le *chat* ou clavardage qui permettait de s'envoyer de petites icônes dansantes, de gros cœurs rouges qui se gonflent d'émotions, des cœurs qui se brisent, des visages souriants, fâchés, émus, sérieux… des mains qui se serrent, des verres qui trinquent, des soleils radieux, des larmes à distance.

Et un tout dernier sourire, flottant quelque temps dans les airs, suspendu, immatériel, insolite, comme le sourire du Chat du Cheshire dont Alice disait : « J'ai déjà vu un chat sans sourire, mais un sourire sans chat ! C'est bien la chose la plus curieuse qu'il m'ait jamais été donné d'observer ! »

Les enfants ne sont pas toujours pressés de quitter l'enfance, les grandes personnes en gardent souvent une inaltérable nostalgie.

Il était une fois…

La littérature permet d'échapper à la vie – celle qu'on croit, à tort, la vraie – pour en inventer une autre, bien plus exaltante. Il suffit de s'engouffrer dans les pages d'un livre comme Alice dans le terrier du Lapin Blanc pour que s'ouvre un monde inconnu où les situations et les émotions les plus inattendues, les plus bouleversantes, toute la palette des passions, défilent et s'expérimentent : peur, étonnement, excitation, tristesse, déception, joie, rage, révolte, détresse, incompréhension, non-sens, doute, nostalgie, fierté…

De la littérature, on ne sort jamais indemne. On y parcourt la planète sans son ombre, on hume la cuisine de la sorcière, on trébuche sur le pavé inégal d'une cour de Paris en pensant à Saint-Marc, on traverse les plaines de Russie ou les rizières de Chine, avec des mousquetaires, des princes, des mendiants et des aventurières, on y combat des moulins ou quelque baleine blanche, on s'enfonce dans la jungle, le vieux Londres, on survit sur des îles oubliées, on répète maladroitement une phrase au conditionnel : « Je préférerais pas. »

L'art nous transforme. On se surprend à n'être plus tout à fait pareil en lisant, page après page, ces histoires qui deviennent notre intimité extrême, épousant les plis de nos pensées.

Certains voyages nous emmènent au-delà de nous-mêmes. C'est à ce rite de passage que nous voulions convier notre fille. Je savais au creux de mes entrailles que cette épreuve serait double ; si elle devait permettre à Sophie de passer le gué, d'enjamber la frontière qui sépare l'enfance du début de la réalisation de soi, elle ne m'affecterait pas moins. Bien sûr, cet apprentissage ne pouvait résonner de la même manière pour la mère et pour la fille. Après dix-huit années, et des poussières, vécues à l'abri d'une famille aimante, soutenue, encouragée, couvée, protégée, guidée à chaque instant – empêchée par là même de se révéler à soi –, notre fille allait pouvoir explorer ses ressources comme ses failles, surmonter celles-ci seule, enfin seule. C'est une grande chance, et une inévitable nécessité, de vérifier non seulement qu'on apprend de ses erreurs, mais aussi et surtout qu'on apprend de ses succès.

Que nous réservait le destin ? Allions-nous l'une et l'autre, comme Alice, tomber, tomber, tomber, dans un puits sans fin ? À quelles aventures, à quelles mésaventures, mènerait-il ? Sans anticiper les rebondissements, nous sentions que notre identité vacillerait : minuscule et gigantesque, pas plus haute qu'un ver de terre ou perdant la vue de nos propres pieds ! D'abord hésitante, timide, puis, petit à petit, hardie et joyeuse. À la fragilité succéderait la joie d'avoir affronté la séparation redoutée : liberté et fêlure, l'une et l'autre, assumées.

Il n'y a pas d'âge pour grandir.

Alice, la petite héroïne d'Oxford, serait notre guide, notre miroir. Nos questions étaient les siennes : suis-je celle que je crois être ? qui étais-je ? qui serai-je ? Suis-je la même malgré les transformations ? Qui est « je » ? Y a-t-il en moi quelque chose de permanent, d'inaltérable, quelles que soient les situations, les rencontres, les métamorphoses qui s'opèrent à mon insu à une rapidité si surprenante ? Suis-je encore moi-même après de tels bouleversements ? Serais-je capable de tenir tête à la Reine de Cœur qui menace : « Qu'on lui tranche la tête ! Qu'on lui tranche la tête ! » ?

Toute séparation est une forme de deuil. Se séparer, c'est toujours perdre quelque chose, quelqu'un ; mais perdre, c'est aussi gagner : gagner une vitalité, une liberté, une identité neuves. Dans tous les rites d'initiation, la perte symbolise la renaissance. Mourir pour naître à une nouvelle vie. La séparation peut être une chance, pas seulement un départ, mais un *nouveau départ*.

Ne sommes-nous pas semblables à des bulles de savon irisées voletant dans les airs, éphémères, miraculeuses, si fugaces et pourtant incroyablement tenaces ? Émouvantes et précieuses parce qu'elles peuvent à chaque instant éclater, s'évanouir, disparaître. Chacun, chacune, vacille, ploie, toujours proche du déséquilibre, cherchant à maintenir, envers et contre tout – contre soi-même surtout – la danse fragile de l'existence.

*

Comment Sophie allait-elle prendre son envol ? Je n'arrivais pas à l'imaginer. Voilà sans doute l'expérience la plus déroutante pour une mère ou un père : son enfant lui demeure largement inconnu. Cette réalité éveille une forme d'impuissance, de trouble, presque d'étourdissement.

Alors que Jonathan, son grand frère, avait quitté la maison depuis de nombreux mois, son père lui demanda un jour s'il savait comment émincer des oignons, rôtir des courgettes. Il le regarda, éberlué, incrédule, prit le parti d'en rire. « Mais, mon petit papa chéri, penses-tu que je jeûne depuis que tu ne me fais plus à manger ? »

Sa petite sœur savait-elle cuisiner, soigner les petits bobos de tous les jours, s'organiser ? Se faire de nouveaux amis dans un lieu inconnu ? Mille questions m'assaillaient qui dépassaient l'art de se nourrir, de coudre un ourlet ou d'autres savoir-faire de première nécessité. Sophie connaissait-elle les règles du jeu de la vie en société ? Était-elle assez vigilante, assez intuitive, pour faire face à l'imprévu ? Était-elle capable de « naviguer à vue » comme un marin qui sent quand la tempête menace sous le ciel le plus bleu, comme une pâtissière qui a le tour de main pour alléger la pâte ? Allait-elle trouver le « sésame ouvre-toi » de la caverne d'Ali Baba ? Franchir la porte close du Château de Kafka ? Ou rester hors de l'enceinte, en exil ? Prendra-t-elle assez bien soin d'elle-même ? Aussi bien que je le ferais si je veillais encore sur elle ?

Je ne pouvais me substituer à elle. Il me fallait accepter cette non-maîtrise. Que faire quand on ne peut rien faire ?

Je me souvins d'une chanson que chantait ma mère. Il y était question d'un enfant qui s'éloignait de son village natal pour rejoindre le vaste monde, l'au-delà de la clôture du jardin. Là-bas, dans l'extrêmement lointain, l'inconnu, là où le familier a disparu, là où l'on ne peut plus compter que sur soi-même. À l'écoute des paroles me prenaient des frissons d'excitation et d'effroi. Quand partirai-je à mon tour ? Quand viendra mon heure ? Aurai-je le cran, l'audace, l'indépendance de partir un jour dans ce vaste monde, tout à la fois désirable et redouté ? Je me voyais toute petite, comme Tom Pouce, le Petit Poucet ou Hansel et Gretel, traversant la forêt menaçante, cherchant, grâce à des miettes de pain, de petits cailloux blancs, à faire obstacle à l'adversité, à l'abandon des parents, à la méchanceté des ogres et des sorcières. Je m'interrogeais : aurai-je la présence d'esprit, l'ingénieuse ruse de Gretel qui encouragea son frère à tendre à la sorcière non pas son petit doigt dodu mais un maigre bâton de bois pour la tromper et l'empêcher de les dévorer ?

Je me demandais aussi pourquoi la mère du Petit Chaperon rouge l'envoyait dans les bois alors qu'elle devait bien se douter que le grand méchant loup l'y attendait.

À demi-mots

"I do", Alice hastily replied; "at least – at least I mean what I say – that's the same thing, you know."

« Je dis ce que je pense, s'empressa de répondre Alice ; ou du moins… du moins je pense ce que je dis… et c'est la même chose n'est-ce pas. »

Par quel rite d'initiation quitter les rivages de l'enfance pour rejoindre l'âge adulte, passer du foyer familial à sa propre maison ? Quels chemins – quels féconds détours – emprunter pour trouver l'issue toujours incertaine des labyrinthes de la vie ?

Une tradition orale du *Petit Chaperon rouge*, abandonnée par Perrault et Grimm, met en scène l'alternative du carrefour, la croisée des destins, en ces termes aujourd'hui mystérieux :

« Quel chemin prends-tu ? demande le loup, celui des aiguilles ou celui des épingles ?
– Celui des aiguilles, dit la petite fille.
– Eh bien ! moi, je prends celui des épingles. »

Quel est ce dilemme ? Les aiguilles comme les épingles, objets féminins familiers, piquent et font saigner, indiquant les unes comme les autres l'accession de la fillette à la jeune fille. Les deux chemins mènent à la même issue : devenir une femme. Mais le côté des aiguilles évoque les travaux domestiques alors que le côté des épingles symbolise la séduction des filles à marier : l'épingle attache (les garçons) mais en protège aussi lorsqu'ils deviennent trop entreprenants. C'est en leur offrant une douzaine d'épingles que les jeunes villageois d'autrefois faisaient la cour à leurs promises alors que celles-ci se liaient à leurs amoureux en lançant des épingles dans une fontaine.

Et si la mère du Petit Chaperon rouge savait que vient un jour où les petites filles devenues grandes doivent se promener dans les bois pour courir le guilledou, flirter avec les loups ?

Jadis, les fillettes avaient pour unique espérance de devenir mères puis mères-grand, puisant leur seul pouvoir social dans leur capacité d'engendrer. Aujourd'hui, que souhaiter à nos filles en jeans et baskets qui manient avec plus d'aisance la Toile et les ordinateurs que les travaux de couture ? De la féminité, mais aussi de l'indépendance. Connaître l'amour, mais d'abord s'aimer soi-même. Conquérir un morceau du monde, y faire entendre sa voix.

Avais-je raison d'envoyer ma fille sur les routes d'Angleterre à la recherche d'elle-même ? Est-ce que je lui faisais violence ou était-ce l'inévitable voie à suivre ? Tout rite de passage suppose des épreuves à surmonter, des péripéties, des menaces. Nul n'y échappe. Une mère se sent-elle toujours impuissante – cruelle – en voyant son enfant s'éloigner vers la forêt sachant qu'elle ne pourra pas le protéger de tous les dangers qui l'attendent ?

Des dangers et des plaisirs. Jalouse peut-être de voir sa fille devenir une rivale, musardant sur la carte du Tendre, parcourant les dédales de la géographie amoureuse. Une mère se sent-elle encore séduisante alors que sa fille accroche tous les regards ?

*

Fragile bébé au creux de ses bras, la jeune accouchée veillait son enfant, prête à répondre à ses besoins, à l'apaiser, le soigner, le protéger, l'entourer d'amour, l'éveiller au monde. En écoutant ses cris, ses babils ou ses pleurs, elle supposait qu'il avait faim, froid, qu'il était fatigué, faisait ses dents… En réponse, le tout-petit – sans paroles mais non sans langage – essayait d'interagir avec sa mère à l'aide d'un répertoire toujours plus large d'expressions gestuelles. L'attachement naît avant les mots, en marge des mots, dans la musique des mots. Le son précède le sens.

Le nourrisson babille, la mère chante. La voix enveloppe la première rencontre humaine : *miroir sonore* à l'origine du premier sentiment d'identité.

Petit à petit, jour après jour, le bébé joue avec les émissions de sa voix, s'émerveille de la volupté des sons, explore les combinaisons, les mélodies, les rythmes, les hauteurs, les timbres, l'éventail des voyelles et des consonnes, leur « goût » sur la langue, dans la gorge, sur la pulpe des lèvres. À ces jeux sonores, la mère répond en offrant petit à petit du sens à travers sa parole chantante. Elle donne un nom à chaque chose, offre les mots avec les choses. Les mots deviennent des choses ; les choses se mettent à exister hors de leur présence. L'absence surgit, la menace de la perte.

L'enfant entre dans la langue maternelle. Insensiblement les affects bruts se métamorphosent en émotions nommées, articulées. La mère fait passer le pont symbolique. Après son lait, elle offre sa langue. Elle transforme petit à petit le premier monde sonore aux frontières floues en un univers de langage. Elle berce son petit de la chaleur de sa peau, de la tiédeur odorante de son lait, de son regard-miroir, elle le nourrit des inflexions particulières de sa voix. Premiers accords et inévitables désaccords. Harmonie et contretemps. Bonheurs de l'unisson et fatales fausses notes.

Pas de deux : duo / duel.

L'harmonie n'est pas toujours au rendez-vous. Un hiatus se creuse entre les partenaires, la déception naît. La mère se sent mauvaise, inadéquate, elle en veut à son enfant de ne pas répondre à ses attentes, de ne pas la combler, d'être trop différent du bébé imaginaire qu'elle portait en elle durant sa grossesse – souvent depuis plus longtemps encore, dès l'époque où elle jouait à la poupée, dans ses vieux rêves de plaire, non seulement à son père, mais, d'une façon plus archaïque, d'essayer de combler sa mère, son premier grand amour. Le bébé se sent frustré, rejeté, incompris, humilié. Il cède une part de soi pour maintenir le lien avec l'adulte dont sa survie dépend. Il s'adapte, se coupant d'une part vivante de lui-même.

Parfois aussi, après les premiers tâtonnements, les déséquilibres, quelque chose s'invente, les partenaires trouvent de nouvelles formes d'échanges, de complicités, d'accords. À quel prix ? À quel renoncement ?

Archaïque spirale émotionnelle inscrite, tapie en nous, dans cette part qui demeurera pour toujours largement mystérieuse, obscure, presque inaccessible. Notre énigme la plus secrète, enfouie en deçà des mots.

Toute une vie pour essayer de la résoudre. Pour devenir l'auteur, non pas de ses jours, mais de son propre récit. Raconter l'histoire à sa manière. Prendre du recul ; entre actions et réactions, dessiner son propre chemin. Tenter d'être soi. Toute une vie pour devenir qui on est.

*

Sans consolation. Chacun demeure l'orphelin de ce monde des sensations qui précédent l'accès au langage. Seuls les poètes, les artistes, rejoignent le rêve de plénitude que les mots nous refusent. Ils s'approchent de ce lieu précaire, évanescent, précoce, puissant, où le son et le sens se réconcilient. Retour à l'immédiateté absolue des choses, à la sensorialité du monde. Quelquefois pourtant, emportés par une musique, une voix, un trouble naît, on replonge dans ce monde archaïque ; tel un derviche tourneur, le temps aboli, on s'enivre jusqu'à l'absence, jusqu'à la fusion, jusqu'à la dissolution.

Bain sonore hors du sens. Voix de l'amour absolu.

Cueillir la rosée du matin,
avant qu'elle ne s'évapore.

« Parle ! Réponds ! », exige l'adulte. L'enfant se plie à cette injonction, y trouve du plaisir, parfois même de la jubilation. Le cercle des proches applaudit les performances linguistiques, rit des premiers trébuchements de la langue, s'émerveille des « mots d'enfant ». C'est l'âge des devinettes, des comptines, qui délient la langue : *petit pot de beurre, quand te dépetitpotdebeurreras-tu ? Je me dépetitpotdebeurrerai quand tous les petits pots de beurre se dépetitpotdebeurreront !*

Le pas est franchi, à sens unique, plus moyen de faire marche arrière. L'*infans* parle désormais.

Avec les années, les interactions de la conversation s'enrichissent, se modulent, se nuancent. On cherche à préciser ses pensées, ses sensations, ses besoins. Certains désirs sont simples à formuler : « J'ai faim, je voudrais manger. » Mais d'autres attentes plus subtiles, plus complexes, appellent des mots qui souvent manquent. Le monde des sentiments, des émotions – comme celui des idées abstraites – exige des mots nuancés. Mais les connaît-on ? Certains malentendus viennent de la difficulté à trouver un verbe, un nom, un adjectif. On tâtonne, on hésite, on cherche un synonyme. Comment trouver les mots qui touchent, résonnent, enveloppent ? qui épousent la pensée *et* l'émotion ?

Un adverbe mal choisi peut tout compromettre. Alors, comment se parler entre parents et enfants sans s'égarer dans les contresens, les demi-vérités, les approximations blessantes, les susceptibilités ? Est-ce que je comprends mon enfant ? Me suis-je assez bien exprimée ? La langue n'est-elle pas – parfois ? souvent ? – un fossé plutôt qu'un pont ?

En deçà ou au-delà de la langue, l'autre demeure un autre. *Mon enfant est un autre, une autre.* Aussi intimes, aussi proches soient-ils, nos enfants nous échappent. Ma fille, mon fils, sont différents de moi. Ils ne sont pas moi, je ne suis pas eux. Altérité radicale. L'idée en est blessante, troublante, à jamais insupportable, et pourtant il faut s'y résoudre. Un jour, un jour peut-être, y parviendra-t-on.

Comment cet être dont j'avais jadis deviné – ou cru deviner – chaque émotion, chaque nécessité, se dérobe-t-il soudain à mes perceptions, à mon contrôle, à mes attentes ? Cet être malléable – ou était-ce déjà un mensonge de le croire ? – est presque devenu un inconnu, une grande bringue au comportement déroutant. Comment y faire face ? L'habitude en vient-elle avec le temps ou est-ce que demeure inévitablement une coupure, une étrangeté impossible à combler, une illusion de fusion maintenue contre vents et marées, à tort ?

En envoyant ma fille au loin, n'aurais-je pas aimé l'accompagner, me glisser subrepticement en elle comme un fantôme, un gentil fantôme, pour lui donner de temps en temps un petit coup de main, veiller sur elle ? Je me serais logée dans un petit coin de son corps, comme un passager clandestin caché sous les cordages d'un navire. J'aurais su de l'intérieur ce qu'elle vivait, ce qu'elle éprouvait. Je n'aurais pas dû, tant bien que mal – et surtout mal – l'imaginer. Utopie. Jamais je ne pourrai réellement, pleinement, me mettre « à sa place ». La sympathie, l'empathie, l'amitié, l'amour, tissent des liens, seulement des liens, de fils impalpables. Chacun est assigné à un seul corps, prisonnier de sa perception du monde, seul à savoir ce que c'est d'*être soi*.

À l'inverse : qui suis-je aux yeux de mes enfants ? Seulement un parent ? Rien qu'un parent ? Peuvent-ils, pourront-ils, un jour, me percevoir comme une personne sensible, avec son histoire, ses déchirures, ses travers, et m'accepter tel quel, telle quelle ? À quel âge un enfant cesse-t-il de voir ceux qui l'ont élevé avec les yeux inconditionnels du tout-petit puis le regard critique de l'adolescent ? Sommes-nous inévitablement des inconnus pour nos enfants ? Chaque génération piégée par son point de vue s'aveugle.

Lorsqu'il avait quatorze ans, Jonathan s'était un jour adressé à moi, vibrant de colère à l'égard de son père, en déclarant : « Je me demande comment tu peux vivre avec lui ! »

« Pour toi, c'est un père ; pour moi, un compagnon. Tu es son fils, je suis sa compagne. Ce n'est pas la même place, cela change notre regard. » Nous étions l'un et l'autre pris dans d'autres liens, à une autre place.

Double aventure : la filiation, l'alliance.

Pourrons-nous un jour, un jour peut-être, poser sur nos enfants adorés – qui nous énervent autant que nous les agaçons – un regard d'amitié ? Suspendre, à certaines heures, cet inexorable lien familial, fruit du hasard et non de profondes affinités électives ?

Si nous faisions l'incroyable pari d'aimer nos enfants, non pas parce qu'ils sont nos enfants, mais parce qu'ils sont des êtres uniques, singuliers, étranges et merveilleux, que nous choisissons d'adopter ?

Mère kangourou-sans-kangourou-dans-la-poche

"What a curious feeling!" said Alice. "I must be shutting up like a telescope!"

« Quelle curieuse sensation ! se dit Alice. On dirait que je rentre en moi-même comme un télescope. »

Le compte à rebours se mit en marche. L'été était arrivé ; un peu moins de deux mois restaient à vivre ensemble. La séparation paraissait encore bien irréelle.

Lorsqu'elle était petite, j'attendais de ma fille qu'elle utilise les formules de politesse consacrées : « s'il te plaît maman », « merci maman ». Avec un humour malicieux, elle avait détourné mon exigence, imaginé d'autres répliques :

« oui, ma petite maman chérie, ma-fleur-de-lys-fraîchement-coupée ! ». Les traits d'esprit dans la bouche d'un enfant émerveillent. L'atmosphère s'allège. Chacun reprend la bonne distance. Alors qu'elle n'était pas plus haute que trois pommes, elle déclarait à qui voulait l'entendre : « Je m'appelle Sophie Woody Cara. » Ces surnoms lui appartenaient, elle seule pouvait en faire usage ; devenue plus âgée, elle les renia ; puis s'en souvint avec étonnement. Certains petits noms de l'intimité traversent le temps, nous plongent dans la complicité de jadis. Comme un air de musique, un parfum, qui transporte vingt ans en arrière en une fraction de seconde. Ma fille et moi allions maintenir notre lien dans l'éloignement grâce à notre trésor commun de petits mots doux, de ces quelques syllabes qui éveillent aussitôt prononcées – ou même tapées sur le clavier d'un mobile – la plus tendre affection. *Sophienetta*, *Sophinouch*,

Babouani, *Bouboutchic*. Si elle m'envoyait un texto en signant « ta petite sardine grillée de Belle-Île », je lui répondrais : « ton bar au sel de Guérande » : le lien serait intact.

Au cours de l'été, je m'exerçai à anticiper son futur départ. J'aurais aimé être sereine, mais s'insinuaient avec de plus en plus d'intensité la peur, le doute, la tristesse. Combien de fois, tout au long de l'enfance de Sophie et de son grand frère Jonathan, n'avais-je pas prononcé des phrases d'encouragement :

« Ne t'inquiète pas, ça va aller, tu vas réussir, ce sont les premiers pas qui coûtent ; après, tu verras, ça ira, aie confiance en toi, imagine que tu es le joueur de tennis qui monte sur le terrain avec la certitude de gagner. Ne t'en fais pas, c'est normal d'avoir des craintes avant de vivre une nouvelle expérience ; tout le monde passe par là. Il faut se lancer ; c'est comme la fraîcheur de l'Atlantique, il est difficile d'y pénétrer mais une fois plongé dans la mer, elle devient délicieuse, on ne veut plus en sortir ! Crois-moi. Il faut arriver à se vaincre, c'est ce qu'il y a de plus important dans la vie, apprendre à se dépasser, comme dit ton papa. Fonce, tu en es capable ! Et si tu ne réussis pas, ce n'est pas grave. Essaye ! Tu en es capable ! Vas-y. Et n'oublie pas, on a le droit d'échouer. »

À présent ces phrases-là, il fallait que je me les adresse à moi-même avec une assurance identique, une même conviction. J'en étais loin. Sournoisement revenaient la peur au ventre, les larmes acides, les nuits sans sommeil où j'attendais l'aube en lisant les intrigues de Mankell, d'Agatha Christie ou du Juge Ti, allant pleurer sous la lune comme dans un mauvais roman à quatre sous.

Cette épreuve était pourtant emplie d'espoirs, de projets, de libertés. Je m'en voulais d'osciller entre résolution et découragement. À quelle part céder ? À la passion malheureuse, au sentiment d'impuissance, ou au désir de rebondir, de rechercher un nouvel équilibre ?

Pour la première fois après douze années de rentrée scolaire, il n'y aurait plus, après l'été, de cahiers à acheter, de livres à recouvrir, d'étiquettes à coller, plus de devoirs à surveiller, de leçons à faire répéter. Les dissertations françaises (le fanatisme chez Voltaire, l'ennui chez Pascal), les formules de mathématiques (les logarithmes, les fonctions, les dérivées, la géométrie dans l'espace et le mouvement rectiligne uniforme, à moins que ce dernier ne soit de la physique), les recherches sur la guerre froide, les naines blanches (ce sont des étoiles, je ne le savais pas), ou la politique des quotas des pays producteurs de café, sans oublier les barrages d'Anatolie ou l'indice Gini de développement : c'était FINI.

Pourtant j'avais adoré m'asseoir à côté de Sophie, refaire en sa compagnie l'école et le lycée. Bien sûr, plus d'un soir, aux alentours de minuit, à la veille du bac, j'aurais préféré regarder un film ou me mettre sous les plumes avec un bon livre plutôt que de lutter contre le sommeil pour tenir compagnie à ma lycéenne s'échinant désespérément sur les subtilités de l'histoire de l'art depuis les *kouroi* archaïques jusqu'à l'*action painting*.

Jadis, écolière, la grille réservée à l'horaire dans le journal de classe m'avait toujours rassurée comme s'il était bon de savoir son temps contenu, maîtrisé, rythmé. L'envie me venait de bâtir à nouveau un horaire, d'établir des listes de choses à faire, d'imaginer un autre emploi du temps, d'encadrer les heures et les jours à venir.

Allais-je pouvoir vivre le départ de ma fille comme une chance, l'occasion de passer à une nouvelle étape de la vie, pleine de promesses et non de manque, d'absence, de vide ?

Jouir de la liberté offerte, ne pas s'en affoler.

Que faire de son temps ? Les uns remplissent des sudokus ou des mots croisés dès le petit déjeuner, les autres se refont avec acharnement une silhouette dans les salles de sport, s'initient à la danse orientale ou au point de croix. Certains préfèrent se promener sur Internet, avaler des séries américaines ou s'endormir en regardant des matchs de tennis. Il y a les amateurs de yoga ou de tai-chi, ceux qui rêvent de faire le tour du monde en voilier, se prennent de passion pour le chant choral, la photographie, ou les installations d'art contemporain. Les passionnés lisent pour la troisième fois *À la recherche du temps perdu* ou se font du cinéma sur l'écran de leurs nuits blanches : *Breakfast at Tiffany*, *L'Énigme du Chicago express*, *Bagdad Café*, *Gilda*, *Le Lauréat*, *Le Festin de Babette*, tous les Hitchcock, *Mort à Venise*, les trois *Parrain* ou la version longue de *Scènes de la vie conjugale*.

Ma vie allait continuer. Comme avant, non,

comme après. J'allais devenir une mère-kangourou-sans-kangourou-dans-la-poche. Je repoussais à plus tard cette perspective, j'essayais de me concentrer sur le seul présent.

Les états d'âme d'un être humain sont à l'image de ces grands ciels de Bretagne qui se métamorphosent en permanence : d'immenses nuages traversent l'azur ; sans prévenir le vent se lève et souffle avec violence, puis sans qu'on sache ni pourquoi ni comment, l'horizon se dégage, le soleil s'embrase juste avant l'heure où le ciel bascule dans la nuit.

Je regardais ma fille en essayant de me représenter son absence, mais l'évidence, la familiarité si rassurantes faisaient écran. L'épreuve était devant moi, elle m'attendait. L'angoisse de l'anticipation appartenait à l'expérience. Je pressentais qu'au moment de l'action mon énergie se rassemblerait. Mais dans l'attente, hors de l'enceinte du « combat », la nervosité, le trac, l'appréhension se levaient. La nuit, des figures monstrueuses naissaient à la faveur de l'obscurité, du silence. Un sentiment d'impuissance me gagnait, l'impression d'être prisonnière d'une pièce sans issue. Quand enfin l'aube apparaissait, la raison se réveillait, le bon sens s'imposait. Mais quelques heures ou quelques jours plus tard, de nouveau, un vilain ciel d'orage griffait la beauté transparente de l'été. La mélancolie s'enchaînait au doute. Toute séparation devenait synonyme de perte irréparable.

Très jeune, j'avais eu l'intuition obscure, profonde, informulée, précieuse, que la vie qui s'esquissait devant moi n'aurait de sens que si j'y trouvais une forme de dépassement. Je ne voulais pas d'une simple vie à vivre, mais d'une vie à inventer.

Une vie comme une œuvre à bâtir, comme un jardin à créer : au fil du temps, en se trompant, en rectifiant, sans peur des détours, des hasards, des belles erreurs. Accueillir, oser renoncer, prendre des risques.

Art infiniment complexe, délicat, jamais maîtrisé : chercher l'équilibre des proportions, du vertical et de l'horizontal, du souple et du structuré, des dégradés de verts, de la forme et de la texture des feuilles, des couleurs, du proche et du lointain. Déplacer. Attendre. Guetter la vie qui pousse, qui meurt, qui renaît.

Il est un temps pour jardiner, un temps pour contempler : le balancement du vent dans les bambous, les premières feuilles de la glycine, la montée des clématites, écouter le son d'un filet d'eau, le chant d'un oiseau, se recueillir devant l'éphémère beauté d'une pivoine, la patience d'une araignée. Au fond du jardin, un deuxième jardin, caché, à l'abri des regards, comme une île de verdure où s'asseoir pour arrêter le temps, rêver, respirer.

Se relever pour enlever une mauvaise herbe, une feuille fanée, rectifier la taille d'une plante, la place d'un pot, imaginer d'autres mélanges, préparer la prochaine saison. S'en réjouir, s'en impatienter.

Un jardin n'est jamais achevé. Comme la vie. Toujours entre équilibre et déséquilibre.

Pourquoi édulcorer la réalité ? Pourquoi gommer les aspérités ? L'existence ne fait pas de cadeaux – ou seulement ceux que l'on se fait à soi-même, les hasards, les rencontres que l'on est capable de saisir, de recevoir, de provoquer.

Les rêves d'harmonie, de compassion sont des rêves d'adultes blessés. N'est-ce pas le rôle des parents de désillusionner petit à petit l'enfant, de lui présenter des difficultés qu'il est capable de surmonter, de l'aider à gravir les bosses et fosses du chemin ? Ce n'est ni simple, ni agréable – mais utile et réaliste – d'expliquer à son enfant que la difficulté appartient au chemin. Ce n'est pas seulement le chemin qui est difficile, c'est le difficile qui est le chemin.

L'expérience à venir serait double. L'une de nous partirait, l'autre resterait, mais toutes les deux nous allions devoir faire face à la séparation. Pour l'heure, Sophie ne semblait pas se préoccuper de sa prochaine année anglaise. Elle plongeait dans l'eau froide de la mer avec l'aisance d'un poisson. Elle était dans son élément. Demain serait demain.

Au fil des années, je lui avais consacré tant d'heures que j'avais perdu l'habitude d'avoir du temps pour moi. Les derniers mois, je ne m'appartenais plus ; j'étais constamment disponible, toujours prête à réviser avec elle, des mathématiques, de la philo ou même de la génétique. Je rechignais bien devant certaines matières, puis je me résignais, tentais d'y trouver de l'intérêt et me plongeais avec elle – pour elle – dans les lois de Mendel avec ses petits pois et ses fleurs panachées ou le calcul des probabilités (quelle est la différence entre permutation, combinaison et arrangement ?).

J'imaginais ces heures désormais vacantes comme un plongeon dans le vide.

De manière dérisoire, je jetai sur le papier une liste de choses à faire. Pourquoi ne pas reprendre l'étude du piano ? étudier le russe ? nager régulièrement ? Je me promis de tenir à jour mon blog, de ranger ma bibliothèque par ordre alphabétique, d'essayer de nouvelles recettes de cuisine, de changer de coiffure, de style. Pourquoi ne pas nouer de nouvelles amitiés, de nouvelles amours, voyager.

J'écrivis ces quelques mots à valeur magique sur un Post-it bleu que je rangeai dans mon agenda à la date fatidique. C'était non seulement un pense-bête mais une sorte de formule kabbalistique pour conjurer le mauvais sort, m'attirer la bienveillance des anges gardiens des mères-en-détresse-à-l'annonce-du-départ-de-leurs-enfants-chéris.

Je guettais l'année à venir comme une casserole de lait sur le point de déborder. Le sommeil, la digestion, la peau, la vue, tout devenait sujet d'inquiétude. J'écoutais mon corps, persuadée qu'il lâcherait d'un côté ou d'un autre. J'étais incapable du moindre laisser-aller. Zen, je ne l'étais plus.

Une nuit je rêvai que j'avais quatre filles dont j'avais oublié les noms et les dates de naissance... Une autre nuit, je vis en songe deux pièces côte à côte; dans la première se trouvaient réunis les membres, nombreux, de ma belle-famille, dans la seconde, ceux de ma propre famille; dans cette pièce-là, il n'y avait plus personne: seul y trônait, mon chat, Shéhérazade.

Sept mille cent dix-sept jours

She ate a little bit, and said anxiously to herself, "Which way? Which way?" holding her hand on the top of her head to feel which way it was growing.

« Elle mangea un petit morceau et se demanda avec inquiétude : "Dans quel sens ? Dans quel sens ? » tout en tenant sa main sur la tête pour sentir si elle grandissait ou rapetissait. »

Sans nous y attendre le moins du monde, alors que nous pensions être conviés à prendre un verre pour faire connaissance, Margaret Smith tendit soudain la main pour nous signifier notre congé. Éberlués par la rapidité de la rencontre – l'absence d'adieux –, nous avons embrassé, presque mécaniquement, Sophie, sous le regard de sa famille d'accueil.

Tels deux marionnettes, deux automates sans volonté propre, nous sommes sortis. Nous ne nous appartenions plus, flottants comme dans un rêve absurde. Mrs. Smith referma la porte derrière nous. Nous étions dehors, notre fille dedans.

Sur le trottoir d'en face, son père et moi regardions, incrédules, déstabilisés, la petite maison en briques sur laquelle grimpaient des rosiers. À l'arrière, on devinait la cour d'une entreprise de déménagement où stationnaient de grands camions peints en rouge et vert.

La Séparation venait d'avoir lieu.

Ma montre indiquait dix-huit heures cinquante. Le temps de déposer Sophie et ses valises, de découvrir sa chambre, d'échanger quelques mots avec ses hôtes, la visite avait duré vingt minutes.

Vingt minutes.

« Je suis triste », dit Georges.

Il avait parlé le premier, dit ce qu'il y avait à dire. Pour lui, pour moi. Un seul mot.

Après un moment de silence, il se mit à raconter comment il avait quitté ses parents. La force que cela lui avait apportée. Pour lui, la séparation ouvrait l'horizon. Il était fondamentalement confiant.

Dans mon histoire, au contraire, la séparation avait un goût d'abandon. Entre ma mère et moi, il y avait toujours eu la maladie, l'hôpital, la douleur. J'avais essayé d'être « grande », d'être « sage », de fuir le chagrin dans la lecture, les rêveries, de m'inventer un ailleurs. Demeurait une blessure, une béance. Depuis je cherchais les mots qui feraient suture.

C'est une grande chance d'avoir deux parents, d'être né(e) d'une double généalogie. D'une génération à l'autre, entre répétitions et ruptures, d'autres motifs peuvent se dessiner, de nouvelles combinaisons surgir. Les cartes se redistribuent. Tout n'est pas joué. Une part d'impertinence appartient à chacun, à chacune. Un peu de lest. Un autre regard sur les choses. Transformer le mythe familial. Ajouter son grain de sel. Prendre de la distance. Déplacer l'angle de vue.

Regagnant le centre de la ville, ce dimanche soir, je tenais serré entre les doigts le ticket du bus que nous venions d'emprunter. Banal, anodin, anonyme. Sur ce tout petit bout de carton, à l'encre bleue, on pouvait lire le nom de l'arrêt de départ, la destination, le jour et l'heure du voyage : *Headington Shops to Oxford City Centre : 9 sep 07 19 : 20.*

Sans jamais les compter, près de dix-neuf années de vie avec ma fille venaient de s'écouler : deux cent trente-quatre mois, sept mille cent dix-sept jours, cent soixante-dix-huit mille huit cent huit heures, dix millions deux cent quarante-huit mille quatre cent quatre-vingts secondes.

Maman de près, maman de loin

"Who are you*?" said the Caterpillar.*
[...] "I – I hardly know, Sir, just at present – at least I know who I was *when I got up this morning, but I think I must have been changed several times since then."*

« *Vous*, qui êtes-vous ? demanda le Ver à soie.
[...] – Je... je n'en sais trop rien pour le moment, monsieur... du moins je sais qui j'*étais* quand je me suis levée ce matin, mais j'ai dû, je crois, me transformer plusieurs fois depuis lors. »

L'inconscient nous joue sans cesse des tours, il se dissimule ou se démasque ; multiplie les parties de cache-cache. Ses déguisements parsèment les nuits de rêves énigmatiques, les jours de choix absurdes. Sous ses ruses émerge la créativité la plus vive mais sombre aussi le corps.

Parfois, l'inconscient se révèle transparent, farceur. Alors que je souhaitais écrire la phrase : « comment je me suis séparée de ma fille », un lapsus conduisit mes doigts à taper sur le clavier : « comment je me suis séparée de ma vie ». À mon insu, la vérité dénudée me chuchotait à l'oreille : que devient ta vie lorsque ta fille s'en va ?

Largués par nos parents qui disparaissent et par nos enfants qui quittent la maison, c'est le plus souvent au même moment de la vie que nous sommes confrontés à ces séparations : nos parents meurent, nos enfants grandissent. Coincés entre deux générations, ceux à qui nous devons l'existence, ceux à qui nous l'avons donnée, qui sommes-nous désormais ? Les repères vacillent, les rôles changent. Comment faire de cette double perte une métamorphose intérieure ?

Longtemps j'ai été la « fille » de mes parents, puis je suis devenue une « maman ». Cette double expérience, je l'ai vécue avec ses tensions, ses lassitudes, ses émerveillements. Mais qui suis-je désormais ? Quel est mon nom ?

Fille, j'ai fini de l'être. Mais cesse-t-on jamais d'être l'enfant de ses parents ? Notre enfance s'inscrit dans nos souvenirs, nos rêves, nos choix, nos silences ; elle survit en coulisses. Ne devenons-nous des adultes que lorsqu'il n'y a plus d'ancêtres pour nous précéder, nous protéger ? Suis-je encore maman alors que mes enfants ne sont plus des enfants, ou du moins de petits enfants ? La langue manque de mots pour désigner toutes les nuances de notre identité.

Comment me situer aujourd'hui dans ma généalogie ? Ne faudrait-il pas un mot particulier pour nommer les parents dont les enfants ont quitté la maison ? Suis-je une « maman de loin » ? Une maman à qui l'on pense, à qui l'on téléphone pour un conseil, une recette, de l'argent, un encouragement, dont on a parfois la nostalgie, mais une maman avec qui on ne sera plus jamais dans le corps à corps premier.

De la naissance à l'adolescence, l'intimité se transforme. Les câlins s'espacent. Certains gestes, parfois furtifs, presque cachés, dont on aurait honte à l'arrivée inopinée d'un étranger, demeurent pourtant. Peut-être même y a-t-il entre mère et fille de petits signes de complicité, qui échappent au père, au frère. Une intimité secrète, presque animale. Tous les prétextes sont bons : « Gratte-moi le dos, s'il te plaît. » Délicieuse régression.

Jour après jour, nuit après nuit, Sophie et son grand frère, Jonathan, ont façonné mon sommeil, mes veilles, mes préoccupations, mes attentes, mes plaisirs, mes découragements, mes curiosités, mais surtout, mon temps.

Les parents, rêvant de leur futur poupon, savent-ils que plus jamais ils ne s'appartiendront ? Que le rythme de leur vie sera chamboulé ?

Un enfant transforme le corps de sa mère, elle s'y prépare (l'utérus artificiel donnera peut-être un jour le choix aux femmes de ne pas concevoir dans leur ventre, mais, comme les hommes, à l'extérieur d'elles-mêmes). Une femme se réjouit, ou s'inquiète, de voir la courbe de son ventre, de ses seins, se gonfler de la vie qu'elle porte. Elle sait que pour donner naissance à un nouvel être elle doit l'accueillir dans son propre corps, mais elle ne mesure pas encore toutes les autres transformations qui l'attendent.

Sans nous prévenir, le bébé que nous tenions dans les bras se déplace à quatre pattes. Il est déjà loin, à l'autre bout de la pièce, explorant le monde, ses merveilles et ses dangers. Nous nous précipitons, soi-disant pour éviter quelque catastrophe – doigts dans la prise électrique, escalier dangereux, casserole sur le feu, vase en cristal – mais, en vérité, une course de vitesse vient de démarrer.

C'est notre enfant qui creuse la première distance : il nous précède, nous devance. Il veut grandir. Il s'échappe pour conquérir l'espace, les gens, les bêtes, les objets, tout ce qu'il peut atteindre de ses doigts, de ses yeux, de sa bouche, de son désir. La vie pousse le petit humain à poursuivre son développement hors du ventre maternel, dans l'utérus de la société.

La nostalgie de l'enfance n'appartient pas aux enfants ; ceux-ci ne rêvent que de vieillir. Derrière le petit qui s'enhardit vers l'inconnu se tiennent des parents émerveillés, mais, parfois, sans se l'avouer, mélancoliques. Certains parents attendent ce début d'autonomie, qui allège leur sentiment de responsabilité, d'autres la ressentent presque comme une forme de trahison.

Pourquoi se jeter avec tant de fébrilité dans la fabrication de bébés alors que « lorsque l'enfant paraît » tout est embouteillé : plus une seule minute sans l'interruption répétée à tout moment : « Maman ! », « Papa ! » Plus moyen de donner un coup de téléphone, de lire le journal, de boire son thé ou son café, d'écouter les informations, de regarder un écran, de faire la conversation avec une amie ou même de faire un petit pissou sans que les voix chéries nous rappellent à l'ordre : nous ne nous appartenons plus.

À la maison, une seule priorité, notre progéniture. Ces chères têtes blondes et brunes pensent avoir, et pour toujours, tous les droits : adieu le narcissisme, adieu l'intimité. Rien ne sera plus comme avant. Il faudra apprendre à dire non.

L'anglais le dit sans détours, avoir des

enfants, c'est un *full time job*, un travail à temps plein, mais aussi un *long time job*, un travail au long cours.

Pourtant, un jour viendra où les petits enfants deviendront grands, un jour arrive où ils *sont* grands, ils quittent la maison. Les oisillons ouvrent leurs ailes et prennent leur envol. On n'entend soudain plus leurs joyeux pépiements. Alors commence le syndrome du nid vide.

Papa et Maman de près sont devenus Papa et Maman de loin.

Sé/paration

> *"I do wonder what* can *have happened to me!"*
>
> « Je me demande ce qui a bien *pu* m'arriver ! »

Lier, délier. Créer des liens : donner la vie, donner la liberté.

Je n'avais jamais rapproché les mots « parent » et « séparation », alors qu'ils possèdent tous les deux la même étymologie. Le mot « séparation » comprend le mot « parent ».

« Parent » vient du verbe latin *parere*, qui signifie enfanter, mettre au monde, faire naître. Il prend son origine dans une racine indo-européenne exprimant le don.

« Séparer » vient de *se*, marquant la séparation et de *parare*, faire naître. Sé-paration implique donc que ceux qui ont enfanté se séparent de leurs enfants, qu'ils acceptent de voir leur progéniture s'éloigner d'eux.

Separare a donné le verbe « sevrer ». Séparer a d'abord le sens de « faire cesser d'être ensemble des personnes ». Se séparer signifie « cesser de vivre l'un avec l'autre ».

D'une séparation, le dictionnaire reconnaît qu'elle peut être douloureuse, imminente, imprévue, inévitable, irrévocable, momentanée, passagère ; cruelle, brusque, courte, longue.

L'idée de séparation n'est jamais loin de celle de brouille, de rupture, temporaire ou définitive. En droit on parle de séparation de biens ou de corps, à propos des époux.

De la mort, on dit que c'est une séparation à jamais, éternelle. Tout départ évoque cette issue fatale. S'éloigner de quelqu'un qui nous est cher pour un temps plus ou moins long résonne comme une perte, un manque, la peur de ne pas se retrouver un jour.

Séparer signifie aussi, en parlant d'objets, couper, casser, déchirer, dissocier, décomposer. Dans un sens abstrait, séparer signifie classer.

Lorsqu'on parle d'un engin spatial, la séparation est définie comme l'opération destinée à « rendre indépendantes deux parties, précédemment solidaires ».

Au contraire, « inséparable » équivalait autrefois à « indissoluble » en parlant du mariage.

Au pluriel, « inséparables », se dit de perruches qui ne peuvent être élevées que par couples.

Comment se quitter lorsqu'on est inséparables comme une mère et sa fille ?

Dans la mare aux larmes

> *"I wish I hadn't cried so much!" said Alice, as she swam about, trying to find her way out. "I shall be punished for it now, I suppose, by being drowned in my own tears!"*

> « Comme je regrette d'avoir tant pleuré! se disait Alice, tout en nageant pour essayer de se tirer de là. Je suppose qu'en punition je vais me noyer dans mes propres larmes! »

C'est le cœur chagrin que le train nous emporta le lundi matin, son père et moi. Retour au bercail, comme en exil, sur le vieux continent. Sophie s'installait dans son île. Elle allait apprendre à vivre sans nous, nous allions apprendre à vivre sans elle.

À peine le tunnel sous la Manche franchi, Georges et moi recevions, chacun sur l'écran de son téléphone, le même message : « J'ai pris ma première pilule aujourd'hui. »

Une nouvelle histoire commençait.

Once upon a time.

Nous rentrions à deux, mais ce deux était un *trois moins un*. La maison nous accueillit avec l'évidence tranquille de la familiarité. Inquiétante familiarité. Tout était différent et tout était semblable. Sophie avait quitté les lieux mais les lieux demeuraient pareils à eux-mêmes, chaque objet, chaque meuble à sa place. Comme si de rien n'était. Je jetai un coup d'œil autour de moi à la recherche de quelques traces de la présence de notre fille, un peu de ce désordre si agaçant en temps ordinaire, devenu soudainement précieux : des pochettes de DVD à l'abandon, du courrier sur une table, un manteau mal suspendu au vestiaire, une paire de chaussures oubliée, quelque pense-bête laissé à la cuisine, une grammaire latine, des brouillons d'exercices de mathématiques sur une chaise, une boucle d'oreille orpheline dans le hall d'entrée.

La chatte huma avec curiosité et méfiance nos bagages. Savait-elle que Sophie ne reviendrait pas avant longtemps ? Allait-elle cesser de se réfugier la nuit dans sa chambre pour venir dans la nôtre ? Percevait-elle qu'un parfum s'était absenté, en gardait-elle la mémoire ?

Un texto arriva. Sophie rangeait sa nouvelle chambre, elle venait de trouver deux des trois petits mots que j'avais glissés dans ses valises. Pour ne pas se sentir trop dépaysée, elle écoutait des airs de musique qui lui rappelaient la maison.

Se pouvait-il que les jours se succéderaient sans que Sophie revienne comme d'habitude en fin d'après-midi, les cours terminés, tournant la clef dans la porte en chantonnant, commentant sa journée sans marquer un temps d'arrêt pour respirer, répétant quelques mouvements de hip-hop, réclamant un câlin tout en se préparant un bol de corn flakes, un œil sur l'écran de son ordinateur ?

Premier jour, première nuit.

Impression étrange, inhabituelle encore, d'être rendue à soi-même. Sans obligation maternelle. Ne pas être sur le qui-vive, l'oreille en alerte. Pas d'urgence. Pas de routine. S'appartenir.

Les premiers moments passèrent dans une sorte de vacance, d'impression de temps suspendu, hors des rails. J'étais étonnée de n'être pas triste.

En un éclair surgissait la pensée : tout à l'heure, je vais retrouver Sophie, il y aura mille choses à faire. Et puis, non, il n'en était rien. Je sortais faire des courses, aucun exercice de physique à déchiffrer, aucune recherche sur l'Art nouveau, Hannah Arendt ou les maladies génétiques ne m'attendait au retour.

Pointait un plaisir oublié, le goût retrouvé de la liberté. Pas seulement une chambre à soi, *une vie à soi*.

Est-ce que presque vingt ans de maternité s'effaçaient comme si ces années n'avaient pas existé ? La femme revenait sur le devant de la scène, la maman s'éclipsait en coulisses.

Cette sensation disparaissait en fin d'après-midi. Dès la sortie des cours, Sophie envoyait de ses nouvelles, prenait des nôtres. « Kikou, quoi de neuf? Juste fini, et toi, que fais-tu ? »

Si Sophie avait quitté la maison, son grand frère y demeurait encore. Jonathan se préparait à déménager. J'étais ravie qu'il me demande de l'accompagner pour choisir des lampes, des rideaux. Je me sentais délicieusement disponible.

Et puis, patatras, le téléphone retentit, sinistre, comme dans un film noir : le médecin m'annonçait que mon examen annuel de dépistage n'était pas bon ; il fallait effectuer une biopsie dans les prochaines semaines. Avec la maladresse de son propre malaise, le médecin me communiqua non pas une information objective mais une angoisse diffuse. Étais-je dans un mauvais roman de gare : la fille venait à peine de quitter le nid familial que l'utérus maternel se révoltait ?

Alors que j'étais enceinte de six mois, ma mère avait subi une éventration. J'avais cru la perdre. Dans l'ambulance qui n'avançait pas assez vite, je lui tenais la main, tout en gardant l'autre posée sur mon ventre arrondi. De génération en génération, comme des poupées russes, de mère en fille, le corps parlait. Au même moment, Sophie étudiait « le stress et la maladie ». Ironie du tempo.

Nuits d'insomnie, nuits d'angoisse. Sanglots.

En un instant, tout s'assombrit. Sournoisement, des cellules de mon corps me trahissaient. Je redoutais le pire. Est-ce que l'éloignement de ma fille (seulement provisoire, aimait-elle à rappeler : « Je n'ai pas vraiment quitté la maison ! »), est-ce que cet éloignement ne pouvait engendrer que la maladie et la mort ?

Georges essayait de me rassurer. Je doutais de ses mots, je doutais de ses gestes. Une brèche s'était ouverte. J'avais peur, j'avais mal. Comme *Alice*, j'étais tombée dans un trou ; j'allais me noyer dans la mare de mes larmes.

Il fallait « reprendre le dessus », « mordre sur sa chique ». C'était les expressions de ma mère. Je l'entendais me dire : garde la tête au-dessus de l'eau, bats-toi ! Je ne savais pas comment elle avait trouvé cette force, où elle l'avait puisée. J'aurais aimé qu'elle me l'eût raconté, transmis, de son vivant.

Ne sommes-nous donc jamais contemporains de nos proches, ni de nos parents, ni de nos enfants ? Chacun, chacune, dans sa solitude. Parfois un presque-rien nous donne le sentiment d'une solidarité minuscule, infiniment précieuse, bouleversante ; puis l'impression s'estompe, s'efface. Ma mère m'aurait-elle soutenue dans ces moments éprouvants, m'aurait-elle entourée de ses bras, aurait-elle su trouver les mots qui apaisent et guérissent comme seule – croit-on – une mère peut le faire ?

Après être devenue la mère de ma mère à la fin de sa vie, il me fallait devenir ma propre mère à présent : prendre soin de moi, compter sur mes propres forces. Explorer de nouveaux chemins. Je déplaçais les meubles, les objets, épurais les espaces. Je découvris les bonheurs de la teinture. Faire du neuf avec du vieux, retourner le cours du temps. C'était trois fois rien, mais la magie opérait.

Il se peut que les choses consolent.

Shéhérazade dormait de plus en plus souvent sous la lampe de mon bureau. Elle revendiquait l'espace de la table comme son propre domaine, allongeait une patte pour m'interdire de toucher à l'amoncellement de feuilles éparses sur lequel elle reposait. Prudente, j'éloignais la main, cherchant par quelle ruse atteindre mon but : récupérer quelque papier sans me faire griffer.

À peine m'étais-je plongée, depuis une heure ou deux, dans mon nouveau monde que retentissait la petite sonnerie familière ; sur l'écran apparaissaient les deux mots : « Sophie Oxford ». J'étais là, fidèle au poste, heureuse d'être interrompue, tirée de ma bulle, espérant y retourner un peu plus tard. « Allô, Maman, rappelle-moi, tu veux bien, j'ai des tas de choses à te raconter. »

La chatte dressait soudain une oreille attentive, s'étirait, projetait sur l'écran de mon ordinateur des centaines de poils noirs qu'il me fallait ensuite patiemment retirer. Un animal domestique, c'est un peu comme un enfant ; par amour, on supporte l'insupportable.

La conversation avec Sophie terminée, je reprenais le fil de mon écriture, le fil de ma vie privée de fille.

Parfois j'y parvenais sans trop de peine, happée par mille tâches, souvent m'assaillaient des pensées moins légères. Je sentais dans notre couple comme un agaçant courant d'air. La vie ressemblait à des montagnes russes.

Juste ce qu'il faut

An old Crab took the opportunity of saying to her daughter, "Ah, my dear! Let this be a lesson to you never to lose your *temper!" "Hold your tongue, Ma!" said the young Crab, a little snappishly. "You're enough to try the patience of an oyster!"*

Une vieille mère Crabe profita de l'occasion pour dire à sa fille : « Ah ! ma chérie, que ceci te serve de leçon : ne perds jamais *ton* sang-froid ! » « Tiens ta langue, Maman ! rétorqua la jeune Crabe d'un ton pincé. Tu ferais perdre patience à une huître ! »

Tout était à réinventer.

Le parent d'un grand adolescent devrait porter un autre nom que le parent d'un jeune enfant. À l'amour filial, l'amour parental avec ses nuances infinies. Au nourrisson, la nourrice et le nourricier ? à l'écolier, les parents de cartable ? Quand nos enfants deviendront parents, ils feront de nous des grands-parents comme ils ont fait de nous des parents en naissant. Les liens sont réciproques. Si je suis fille de ma mère, elle est mère de sa fille. Mathématique de la génération. Cocteau écrivit *Les Enfants terribles*, *Les Parents terribles*, également.

Voir son enfant grandir, c'est accepter de changer. Trouver en soi de la souplesse, du tact, de l'humour, de l'humilité. De la patience, beaucoup de patience. Un seul choix, un seul pari : avoir confiance. En eux, en nous.

Une question insiste : sommes-nous d'assez « bons » parents ? Aidons-nous nos enfants à s'épanouir ? Pouvons-nous les « lâcher » ? En respectant leurs rythmes, leurs sensibilités, leur permettre de dire *je* ?

À leur insu, ils portent nos blessures, nos rêves. Ils doivent s'en défaire – les métamorphoser – pour respirer avec leurs poumons, marcher en s'appuyant sur leurs jambes, penser avec leurs propres pensées. Ils hésitent, tâtonnent, voudraient répondre à nos vœux secrets. Mais nous aimer, c'est aussi nous quitter.

Avons-nous préparé nos enfants à la vraie vie ? Il nous plaît de leur offrir des chapeaux de paille, des lunettes de soleil, comme s'ils partaient pour une excursion en Italie, alors qu'ils devront affronter les sommets glacés de l'Himalaya. Sommes-nous aveugles ? Éduquer est une tâche impossible.

Toujours quelque chose échappe.

Nous félicitons avec une nuance de reproche, punissons sans conviction ; approuvons en hochant négativement la tête ou caressons en agaçant. Nous déclarons que c'est « non », pour céder quelques minutes plus tard. Promesse faite, nous l'oublions aussitôt. Nous nous donnons en exemple puis agissons en contradiction avec nos belles paroles.

Peu de parents sont cohérents. Agitant tantôt

la carotte, tantôt le bâton, soufflant le chaud et le froid, choisissant une fois la répression, deux fois le maternage, l'éducateur s'essouffle. L'enfant apprend à manipuler les réactions de ses géniteurs, leur lassitude, leur culpabilité, leurs faiblesses. La dynamique familiale s'enclenche au premier quart de tour, chacun se retrouve prisonnier de son rôle habituel.

Qu'est-ce qu'une *bonne* mère ? un *bon* père ? Donald Winnicott parlait plus volontiers de *mother « good enough »*, d'une mère « suffisamment bonne », comme on dirait d'une eau qu'elle est « potable », c'est-à-dire qu'on peut la boire sans tomber malade. L'idée n'est pas très séduisante. Qui voudrait se voir défini comme « ni très bon ni franchement mauvais, passable sans plus » ? Lorsqu'on s'abreuve à l'eau d'une fontaine, on ne lui demande rien de plus que de porter l'inscription « eau potable ». Bien sûr, on pourrait la souhaiter fraîche en été, brûlante en hiver. Il suffit pourtant que l'eau des puits soit buvable, tout simplement. Pourquoi ne pas accepter ce même pragmatisme pour les affaires humaines ?

Dans le conte de Boucle d'Or, l'héroïne, une petite fille, cherche à chaque instant à trouver la juste distance, l'adéquation à sa propre condition : après avoir goûté le gruau des trois ours, elle choisit sagement celui qui n'est ni trop froid, ni trop chaud. Elle essaye ensuite leurs fauteuils et s'installe dans celui qui n'est ni trop mou ni trop dur, puis va se coucher dans celui des trois lits qui n'est ni trop grand ni trop petit : juste à sa taille.

Une mère, un père, essaye, tant bien que mal, de faire son métier de mère, de père ; un enfant son métier d'enfant. Mais comme le disait la grand-mère de Sophie et Jonathan, dans la langue yiddish qui était la sienne au siècle dernier : *Sis chwer zu zein a Mench*, c'est difficile d'être un être humain.

Mon quasi-fils

The Caterpillar and Alice looked at each other for some time in silence; at last the Caterpillar took the hookah out of its mouth, and addressed her in a languid, sleepy voice.
"Who are you*?"*

Le Ver à soie et Alice se regardèrent un moment en silence ; finalement la créature retira le narguilé de sa bouche et, d'une voix traînante et somnolente, demanda à Alice : « *Vous*, qui êtes-vous ? »

Alors qu'elle était âgée de trois ou quatre ans, on tenta d'expliquer à Sophie que son grand frère était un demi-frère ; elle répliqua sans hésiter : « Il n'est pas mon frère à moitié, il est mon frère tout entier. » Son frère était son frère, un point c'est tout.

Mon beau-fils m'appelait d'un nom qu'il

avait inventé alors que tout petit il ne pouvait prononcer le « l » de mon prénom, il le transforma en *Gydia*. C'était non seulement un surnom mais un rôle parental. Il avait un père, une mère et une *gydia*.

Le français se sert du mot « beau » pour parler de la parenté par alliance : beau-père, belle-mère, beau-fils, belle-fille. Beau veut dire ici gentil. Nommer le père de son mari « beau-père » est une manière courtoise de l'assimiler à son propre père. L'anglais est plus légaliste qui précise *father-in-law*, père par la loi.

Nos langues n'ont pas cherché à nommer les étapes mouvantes de la vie intime. Nous héritons d'une époque où il s'agissait seulement de désigner à chacun sa place dans l'univers familial : par consanguinité ou par alliance.

Les mots pour désigner la parenté décrivent la filiation à travers les générations (grand-père / grand-mère ; père / mère ; fils / fille) ou au sein de la même génération (frère / sœur) ; ils désignent aussi la parenté résultant du mariage (mari / femme).

Traditionnellement, des frères et sœurs nés de la même mère et du même père sont frères et sœurs « germains ». C'est là un emprunt au latin, *germanus*, « naturel », qui vient de *germen, inis*, progéniture, qui est du même sang, du même « germe ». Pour exprimer juridiquement la notion de demi-frère ou demi-sœur par le père, on dit frère (ou sœur) « consanguin » ; quand c'est un demi-frère ou une demi-sœur par la mère, on dit frère ou sœur « utérin ».

Mais qu'était-il pour moi, cet enfant dont j'étais la troisième figure parentale ? Un demi-fils ? Non. Le mot juste, celui qui nommait le mieux notre lien, unique, singulier, patiemment inventé, construit, créé au fil du temps, le nom le plus fort, c'était tout simplement : *mon quasi-fils*.

« Quasi » signifie *comme*, *comme si*, *à peu près*, *environ*, *presque*.

Ce presque-fils, son père m'avait très vite, après notre rencontre, demandé de l'adopter. Sa mère m'y autorisa avec confiance, générosité. Un jour qu'elle voulut présenter à un camarade de classe notre étrange petite tribu, elle déclara en me désignant : « Je te présente la maman de Jonathan. » Tout le monde éclata de rire. Bien des années plus tard, elle renouvela son affirmation, en parlant de « notre fils ». Elle effaçait ainsi la distinction biologique et juridique convenue entre les fils et les beaux-fils. Elle affirmait publiquement qu'un enfant pouvait avoir plusieurs mères.

Le ventre, les origines, les gènes n'ont pas en leur seul pouvoir de dire la filiation. Il existe d'autres liens que ceux du sang : *les liens du regard*.

Ces liens que rien ne consacre si ce n'est le désir – toujours maintenu – de les faire exister. La décision d'aimer.

Aimer un enfant, c'est toujours choisir de l'aimer.

À dix-huit ans, l'été de son bac, Jonathan partit avec des copains de l'autre côté de la planète, le plus loin possible de son univers familial. Comme une expérience initiatique, le goût de l'horizon. « Tu nous téléphoneras, disons tous les dimanches, pour nous donner de tes nouvelles ? D'accord ? » Sa promesse, il la tint, appela ponctuellement, sans état d'âme. Nous, les parents, nous étions rassurés, peut-être l'était-il aussi à l'autre bout du monde. Il fallait sans doute un bord, un rivage à la liberté.

Années de fac, colocations, Erasmus, plusieurs déménagements. Hasards et nécessités de la vie, Jonathan, à vingt-sept ans, revint habiter quelques mois dans la maison de son père et de sa gydia. Bonheurs des confidences, grandes discussions sur la vie, la politique, le cinéma. Soirées DVD : *Les Glaneurs et la Glaneuse* d'Agnès Varda, *Le Fils* des frères Dardenne, des Kubrick, des Jarmusch, la série des *Soprano*... quelques malentendus et tensions pour faire bonne mesure. Un mot de travers, une intonation inadéquate, une susceptibilité quelconque, de la vaisselle non lavée, n'importe quoi, rien de grave, ce n'est pas facile de faire cohabiter les générations.

Sa petite sœur venait de partir depuis quelques semaines, Jonathan s'apprêtait à emménager dans son propre appartement. Être chez soi, fabriquer son lieu de vie : s'entourer de ses livres, de ses affiches, de ses couleurs, de sa musique, ne plus rien justifier, vivre à son rythme, sous aucun regard (sauf ceux qui nous habitent). Et voilà qu'à la veille du départ – il en rit lui-même – il attrapa une indigestion. Il errait dans la maison, le ventre en compote, misérable, incapable de rien faire de bon, ni de travailler, ni de se distraire, ne mangeant plus que le riz que nous lui préparions son père et moi. Mais c'était décidé, dans quatre jours, il s'en irait, il dormirait dans ses pénates. Il partait pour toujours, on pouvait le supposer, alors une petite régression n'était-elle pas autorisée, bienvenue même ? Petit clin d'œil amical de l'inconscient. Nous souriions tous les trois, complices, émus, presque solennels sous l'humour. Quatre jours plus tard, il était toujours là. Il avait oublié de chercher sa couette, restée chez sa mère, et, précisément ce dimanche-là, c'était une journée sans voiture !

Quand je voyais ses immenses pantoufles rouges presque au milieu du couloir, et non pas sagement rangées sous le vestiaire comme je le souhaitais, je sentais l'agacement monter, puis je me reprenais, elles allaient me manquer ces chaussures taille Gargantua quand elles ne seraient plus là ! Comme sa voix de baryton qui traversait toutes les cloisons de la maison.

Jonathan me connaissait depuis toujours. Il n'y avait pas eu un « avant » et un « après » ; j'avais toujours été là. Dans le divorce de ses parents, le plus difficile, paradoxalement, c'était de savoir que son père et sa mère se respectaient, avaient gardé l'un pour l'autre une profonde amitié. C'était rare, étrange, suspect. L'entente entre sa mère et la nouvelle compagne de son père suscitait l'admiration et la méfiance. Était-ce possible ? Ne serait-ce pas un ménage à trois ? Les couples amis n'aimaient pas qu'il n'y ait pas de guerre. Ils se refusaient d'admettre qu'un homme et une femme puissent se séparer sans cris, sans coups bas, sans vengeance, sans conflit d'argent. C'était trop inhabituel, improbable, nouveau.

Aujourd'hui, avoir plus de deux figures parentales est devenu banal, commun, largement partagé. Les belles-mères et beaux-pères ne sont plus les marâtres et les parâtres des contes de jadis. D'autres structures de parenté naissent ; les familles recomposées deviennent des sortes de « tribus » qui, vaille que vaille, créent de nouvelles formes de solidarité.

Dans les moments difficiles, ne pas chercher à tout comprendre, à tout maîtriser, laisser le temps agir.

Alors que Jonathan avait dix, onze ans, je lui avais dit à propos de je ne sais plus quoi, qu'il avait bien du « culot ». Il le prit très mal. Ce mot qui avait pour moi une valeur positive, il l'entendit comme une injure, s'en défendit comme un beau diable. Susceptibles, l'un et l'autre, nous avons mis longtemps à nous remettre de cet affrontement. Nous ne cédions jamais sur un mot, mais jamais notre relation ne fut mise en question. Au fil du temps, elle s'affirma avec toujours plus d'évidence.

J'aimais mon quasi-fils comme fils.

Que pouvais-je souhaiter, à lui et à sa petite sœur, qu'ils emmènent dans leur besace pour faire face aux intempéries de la vie ? De la curiosité, du bon sens, un mélange de modération et d'audace, et cette qualité que les Grecs nommaient *mètis*, l'intelligence souple, multiple, bigarrée, la capacité de retourner une situation en sa faveur, l'art de saisir l'occasion fugace, la rencontre décisive à l'instant unique où elle se présente : le *kairos*.

Comme tous les parents, j'aurais aimé que mes enfants soient dotés de tous les talents, de toutes les grâces, qu'ils soient droits, tolérants, généreux. Mais surtout, surtout, qu'ils possèdent cette intelligence sensible, qui permet de rebondir, de se faufiler dans les situations les plus improbables de l'existence, de se bricoler une vie bonne à vivre.

*

En rentrant un soir de voyage, les pantoufles rouges de Jonathan avaient disparu, ainsi que toutes ses chaussures, baskets, bottes et autres sandales. Gargantua s'était envolé. Plus rien. Le vide.

*

Le pays des merveilles est évidemment pour les enfants un monde sans parents, mais pour les parents est-il un monde sans enfants ? Pourquoi ne pas reconnaître qu'après pas loin de vingt ans (plus d'un quart de siècle pour mon quasi-fils) de loyaux et bons services maternels, je n'étais pas mécontente de faire ce qui me plaisait. Pas de bébé à consoler, pas d'ado avec qui s'affronter, pas de nuit blanche, pas de contrainte, plus même ses propres parents à rassurer par un coup de téléphone que, oui, le train n'avait pas eu de retard, que, non, je n'étais pas trop fatiguée, que j'étais saine et sauve, que je passerai évidemment demain dire bonjour.

Une soirée s'annonçait. À deux. À parler jusqu'au milieu de la nuit, de tout, de rien, de nous, de nos enfants, de notre enfance.

L'écriture du présent

"There ought to be a book written about me, that there ought! And when I grow up, I'll write one."

« On devrait écrire un livre sur moi, on le devrait ! Et quand je serai grande, j'en écrirai un moi-même. »

Alors que les jours d'automne s'assombrissaient de plus en plus tôt, je me plongeai dans les boîtes à chaussures emplies de vieilles photographies que je m'étais promis depuis longtemps de ranger. Le souvenir du bonheur n'est pas toujours le bonheur. La nostalgie avait un goût doux-amer. Sophie nous avait quittés depuis plusieurs mois. Elle évoquait avec impatience son premier retour à la maison. Je ne savais pas comment j'allais la retrouver.

Je tournais autour de ma table d'écriture, la quittant pour ranger de-ci, de-là. J'y revenais pour tenter de saisir quelque chose de l'expérience que j'étais en train de vivre, des évocations, des interrogations qu'elle suscitait. Qu'est-ce que la séparation, qu'est-ce qui lie les parents aux enfants, les enfants aux parents, pourquoi cet amour se teinte-t-il d'ambivalence, de conflits, de blessures narcissiques ?

J'aurais voulu attraper au vol ce présent si chargé d'émotions, écrire sous la dictée de l'instant, j'en étais incapable. Quelque chose résistait. Je ne pouvais cueillir le maintenant, j'étais rattrapée par le passé, toujours en différé.

Je prenais des notes éparses, sur des feuilles volantes, dans de petits carnets, sur mon ordinateur. Je n'arrivais pas à capter les sentiments en direct, je n'étais jamais synchrone. Était-ce l'idée même de séparation qui déchirait le tissu de mon texte, en empêchait la continuité ? J'accumulais, comme si je tenais une caméra et non un stylo, des rushes ; je ne parvenais pas à les placer dans le bon ordre. Le montage était chaotique, saccadé. J'étais bousculée, mon écriture contaminée.

Je ne voulais ni tenir un journal ni rédiger un roman, mais inventer une autre forme, hybride, plus ouverte, plus insaisissable, souple, comme les plis de la pensée, vivante comme des perceptions en mouvements, qui relieraient les mots aux émotions. Une sorte de *non-fiction novel*, un roman qui ne serait pas une fiction, une vérité qui serait de la littérature.

*

Lorsque Sophie était petite, j'aimais lui lire des histoires, à toute heure du jour mais particulièrement le soir au moment du coucher. Blotties l'une contre l'autre, prises à la fois par le récit, le rythme de la lecture, la douce chaleur de notre proximité. Transition entre le jour et la nuit, instants de passage. Précieux instants où nous étions si intensément réunies avant de nous séparer pour rejoindre le sommeil.

De même, ma mère m'avait fait la lecture à voix haute, m'initiant au bonheur des mots, à leur sensualité, aux rebondissements des intrigues, à la répétition renouvelée des personnages : le roi Babar, la reine Céleste, le singe Zéphyr, le sage Cornélius... Mon père inventait des histoires de chats voyageurs, d'humbles canots de sauvetage plus courageux que d'orgueilleux transatlantiques. David l'emportait toujours sur Goliath.

Adolescente, la situation se retourna, c'était moi qui lisais à ma mère des passages de mes livres préférés. Pendant ce temps-là elle repassait, cousait, préparait le repas, toujours en activité, ne s'accordant qu'un quart d'heure de repos, le temps de fumer une cigarette trois fois par jour. Je la suivais à la trace, faisant office de radio. Je la distrayais, je la nourrissais. En échange, j'obtenais son attention. Capter son intérêt, la retenir auprès de moi, j'aurais inventé n'importe quoi. Peut-être, comme Marcel Albertine, aurais-je voulu la rendre prisonnière, en faire ma captive, pour ne plus souffrir de ses échappées, de ses absences. L'amour a toujours à voir avec quelque chose qui s'enfuit, qui disparaît. Le mot « temps » est synonyme d'amour. La recherche, c'est évidemment celle de l'amour perdu, l'amour maternel que nous recomposons encore et encore, pour le restaurer, le réparer, l'embellir, dans une splendeur jamais vécue.

Dans le film de Bergman, *Sonate d'automne*, une fille apostrophe violemment sa mère :

« Tu parles de ma haine, la tienne n'est pas moins vive. Tout se faisait au nom de l'amour, tu m'as ligotée, j'étais un être malléable, tu avais besoin de mon amour. Tu maîtrisais si bien la voix et les gestes de l'amour. Des gens comme toi sont un danger mortel. Mère et fille, quel terrible mélange de sentiments et de désarroi et de destruction ; tout est possible au nom de l'amour, la faille de la mère sera la faille de la fille, le malheur de la mère, la fille en héritera, comme si on ne coupait jamais le cordon ombilical. Maman, est-ce ainsi ? Le malheur de la fille est le triomphe de la mère ? »

Est-ce que moi aussi j'avais manipulé mon enfant, l'avais-je ligoté, rongé, paralysé, au nom de l'amour ? Comment se soustraire à cette malédiction, comment échapper à l'inceste suprême, celui d'être ravalée par celle qui nous a engendrée ou d'avaler son rejeton ?

La dette infinie de la vie reçue ne pourrait-elle se payer en amont plutôt qu'en aval ? Recevoir la vie, l'offrir à son tour, sans trop peser. Ma mère en voulait à sa mère, qui elle-même en voulait à la sienne. Flots de reproches : d'où viendra la réconciliation, l'apaisement, la fin des hostilités ?

Lorsque à mon tour je donnai naissance à un enfant, je n'avais pas souhaité en connaître d'avance le sexe. Au moment de l'expulsion, l'accoucheuse déposa le bébé dans mes bras sans rien dire. Le cordon ombilical entre les jambes, je n'avais rien vu, rien demandé : l'être humain le plus précieux au monde reposait sur mon sein, garçon ou fille, cela m'était bien égal.

Sophie venait de naître. Le papa, incrédule d'avoir engendré un autre sexe que le sien, était comblé. La maman aussi. J'aurais aimé croire que cette petite fille-là rachèterait toutes les fillettes qui avaient déçu l'espoir de leur mère parce qu'elles étaient nées fille.

*

Les pages du manuscrit en cours s'ajoutaient lentement aux pages. Je n'osai encore parler à personne de cette écriture embryonnaire ; petit à petit pourtant, le bébé de papier imposait sa présence, réclamait de l'attention. À ce projet d'écriture encore fragile je donnais divers noms de code ; par jeu, ce fut d'abord *Comment je me suis séparée de mon éléphant rose et de mon quasi-poussin*, puis plus sobrement : *Alice*.

*

C'est alors que je retrouvai entre les pages d'un album de photos, oublié depuis longtemps, un bref journal tenu à deux voix. Son père et moi avions rédigé, sur notre premier ordinateur commun, quelques phrases saisies à la volée lors des premiers mois de la vie de Sophie. Je les relus, surprise par ces heures de bonheur sans nuages, sans conflits. Cette joyeuse plénitude l'avions-nous vraiment vécue ou était-ce l'image d'un paradis perdu ? le rêve d'un mythique âge d'or ?

Journal à deux voix autour du berceau

"When I used to read fairy tales, I fancied that kind of thing never happened, and now here I am in the middle of one!"

« Quand je lisais des contes de fées, j'imaginais que ce genre d'aventure n'arrivait jamais et me voici en plein dedans ! »

Les yeux rivés sur les vagues de métal bleu et jaune de son jouet, S. cherche de toute sa petite force concentrée à faire glisser les anneaux de bois vert ou rouge. Surtout que maman ne m'aide pas ! C'est bon de retrouver ensuite le lait chaud qui se répand dans la bouche, la gorge et gonfle le ventre ; s'endormir dans les bras parfumés. (15 août, Ly)

J'attends les prochains messages que j'ose à peine interrompre. (15 août, Georges)

23 h 30. Quelle émotion de regarder cette petite tête si bien dessinée, si complètement achevée, qui sait, d'un savoir absolu, comme plus jamais plus tard aucun autre savoir, où et comment s'abreuver à la source blanche de la vie. (Ly, 16 août)

Je mets quelques mots parce que je sais que tu les attends en ouvrant cet écran. Mais pour dire quoi ? Depuis longtemps, la vie me rend muet. Je promets de me taire aussi longtemps que je le pourrai pour admirer Sophie et tout ce qui désormais l'entoure. (16 août, Georges)

Assise devant cet écran, j'entends le souffle rapide et les essais de voix de notre bébé. J'aime bien de cette place (dans la pièce intermédiaire où se trouve l'ordinateur entre notre chambre et la sienne), « voler » quelques bribes de sa découverte enthousiaste du monde. Parfois, sans doute, souffre-t-elle que tout ne se plie pas à la rapidité de son désir, mais – est-ce parce que je veux le croire ? – il me semble que sa volonté de vivre, d'explorer la vie est immense (plus grande que la nôtre ?). Quelle est donc cette graine de vivre qui pousse si fort en elle ? (Ly, 17 août)

Ce matin, on s'en va. Au soleil, pour une Sophie si grande, tellement vraiment « elle » déjà, même si on ne peut pas dire qui elle est. Et nous, le saurons-nous jamais ? (Georges, 22 août)

On vient de rentrer. Vivants. Surprise quotidienne. À tout de suite. (Georges, 29 août)

La Sofia retrouve pour la première fois sa maisonnette, son chez elle. (Ly, 29 août)

Octobre. Il est 1 heure du matin. Je travaillais quand elle s'est réveillée. Tu lui as donné à boire « son » lait. Puis je l'ai tenue dans les bras, embrassée (devant l'ordinateur, en cherchant le mot « Sophie » sur l'écran, pour ouvrir ce journal commun). N'est-ce pas d'abord pour cela que certains veulent avoir des nourrissons ? La nuit vient. On va tous les quatre dormir. Jonathan repose dans sa chambre. C'est moi qui le conduis demain matin à l'école en attendant que… Sophie aussi un jour. (Georges)

Lundi dernier, après une réunion bruyante à la maison, alors que tous les visiteurs s'étaient retirés, notre fille, qui a sept mois, s'est mise à babiller avec beaucoup de puissance dans la voix : « da, da, da, da ». Comme si elle souhaitait ajouter son mot à la conversation. (Ly)

Bientôt le 1er décembre. Comment fera-t-on, me disais-tu, quand elle aura trois ans, quatre ans… La réponse est simple : nous aurons en elle la totale confiance qu'elle mérite. Jamais rien de moins que tout. Voilà, je l'adore. (Georges)

Lundi 19 décembre. Elle se regarde dans le miroir. Qu'y voit-elle ? (Ly)

9 mars. « Mon bébé » est devenue une petite fille. Debout sur la pointe de ses pieds minuscules, c'est une personne, tout comme nous. Elle ne veut plus être couchée en dehors de la nuit, c'est fini (pointe de nostalgie maternelle !). (Ly)

22 juin. Depuis trois semaines, elle ne boit plus le lait de sa maman. (Ly)

Bientôt la fin de l'automne. Les journées sont encore douces, l'hiver nous vient la nuit. Sophie et Jonathan s'adorent. Étrange persévérance chez moi, insistante, d'être présent au présent. C'est cela que j'aimerais transmettre, « donner » à Sophie, à Jonathan. Tout en sachant parfaitement, bien sûr, que personne n'a jamais pu rien donner à personne. La chance est ailleurs, offerte à ceux qui savent la prendre. (Georges)

Notre bébé est encore à l'heure du Paradis. Quand elle nous quitte pour la promenade, elle ne sait pas encore que la tristesse des départs hante souvent le cœur des mortels. Lorsqu'elle sera grande, elle devra, comme chacun de nous, apprendre que la douleur (et elle seule) peut indiquer les voies de son apaisement. (Georges)

5 janvier. Tu me demandes comment nommer le sexe d'une petite fille. Dans la

littérature sanscrite, j'ai trouvé chez Malamoud quelques réponses : *smara-kupaka*, « petit puits d'amour », *smara-grha*, « maison de l'amour », *smara-mandira*, « temple de l'amour ». Le clitoris est *smara-chattra*, « ombrelle d'amour ». Il y a bien d'autres expressions composées avec *smara* qui exprime le « désir amoureux ». (Georges)

« 1er novembre. Sophie a deux ans et huit mois aujourd'hui. Je lui ai montré des photos de ma grand-mère maternelle (c'est étrange, quand on dit arrière-grand-mère, c'est comme si on parlait d'une ancêtre très éloignée). Nous cherchons des fleurs au jardin pour les déposer sur sa tombe que j'appelle « sa maison de terre et de pierre ». En revenant du cimetière Sophie raconte qu'elle a été voir « Mémée qui n'est plus là, qui est dans sa terre ».

À l'heure du bain nous parlons généalogie. Je lui explique qu'elle a été dans le ventre de

Maman et que Maman a été dans le ventre de Mami et que Mami a été dans le ventre de Mémée. Avec cette logique singulière des enfants, elle interroge : « Et moi, j'étais aussi dans le ventre de Mémée ? » Télescopage. Poupées russes. (Ly)

« Tu vas faire un bébé, maman ? » « Tu veux que je fasse un bébé avec Papa ? » « Non, avec moi ! » (15 décembre, Ly)

Jonathan a beaucoup changé. Il est très *grand frère* ces jours-ci, maîtrisé, supportant des frustrations qu'à son âge, ni même bien plus tard, je ne pouvais tolérer. (25 juin, Georges)

Maman ! Le nom le plus intime – celui qu'on prononce dans la détresse comme dans la joie – est également le nom le plus commun. Entendant une fillette inconnue appeler « maman ! », je me suis sentie apostrophée, comme si à ces deux syllabes tout en moi se mobilisait pour y répondre, alors que de cette petite fille-là je ne suis pas la mère. C'est le même mot qu'elle crie, celui que notre fille pourrait murmurer, celui que je pourrais choisir pour parler de ma propre mère : Maman.

Ma-man. Deux sons tout ronds, qui se répètent presque pareillement : attente angoissée, demande impatiente, revendication coléreuse, interrogation dubitative, soupir heureux. (Ly, 22 juillet)

Madamina*

"If you knew Time as well as I do", said the Hatter, "you wouldn't talk about wasting it. *It's* him".

« Si vous connaissiez le Temps aussi bien que moi-même, dit le Chapelier, vous ne parleriez pas de *le* gaspiller. Le Temps est *une personne.* »

Je ne sais toujours pas pourquoi, ma fille à peine née blottie dans le creux des bras, je m'étais mise à arpenter la maison en chantant à tue-tête l'air du catalogue de Don Giovanni dans un état de grande exaltation. Je me promenais avec mon bébé ensommeillé,

* Les paragraphes de ce chapitre sont librement choisis dans mon livre *La Voix des amants*. Ils reprennent ce qui, sans la nommer, appartenait déjà à Sophie.

un sourire aux anges voltigeant sur son visage, l'arrondi de sa joue contre les battements de mon cœur, lorsque me vint aux lèvres, non pas une berceuse mais l'aria orgueilleuse et gourmande de Leporello : *Madamina, il catalogo è questo, delle belle che amo il padron mio : un catalogo egli è che ho fatt'io…* (Petite Madame, voici le catalogue des belles qu'a aimées mon maître : c'est un catalogue que j'ai fait moi-même…).

Quel insolite rapprochement ! Je ne voulais pourtant pas qu'elle devienne un jour la *mille e quatro* ! Ce pas de deux sonore demeure un souvenir dont je ne peux toujours percer ni l'étrangeté ni la troublante intensité. N'y avait-il pas quelque indécence à chanter à tue-tête la liste des conquêtes de Don Juan, à s'en faire la complaisante complice vocale alors que j'étais devenue la mère d'une petite fille, d'une future jeune femme ? Se pouvait-il que je célébrais de cette manière paradoxale le sentiment de toute-puissance qui m'envahissait ? Baignant dans cette brève fusion qui entoure l'éclosion d'une jeune vie, étais-je d'humeur conquérante, ne craignant pas plus la mort que Don Giovanni tendant la main à la statue du Commandeur ? Par la voix de Leporello proclamais-je ma liberté, mon énergie, l'excès même de ma joie ? Cette aria triomphante se faisait-elle l'écho de l'élan vital qui m'animait ?

Madamina, petite dame, que je portais dans les bras ce matin d'été en chantant à pleine voix l'air du catalogue, devais-je m'étonner si, découvrant vers dix ans le *Don Giovanni* filmé par Losey, tu déclaras les yeux pleins de malice – mi-provocation, mi-sincérité : « Je sais bien que Don Giovanni est méchant avec les femmes mais je l'aime quand même » ?

Quelques années plus tard, *La ci darem la mano*, les airs de la Reine de la Nuit, de Papageno ou le *farfallone amoroso* de Figaro faisaient partie de notre répertoire familial. Entonnés à l'unisson dans les lieux les plus insolites, ils signaient une connivence, une exaltation soudaine, l'expression d'un bien-être particulier. La magie de la *Flûte*, la gravité limpide du *Cosi*, les palpitations de *Cherubino* nous soutenaient aussi au creux de l'hiver alors que les jours plongeaient trop rapidement dans la nuit. Et toujours revenait l'air entêtant et tellement emblématique du fragile désir humain, le duettino de Zerlina et de Don Giovanni : *vorrei e non vorrei*, je veux et je ne veux pas.

Pourquoi l'enfance ne serait-elle pas hantée par Don Giovanni comme elle l'est par Peau d'âne, la Barbe Bleue ou le Petit Chaperon rouge ? Leporello et Papageno n'auraient-ils pas leur place auprès du Petit Poucet et du Chat botté ; la Reine de la Nuit au côté de la marâtre de Blanche-Neige et de Cendrillon ?

Ailleurs, d'autres femmes, avec d'autres

récits, d'autres mélodies, tissent un voile de sons et de mots autour de leurs enfants. Elles riment, musent, montent la voix très haut perchée, elles miment la voix suraiguë de leurs nourrissons. Elles les protègent de leurs bras, de leurs voix, de leurs gestes, de leurs regards.

Il fallait bien le reconnaître, même à mon corps défendant : les mères protègent et menacent. Elles donnent et refusent. Non, elles ne sont pas seulement amour. Elles bercent et hurlent, mettent à l'abri et jettent à l'abandon. Elles apaisent et assoiffent, elles nourrissent et affament. Elles sont douceurs et douleurs. Pourquoi vouloir l'ignorer ?

Elles entourent leurs nouveau-nés d'illusions sonores. Elles chantent et enchantent puis il faut qu'elles s'esquivent pour qu'advienne le temps du désenchantement, celui qui permet à l'enfant de s'inventer son propre univers. Si la mère ouvre alors ses bras et confie l'enfant au monde, il fait ses premiers pas, confiant… La terre chante à son tour. Mais il est de méchantes mères, des reines nocturnes et destructrices.

À chaque fois que j'écoutais *La Flûte enchantée*, les airs de la Reine de la Nuit exerçaient leur empire. J'aurais voulu, les yeux fermés, isoler cette voix en majesté, ne pas savoir ce qu'elle disait, ne jamais, jamais, devenir cette mère dévorante, ni tomber entre ses griffes. Mais était-ce possible ? La Reine régnait par ses vocalises sublimes et ténébreuses. Elle était la voix de la tyrannie maternelle qui, depuis la nuit des temps, détient un pouvoir quasi absolu sur ceux et celles qu'elle a mis au monde. Comment éteindre cette dette ? Comment lui résister, ne pas succomber à son désir ravageur ? L'aimer sans se trahir ni se perdre ?

Par de vastes mouvements tournoyants qui la liaient toujours davantage, les inflexions de la Reine encerclaient sa fille, s'emparant d'elle comme d'une proie. Chaque *contre fa* jaillissait comme un coup de poignard porté à l'amour candide que ressentait Pamina pour sa mère. La haine et la rage habitaient sa voix. L'effroi l'accompagnait. Pamina ne pouvait que s'y soumettre, ployée, ramassée sur elle-même, assujettie à ce timbre métallique aux accents toujours plus aigus qui la terrassaient. La Reine, possédée par une passion ravageuse, se jetait dans des vocalises acrobatiques, de grands écarts furieux, des arpèges démoniaques. Hors d'elle, comme désincarnée, elle était tout entière dans son gosier. L'accélération de ses trilles plongeait sa fille dans une douleur glacée. Comment échapper à ces accents enténébrés qui roulaient et s'enroulaient autour d'elle, porteurs d'une séduction fiévreuse, menaçante ? Comment ne pas succomber à cette voix hypnotique, féroce ?

Comment surtout ne jamais devenir cette mère malfaisante ?

Une fille peut-elle sans peine et sans tourments s'éloigner de sa mère ? Comment renoncer à ce qui demeure pour chacune son premier amour ? Avant d'aimer les hommes, avant même de s'attacher à son père, une fille a pour sa mère un amour absolu et longtemps exclusif. À ce lien fondateur, les filles demeurent fidèles bien au-delà de l'enfance. Souvent fusionnel jusqu'à devenir mortifère, cet attachement archaïque peut se transformer en piège ou, au contraire, se figer dans le rêve secret d'une idylle qui ne s'achèverait jamais. De mère en fille et petite-fille, les femmes s'emboîtent dans un corps à corps au-delà ou en deçà des mots, elles pensent qu'un même pouls les anime. Elles croient donner le *la* de la respiration, des battements du cœur, le tempo des tempes et des poignets, le rythme de la vie. Elles veulent battre la mesure du monde.

Babils et cris, accords et désaccords, éclats de voix. Mais leur apparente similitude est un leurre et un danger. La fille ne cherche-t-elle pas à conserver intacte l'idée que sa mère est une fée plutôt qu'une sombre divinité prête à l'engloutir avec elle dans sa défaite? Quel déchirement de s'éveiller à la vérité, de renoncer à ses illusions, d'accepter la différence et la séparation!

N'y a-t-il pas d'autre destin pour le couple mère-fille que le face-à-face tragique de Pamina et de la Reine de la Nuit? L'amour d'une femme pour sa mère – comme pour sa propre fille – ne pourrait-il pas être éprouvé dans une juste distance? Féerie ou sorcellerie, affrontement ou soumission, serait-ce illusoire de croire que cette rencontre peut échapper à toute dissociation brutale, à toute coupure définitive? Les sentiments entre mère et fille ne possèdent-ils pas autant de reflets que l'éventail des couleurs du temps? Qui pourrait jamais en clore l'énumération ? Soudain nuageux, lourds, étouffants et tournant à l'orage, zébrés d'éclairs puis à nouveau dégagés, apaisés et sans perturbations avant la prochaine pluie, le prochain vent.

J'aimais penser que le lien mère-fille pouvait se vivre dans la complexité des demi-teintes, des tons estompés, dégradés, veinés d'autres tons, dans la subtilité des clairs-obscurs, dans le chatoiement du mat et du brillant mêlés et pas seulement dans la violence des tonalités tranchées.

Avais-je tort d'espérer que l'intelligence sensible et une certaine forme de sagesse malicieuse puissent se mêler à l'amour maternel et filial pour en nuancer la démesure ?

Mère et fille s'affronteraient alors sans se déchirer, se détacheraient sans se perdre et s'aimeraient sans se confondre. Mais pour que ce duo ne se transformât pas en duel, il fallait que s'y joigne la voix du père, qu'il fasse entendre une autre tessiture en contrepoint afin que se réconcilient les délices et les dangers de la proximité.

Maestro, à votre tour !

*

Sur le seuil de la loge d'artiste apparut la petite fille, âgée de six ans, un bouquet de roses à la main. La cantatrice, qui venait de chanter la *Traviata*, déjà en vêtements de ville, portait encore sur le visage son maquillage de scène. Elle sourit à la jeune visiteuse car elle aimait savoir que certains soirs parmi la foule des spectateurs se trouvaient des enfants. Il lui semblait que sur leurs visages émerveillés se lisait la véritable magie de l'opéra, sa raison d'être. Sans hésiter, la chanteuse s'approcha de Sophie et, la saisissant par la taille, la hissa sur la chaise devant le grand miroir éclairé par des dizaines d'ampoules électriques. Elle décrocha d'une longue tringle chargée de ses costumes, le premier, celui de la scène du bal chez Flora, et le présenta devant la petite fille éblouie. Seule émergeait sa petite tête au-dessus du corsage et de l'ample jupe qui recouvrait non seulement ses jambes mais également une large partie des pieds de la chaise. Elles restèrent un long moment silencieuses, leurs regards captifs : la fillette était fascinée par son image, promesse d'une féminité triomphante, sous les yeux de la belle dame qu'elle avait admirée sur la scène quelques instants plus tôt, et la soprano voyait dans cette lueur de fierté le reflet de son désir d'être adulée mais surtout cette joie incomparable de la réalisation d'un rêve d'enfant. Leurs yeux se rejoignaient dans le grand miroir. La diva fit glisser une à une chacune de ses robes de scène devant la petite admiratrice : la festive, la champêtre et la longue chemise de nuit blanche du dernier acte. La petite fille demeurait muette de joie et la soprano riait de cet émerveillement.

La féminité serait-elle – comme la virilité – une mascarade, ou surtout un rôle à tenir dans le grand théâtre de la vie ? Alors mieux valait l'interpréter avec finesse, intelligence, et surtout avec un brin de malice et beaucoup d'imagination ! Elle sourit au petit bout de femme qui se mirait dans la glace et, en la soulevant pour la redéposer sur le sol, elle lui fit un clin d'œil de complicité comme si elle lui glissait à l'oreille : à toi, maintenant ! Et n'oublie pas : l'amour est un jeu. Joues-y bien, petite dame !

Transmettre

"How am I to get in?" asked Alice again, in a louder tone.
"Are *you to get in at all?" said the Footman. "That's the first question, you know."*

« Comment dois-je faire pour entrer ? demanda de nouveau Alice en élevant la voix.
– Est-il *vraiment nécessaire* que vous entriez ? interrogea le Laquais. C'est là, la première question, voyez-vous. »

À l'approche des fêtes de fin d'année, je m'offris un nouveau portefeuille. Je retirai un à un tous les papiers que contenait l'ancien : tickets de métro, pense-bête, cartes de banque, de bibliothèque, de visite, argent, photos, mots doux. Soudain, entre la carte d'identité et le permis de conduire, je découvris que je conservais depuis bientôt vingt ans le carton rouge sur lequel le pédiatre avait noté toutes les vaccinations de notre fille depuis sa naissance !

Ce n'était pas la première fois que je changeais de portefeuille, mais jamais ne m'avait traversée l'idée de ranger cette liste dans quelque chemise ou dossier administratif. Était-il donc si difficile de renoncer à ce lien archaïque, de protection, d'attention incessante, de complicité sans fin ?

Pendant ce temps-là, de l'autre côté du Channel, le « vieux bébé » cherchait à me joindre pour dire combien la vie était devenue compliquée sans son père et sa mère pour amortir tous les heurts, bobos, contretemps et tracas de l'existence quotidienne. Elle avait hâte de revenir à la maison pour les vacances de Noël. Avec la même patience que jadis mais pour d'autres enjeux, et cette fois-ci de loin, je l'encourageai, je l'entourai, je la guidai, je la grondai aussi. Elle répliqua : « Je sens que je vais pleurer. »

Surtout, tenir bon, ne pas la consoler trop

vite. Lettre après lettre, je tapai : « Pleurer fait du bien. Tu vas trouver la solution. » Réponse : « Oui, mais c'est dur dur. » Son père lui envoya ses encouragements : « Bonne journée à la travailleuse dans la joie de l'effort, car cela existe aussi. Je pense fort à toi. »

À la veille de nos retrouvailles, après plusieurs semaines, plusieurs mois de séparation, la nostalgie se faisait insistante. Sophie avait le mal du pays, le spleen, le blues, le vague à l'âme. Je me plongeais dans le dictionnaire. La nostalgie (du grec *nostos*, retour, et *algos*, douleur) était définie comme un dépérissement causé par le désir violent de retourner dans sa patrie (pourquoi pas « matrie » ?). Par extension, le regret éprouvé à la pensée de ce qui n'est plus ou qu'on ne possède plus, au souvenir d'un milieu auquel on a cessé d'appartenir, d'un genre de vie qu'on a cessé de mener, d'une époque révolue.

Sophie nous écrivit : « Je perds mes repères. Je ne sais plus où est ma maison. Je ne sais plus qui je suis. »

*

Dans le hall de la gare encore désert, nous attendions son arrivée. Soudain les voyageurs en provenance de Londres se mirent à défiler dans un flot immense, incessant. Nous guettions, parmi tous les visages, le sien, parmi toutes les silhouettes, la sienne. Pourquoi ne l'apercevions-nous pas ? Où était-elle ? Soudain, elle avança vers nous, souriante, lourdement chargée, habillée de noir, de nouvelles bottes aux pieds.

Elle avait mille choses à raconter, nous nous interrompions sans cesse, posant des questions sans attendre les réponses. À notre arrivée à la maison, elle fit le tour du propriétaire en notant tout ce qui s'était transformé en son absence. Elle déballa ses valises au milieu du couloir, partit en quête de la chatte qui s'était réfugiée sous le toit. Son frère allait nous rejoindre pour un dîner à quatre. La maisonnée était au complet.

Préparant la cuisine, je lui demandai, avec hésitation, le coup de main qu'elle ne m'avait pas spontanément proposé. J'aurais voulu ne pas endosser dès le premier soir mon rôle d'éducatrice : goûter au bonheur d'un temps suspendu, d'un moment sans tensions, ne pas jouer à la mère et à la fille, vivre dans une complicité affectueuse en dehors des générations, non pas comme deux amies mais deux personnes solidaires, proches, en harmonie.

Rien n'est plus difficile que d'échapper à l'enfermement de nos rôles familiaux. Ils nous collent à la peau, deviennent des masques que nous ne pouvons plus retirer.

Alors que j'avais quitté la maison de mes parents depuis longtemps, chaque fois que je revenais les voir, ils m'offraient à boire et je renversais mon verre. En leur présence, je redevenais instantanément la fillette dont ils disaient qu'elle avait deux mains gauches. Je reprenais la place qui m'avait jadis été désignée, celle de l'enfant malhabile que ses parents corrigent, dont ils se plaignent : « tu es bonne à rien ». Je leur donnais raison, je n'étais toujours pas capable de boire un simple verre de thé sans le bousculer sur la belle nappe, repassée avec tant d'amour par ma mère. Je méprisais ses valeurs les plus essentielles : le goût du travail bien fait, la constance, la rigueur, le désir de perfection. D'un revers de main, je renversais l'ordre de leur univers.

Un jour, ce geste anachronique disparut ; avais-je grandi sans m'en apercevoir ? Mystérieuse alchimie. Comme dans un pas de deux, les partenaires doivent s'accorder, se répondre, s'emboîter. L'équilibre ne va pas de soi, se cherche, longuement, souvent sans succès, ou apparaît puis disparaît comme un courant aléatoire. Il ne suffit pas à l'enfant de se révolter, il faut aussi que le parent accueille son enfant transformé en adulte ; il ne suffit pas que le parent regarde sa progéniture avec de nouvelles lunettes, l'enfant doit également se métamorphoser, se conduire en adulte, s'imposer aux yeux de ses géniteurs comme un être dont l'identité ne se définit pas seulement dans ce rapport de filiation.

Combien de pères et de fils, de mères et de filles ou de pères et de filles, de mères et de fils parviennent-ils, ne fût-ce que le temps d'une seule conversation, à échapper à la prison de leurs jeux réciproques ? Il suffit parfois d'une seule intonation de voix, d'une seule recommandation maladroite, « ne prends pas froid », « n'oublie pas de me téléphoner », ou « ma petite maman chérie », pour que tout bascule de nouveau, chacun se trouve happé par les anciens schémas. La contrainte est présente des deux côtés : le bébé de jadis voudrait bien être considéré comme un être autonome qui a désormais « sa vie » en dehors du cercle familial, mais le père ou la mère voudrait également être perçu comme un être humain complet, pas seulement comme un pourvoyeur de services, de nourriture, d'argent, de consolations à l'infini.

Comment quitter la maison de ses parents ? Jadis, par le mariage ou le service militaire. L'armée pour les garçons, parfois le séminaire, ou le compagnonnage ; l'hyménée pour les filles, le couvent, la vie de servante placée, de gouvernante. Le destin était souvent tout tracé ; peu de liberté offerte au désir singulier.

Lorsque j'étais petite, mes parents racontaient volontiers qu'à la fin du lycée les jeunes gens partaient à l'étranger – ou dans une grande ville – faire leurs études. Cela semblait, dans leurs récits, aller de soi. À dix-huit ans, un baluchon au bout d'un bâton (c'est ainsi que je me représentais le voyage), chacun s'en allait découvrir le monde. La vie d'étudiant paraissait pleine de promesses. De la séparation, rien n'était dit. Il semblait aussi naturel de passer de la maison familiale à la chambre en ville que du berceau au lit à barreaux, puis sans barreaux.

Le jour venu, j'allai à la fac dans ma propre ville, restai dormir dans ma chambre de jeune fille. Rien n'avait changé, en apparence. Plus tard, après avoir pris la décision de louer un petit studio, je rentrai chez mes parents à l'heure du dîner pour le leur annoncer. Un lourd silence suivit. La télévision allumée diffusait un concert. « Tais-toi, j'écoute la musique ! », répliqua sèchement mon père.

Lui n'avait jamais « quitté » sa maison, il en avait été éjecté, violemment, par les circonstances de l'Histoire. Comment devenir un père sans avoir connu le sien ? Comment faire face à la séparation alors qu'elle avait signifié pour lui l'abandon, la mort, le meurtre ? De ses blessures, de ses déchirures, il ne m'avait jamais parlé. Enfant-éponge, j'avais absorbé – à mon insu, à son insu – ses failles inassimilables. La séparation était un sujet tabou. Peut-être aurait-il fallu que je me marie pour ritualiser les émotions insupportables, leur donner une forme acceptable. Mon père aurait pu / dû conduire sa fille jusqu'à l'autel ou devant Monsieur le Maire, la confier officiellement à un autre homme, s'en séparer aux yeux de tous ; s'en séparer à ses propres yeux. Cela n'eut pas lieu. Je ne croyais pas au mariage, je voulais vivre l'amour sans contrat. Je gardai mon nom, le sien donc. Étrange fidélité.

*

Un après-midi alors que Sophie avait posé son ordinateur près du mien, que nous travaillions côte à côte dans une atmosphère feutrée, Jonathan passa la porte. Il venait me demander de lui apprendre à coudre un bouton. Je me souvenais des leçons de couture de ma mère ; j'ouvris la boîte en acajou qu'elle avait restaurée pour me l'offrir emplie de tout le nécessaire : bobines de fils de couleur, dés, aiguilles, épingles à tête colorée, ciseaux, mètre ruban, craie, boutons, fermeture éclair, agrafes. Le plus important, annonçai-je avec un peu de solennité, c'est de faire un nœud au bout du fil avant de l'enfiler, comme une ancre de bateau. Joignant le geste à la parole, je portai le fil blanc à mes lèvres, en mouillai l'extrémité avant de l'enrouler deux fois autour de mon index, de torsader les brins d'un mouvement de va-et-vient puis de faire glisser la petite masse de fil entre les ongles pour la transformer en nœud. Je répétai plusieurs fois l'opération sous les yeux attentifs de mon quasi-fils à qui je proposai de s'exercer à son tour. Il s'y appliqua volontiers, étonné de découvrir que tout commençait par ce petit nœud indispensable. Sur mes indications, il enfila, après l'avoir humecté, l'autre bout du fil dans le chas de l'aiguille, piqua celle-ci à travers le tissu de sa chemise et entreprit de fixer le petit bouton de nacre. Je lui montrai comment faire naître entre la chemise et le bouton une petite tige de fil pour laisser un peu de « jeu » afin de faciliter ensuite le boutonnage.

Moment magique de transmission. Donner, recevoir. C'était moi, en vérité, qui recevais.

Je l'encourageai à passer à travers les quatre trous du bouton en les reliant deux par deux parallèlement, à la mode française. Mon amie styliste venait de me raconter qu'en Angleterre on passe l'aiguille enfilée dans le trou placé diagonalement ce qui crée une petite croix. Pendant la Seconde Guerre mondiale, des membres de commandos anglais parachutés en France avaient été démasqués parce que leurs boutons étaient cousus dans un style inconnu de ce côté-ci de la Manche. Cet infime détail avait tout fait basculer. De l'art de coudre un bouton dépendait la vie ou la mort.

*

Qu'est-ce que j'avais reçu de mes parents ? qu'est-ce que j'avais transmis à mes enfants ? D'une génération à l'autre circulent à notre insu bien plus de choses tues que dites. Des manières de penser et de dépenser (« ne dépense jamais plus que ce que tu as »), de bouger, de parler, de rire, d'ouvrir sa table aux hôtes de passage, d'accepter ou de refuser ce qui vient d'ailleurs… Il y a les phrases prononcées : « fais absolument confiance mais vérifie », disait à Georges son père ; « sois persévérante comme le ver qui traverse la pomme », me recommandait mon père.

Il y a aussi les phrases implicites, ou même inconnues, qui nous traversent, nous hantent parfois, font de nous les otages d'une longue filiation muette. Un certain rapport aux choses, au monde, à soi, dicté par quelque chiffre secret, protecteur ou, au contraire, lourd et sombre à porter. Mais sans doute vaut-il mieux recevoir quelque chose en héritage – même encombrant, même douloureux – que de ressentir une absence, un vide, impossible à combler. Les secrets de famille, les traumatismes, les hontes cachées nous plombent. Les blessures se transmettent. Comment les cicatriser, tenter de rapprocher les bords disjoints pour qu'une suture naisse ? Faire peau neuve.

Vingt ans de grossesse et une dent de lait

"I'm not myself, you see. [...] I ca'n't understand it myself, to begin with; and being so many different sizes in a day is very confusing."

« Je ne suis pas moi-même, vous voyez. [...] Pour commencer, je ne le comprends pas moi-même ; prendre autant de tailles différentes en un seul jour, c'est très déroutant. »

Lorsque notre fille reprit l'Eurostar après les fêtes, elle nous salua de la main avant de disparaître au bout du couloir, là où les douaniers lui demandaient de montrer ses papiers d'identité, les agents de la sécurité d'enlever ses chaussures. Un peu plus tard, elle envoya un message : « Dur, dur d'être seule à présent, après avoir été entourée. »

*

Le départ de Sophie transforma mon corps. Je n'étais plus un giron.

Le petit ventre pris après l'accouchement m'avait donné l'illusion d'être toujours enceinte. Certaines femmes détestent cet état, d'autres l'adorent. Allaiter m'avait offert une étrange impression de toute-puissance. Pourquoi ne pas mettre une petite annonce dans le journal : « Écrivain cherche bébé à qui donner son lait » ?

Je continuai à donner le sein à notre fille, au coucher du soir, longtemps après avoir introduit les panades et l'alimentation solide. J'avais lu, chez Mélanie Klein, la grande prêtresse de la « mauvaise mère », que tous les traumatismes naissaient du sevrage. Mon bébé démentit cette théorie ; un soir, elle s'endormit sans réclamer son dû, elle avait cessé d'être un nourrisson. La traumatisée des deux n'était pas celle que décrivaient les livres.

Séparée de ma fille et de mon quasi-fils, mon estomac continuait à faire des siennes. Je ne digérais plus. Quelques biscottes le matin, deux fois par jour un peu de bouillon parfumé d'herbes : curcuma, gingembre, coriandre, baies de genévrier, romarin, muscade, clous de girofle, laurier. Je ne mangeais presque rien.

Ma silhouette se métamorphosa.

Avais-je finalement reconnu, accepté, consenti que mon bébé avait définitivement, et sans retour, quitté mon ventre ? M'avait-il fallu vingt ans de grossesse avant d'admettre que l'accouchement avait bien eu lieu, le cordon ombilical coupé et noué ?

Les semaines, les mois passaient. De plus en plus vite.

Un après-midi de printemps, alors que je croquais un macaron au chocolat, surgit dans ma bouche la rencontre, inattendue et déplaisante, d'une friandise moelleuse avec le goût métallique d'un plombage descellé. Non, non, ce n'était pas une dent de sagesse qui faisait des siennes, mais une innocente petite quenotte qui m'accompagnait depuis ma plus tendre enfance, refusant jusqu'à la dernière extrémité de quitter mon palais. Il n'y avait plus moyen d'y échapper : je devais me séparer de ma dernière dent de lait.

Toute la vie, il nous arrive de rêver que nos dents tombent, rêve ou cauchemar récurrent qui finit par signifier toute perte, toute séparation. Alors qu'à la fin de l'adolescence j'allais voir mon dentiste, il m'annonça gaiement : « Tu as gardé une dent de lait, mais, je te le promets, je ne dirai rien à ton futur mari. »

Avec une fidélité rarissime, cette canine ne m'avait pas quittée ; *bonne fille*, elle avait vaillamment occupé la place d'une dent « définitive ». Elle tenait à moi, je tenais à elle. Mais, l'heure de la séparation était définitivement venue. Nous ne pouvions y échapper, ni elle ni moi. Je devais lui dire adieu, à cette excentrique dent provisoire. J'avais pu croire, au fil des ans, que le temporaire se transfigurait en immuable ; il fallait renoncer à ma dernière dent de lait – aux quelques illusions enfantines dont elle avait été la gardienne.

Je n'étais plus une enfant, plus (tout à fait) une maman, je n'avais plus de lait, ni à recevoir, ni à donner.

L'amour est un art difficile

> *"Take care of the sense, and the sounds will take care of themselves."*
>
> « Occupons-nous du sens, et laissons les sons s'occuper d'eux-mêmes. »

Face à face, un homme et une femme, seuls désormais. Plus d'enfants pour les distraire, les protéger, les réunir. Comment poursuivre l'histoire ? L'un avec l'autre ? L'un sans l'autre ? Complicité ? Confrontation ? Déchirures ?

Les chemins qui conduisent ceux qui s'aiment à préserver leur amour, à le garder vivant, sont des voies escarpées, tortueuses, rares, où écueils et embûches frôlent de près l'abîme.

Des émotions contradictoires agitent les

partenaires : doute, impatience, jalousie, colère, regret, reproche, désir d'emprise, réticence, impuissance, peur de l'abandon, déception, mélancolie… La sagesse amoureuse exige qu'on ne s'y attarde pas ; mais l'amour est une scène où se livrent bataille l'intelligence et la déraison, la soif dévorante de savoir et le besoin d'obscurité, les rêves de fusion et l'attraction violente de la liberté.

Garder clos son jardin. Cultiver le désir.

La tentation de la transparence est un leurre, un piège. La force secrète de l'amour tient à sa part de mystères, de surprises, de jeux, d'esquives, de mots chuchotés, de silences.

Ne pas tout dire, ne pas tout demander.

Faut-il connaître pour aimer ? faut-il *tout* connaître, *tout* comprendre de l'autre, pour lui offrir sa confiance ?

Douceurs et douleurs de l'altérité. Croiser masculin et féminin, proche et lointain, dedans et dehors, semblable et complémentaire. Esquisser un mouvement de valse, trois pas en avant, trois pas sur le côté ; s'approcher, s'éloigner, virevolter, s'enivrer l'un de l'autre.

L'amour peut-il être grave et léger, espiègle et généreux, épousant le bonheur aux courbes incertaines, sans rechercher les fleurs orgueilleuses de la douleur romantique ni le cynisme du libertinage ? Si la force irrépressible qui emporte notre être était celle d'Éros, comment conjuguer harmonie et vertiges ? À l'école des amants, on apprend à jongler avec l'ambiguïté des sentiments, à ne pas s'y laisser meurtrir.

Cupidon est quelquefois représenté tenant par les ailes un papillon qu'il tourmente. Quel est le visage de l'Amour : joyeux, ludique, tendre, vif, capricieux, ardent, insaisissable, de feu et de glace, de sel et de sucre ?

Affirmer l'amour comme une décision – entre soi et soi, entre soi et l'autre –, une invention incessante.

Poursuivre

"Oh, I've had such a curious dream!" said Alice. And she told her sister, as well as she could remember them, all these strange Adventures of hers that you have just been reading about.

« Oh, quel rêve bizarre je viens de faire ! » s'exclama Alice. Et elle se mit à raconter à sa sœur, autant qu'elle pouvait se les rappeler, toutes les étranges aventures que vous venez de lire.

À la fin de ses aventures, Alice se révolta. Elle comprit soudain que la menaçante souveraine qui voulait lui couper la tête n'était qu'une inoffensive figure d'un jeu de cartes.

« Qui fait attention à vous ? demanda Alice (qui avait maintenant retrouvé sa taille normale). Vous n'êtes qu'un jeu de cartes ! »

À ces mots, toutes les cartes montèrent dans

l'air et lui retombèrent dessus. Elle poussa un petit cri de colère et de frayeur, essaya de les repousser avec ses mains, et se retrouva couchée sur le talus, la tête sur les genoux de sa sœur qui enlevait doucement de son visage quelques feuilles mortes tombées des arbres.

« Alice, ma chérie, réveille-toi ! lui dit sa sœur. Comme tu as dormi longtemps ! »

« Oh, quel rêve bizarre je viens de faire ! s'exclama Alice. »

*

Au fil du temps, Sophie découvrait l'autonomie, je prenais goût à la liberté. Une certaine insouciance nous gagnait. De quoi l'avenir serait fait, nous n'en savions rien. Reviendrait-elle à la maison ? Irait-elle vivre ailleurs ? La question flottait. Pour l'heure ma fille et mon quasi-fils vivaient leur vie, je me sentais légère. Je poursuivais l'écriture de ces pages, j'aurais aimé qu'elles se parent des couleurs de l'arc-en-ciel, mêlant – comme dans la vie – la pluie et le beau temps. Mes enfants les liraient-elles un jour ? En ajouteraient-ils d'autres, les leurs ?

Alors que Jonathan me vit un dimanche de mai déchiffrer le *Dit du vieux marin* de Coleridge pour aider, de loin, sa sœur à terminer un travail de littérature, il m'interrogea :

– Ça te fait quoi de retourner dans ton passé ?

– Mais ce n'est *pas* mon passé ! lui répondis-je sans hésiter.

C'était vrai. J'avais cessé d'être la mère d'une écolière. Je donnais un petit coup de pouce à une étudiante, en m'amusant. J'avais consacré vingt ans de ma vie à ma fille, désormais une autre période s'ouvrait. Sophie pouvait se tourner vers son père, son frère, ses amis, compter sur elle-même – sur elle-même surtout. Elle n'était plus mon petit bébé, je l'avais confiée au monde.

Si mai et juin annonçaient son retour prochain – la fin de son voyage anthropologique, comme elle nommait son expérience anglaise – et la perspective des vacances (Shéhérazade rêvait-elle déjà de chasser les lézards, de poursuivre des yeux les libellules ?), le printemps évoquait aussi la disparition de mes parents.

L'année écoulée m'avait vue méditer sur comment se séparer de ses enfants, revenait à présent la nostalgie de l'enfance, non pas précisément de mon enfance mais d'un jadis imaginaire, embelli par le temps écoulé. Il m'arrivait d'entrevoir dans la rue des silhouettes inconnues qui évoquaient mon père ou ma mère.

Le hasard d'une lecture me fit découvrir un mythe de la piété filiale romaine que racontait le poète latin, Valère Maxime, il y a bientôt deux mille ans :

Une femme de condition libre, convaincue d'un crime capital par le tribunal fut renvoyée en prison pour être mise à mort. Le geôlier, saisi de compassion, n'exécuta pas aussitôt l'ordre qu'il avait reçu ; il permit même à la fille de cette femme de lui rendre visite, après l'avoir soigneusement fouillée, de peur qu'elle n'apportât quelque nourriture. Il se persuadait que l'infortunée ne tarderait pas à succomber de faim. Plusieurs jours s'étant déjà écoulés, le gardien se demanda ce qui pouvait soutenir si longtemps la prisonnière. À force d'observer la fille, il la surprit, le sein découvert, allaitant sa mère, la préservant ainsi de la mort. La nouvelle d'un fait si surprenant, si admirable, parvint du geôlier au triumvir, du triumvir au préteur, du préteur au conseil des juges, qui fit grâce à la mère en considération du geste de la fille. Où ne pénètre point la piété filiale ? Comme l'amour est ingénieux qui trouve une manière si rare, si extraordinaire, de sauver une mère, alimentée du lait de sa fille ? Cette action, conclut Valère, paraîtrait contre nature, si celle-ci n'était justement pas d'aimer les auteurs de nos jours.

La nuit qui suivit la lecture de cette légende, je fis un rêve.

J'étais couchée auprès de mon père agonisant. Il mourut au cours de la nuit même ; je demeurai allongée en son immobile compagnie. Sans peur, je dormis jusqu'au matin. Je m'éveillai, regardai mon père décédé reposant tout contre moi. Se produisit alors une chose invraisemblable : le mort revint à la vie, ouvrit les yeux, se leva, reprit le cours ordinaire des choses comme s'il ne les avait jamais quittées. Je le vis endosser son tablier blanc de médecin (il n'avait jamais exercé cette profession, qui lui aurait, en effet, bien convenu), saisir son stéthoscope, puis déambuler dans les couloirs de l'hôpital avec ses collègues. J'avais dormi toute la nuit auprès d'un mort – auprès de la mort. Mon rêve me donnait la conviction que cette intimité, cette acceptation, cette transgression, peut-être, avait ouvert la voie du retour. Inversant l'ordre des générations, comme la jeune Romaine allaitant sa mère, j'avais redonné vie à l'auteur de mes jours.

Quitter ses parents, c'est un jour les voir mourir ; quitter ses enfants, se voir quitté par eux, c'est les regarder vivre. La séparation d'avec ma fille, d'avec mon quasi-fils, n'était plus une chose abstraite, une perspective lointaine. Elle avait eu lieu. Nous savions désormais que se séparer, ce n'était pas se perdre. D'autres complicités pourraient naître. Pourtant défilaient devant mes yeux, insistantes, des images d'adieux.

Sur un quai de gare, effusions au milieu des bagages, de la foule bruyante, nerveuse, l'étreinte que l'on voudrait prolonger jusqu'au dernier instant, retenir le bras du chef de gare, ne pas entendre son fatal coup de sifflet, ces mots terribles : « En voiture ! » La fumée du train à vapeur brouille les silhouettes, avale les visages aimés. Il faut s'arracher l'un à l'autre, gravir le marchepied, soulever une valise trop lourde, se retourner pour prononcer un mot encore, une recommandation, un serment ; les yeux embués, tenter de graver en soi l'intensité du regard de l'autre, lui adresser la même promesse.

Scène de la vie, scène de cinéma.

La séparation se vit presque toujours comme une mise en scène : c'est comme si on ne pouvait pas s'empêcher de se dédoubler, de se voir jouer les au revoir, un mouchoir à la main. Pathétique, poétique, troublante, comme lorsque dans un port retentit la sirène du bateau qui s'éloigne vers le large. C'est un cliché, une banalité, pourtant l'émotion nous étreint. Certains veulent la chasser, y échapper, la nier, d'autres en rajoutent, surjouent, cabotins de la vie. Chacun son registre.

À la gare, à l'aéroport, à l'embarcadère, sur le seuil de la porte, derrière la vitre d'un taxi, partout, la scène se répète à l'identique. Les embrassades prennent fin au milieu de l'agitation des voyageurs. La fièvre du départ devient palpable. On se bouscule, on crie, on égare son billet, ses lunettes. On voudrait suspendre le vol du temps, le figer.

La présence charnelle disparue, on souhaiterait par magie conserver en soi l'étreinte. La chaleur, le parfum, l'empreinte de la peau, le grain de la voix, tout s'efface. Demeure le regard ; aussi longtemps que possible on cherche à retenir les yeux de l'autre, à s'y plonger.

Par la fenêtre du train, du haut de la

passerelle, du pont du bateau, on remue le bras dans l'espoir que la silhouette aimée, de plus en plus floue, incertaine, qui s'éloigne de nous comme nous nous éloignons d'elle, garde quelque consistance, une trace de vie, une empreinte, comme une longue traîne qui perdure au-delà du vide.

Comment préserver l'autre en soi, s'en imprégner pour traverser l'absence ? Comment se déposer en l'autre ?

Les adieux se prolongent au-delà de la séparation ; dans la solitude du compartiment de chemin de fer, derrière le hublot du navire, de l'avion, le paysage de la campagne, de la mer ou du ciel s'étire, chargé d'inconnu, d'interrogations, de nostalgie, d'excitation, d'attentes. Dans la vitre, en surimpression, flotte notre propre visage. Partir, c'est renouer avec soi. Qui suis-je ? Qui est l'autre ? Que suis-je pour l'autre ? Qui est-il pour moi ?

Parfois, on fouille son sac, ses bagages, pour

retrouver quelques repères familiers, l'assurance de ne pas s'être perdu : un livre, un pique-nique, un téléphone, un ordinateur ; n'ai-je pas oublié mon carnet d'adresses, mon appareil photo, mon journal, les médicaments, l'argent, le plan, ma montre ? N'importe quoi que je puisse nommer mien, dérisoire ou essentiel, mais indispensable comme s'il s'agissait d'une boussole intérieure pour s'orienter au milieu de nulle part, un petit morceau de certitude.

Celle ou celui qui reste sur le quai remet son mouchoir au fond de la poche, le regard perdu au loin sur l'enchevêtrement des rails de chemin de fer, sur le sillage du bateau, les nuages.

Pivoter sur soi-même, faire demi-tour. Mettre un pied devant l'autre. Poursuivre. Commencer.

Comme la silhouette syncopée de Charlot agitant sa canne, le chapeau melon légèrement en déséquilibre, devenant de plus en plus petit jusqu'à n'être plus qu'un point noir à l'horizon.

28 septembre 2008

Table

COMMENT
J'AI VIDÉ LA MAISON DE MES PARENTS

LETTRES D'AMOUR EN HÉRITAGE

Rencontre

Alarme

Printemps 47

Pieps et Paps

Lettres perdues

Faire-part de mariage

COMMENT JE ME SUIS SÉPARÉE DE MA FILLE ET DE MON QUASI-FILS

L'auteure

Lydia Flem est membre de l'Académie royale de Belgique. Psychanalyste, écrivaine et photographe, elle vit et travaille à Bruxelles et à Paris.

Livres

Aux Éditions du Seuil dans « La Librairie du XXIe siècle » :

La Vie quotidienne de Freud et de ses patients (Hachette, 1986), nouvelle édition, 2018. Traduit en espagnol (castillan), chinois simplifié, italien, portugais et russe.

L'Homme Freud, 1991. Traduit en allemand, anglais (USA), espagnol (castillan), grec, hébreu et portugais.

Casanova ou l'exercice du bonheur, 1995 (Points P677). Traduit en allemand, anglais (GB et USA), espagnol (castillan), chinois (complexe et simplifié), italien et suédois.

La Voix des amants, 2002.

Comment j'ai vidé la maison de mes parents, 2004 (Points P2999). Traduit en allemand, anglais (GB), basque, espagnol (castillan et catalan), chinois (complexe et simplifié), coréen, grec, hébreu, italien, japonais, néerlandais, polonais et roumain.

Panique, 2005 (prix de l'Académie royale de Belgique) (Points P3353). Traduit en basque, espagnol (castillan), italien, néerlandais.

Lettres d'amour en héritage, 2006 (Points P3000). Traduit en basque, espagnol (castillan), chinois complexe, coréen, hébreu et italien.

Comment je me suis séparée de ma fille et de mon quasi-fils, 2009 (Points P3227). Traduit en basque et espagnol (castillan et catalan).

La Reine Alice, 2011 (Points P3130) (prix Pierre-Simon éthique et société, prix Victor-Rossel des jeunes). Traduit en italien.

Discours de réception de Lydia Flem à l'Académie royale de Belgique, 2011.

Je me souviens de l'imperméable rouge que je portais l'été de mes vingt ans, 2016.

Paris Fantasme, 2021 (Points P5571).

Expositions photographiques

2011 – Caen, IMEC (Institut mémoires de l'édition contemporaine), accrochage d'Alain Fleischer.

Exposition solo : *Lady Cobalt. Journal photographique* (29 janvier-27 février).

2011-2012 – Bruxelles, Espace photographique Contretype, commissaire Jean-Louis Godefroid.

Exposition solo : *Le Journal photographique de la Reine Alice* (29 novembre 2011-15 janvier 2012).

2014 – Berlin, Biennale de la photographie, Institut de France, commissaire Fabrice Gabriel.

Exposition solo : *Journal implicite* (17 octobre- 22 novembre).

2015 – Paris, Maison européenne de la photographie, commissaire Jean-Luc Monterosso.

Exposition solo : *Journal implicite* (15 avril-14 juin).

2019-2021 – Paris, Hôtel Lutetia, Suite littéraire « La Librairie du XXIe siècle », commissaire Maurice Olender.

Galerie Françoise Paviot, Paris :
2015 – Fiac.
2017 – Fiac et Paris Photo.
2018 – Paris Photo.
2019 – Art Paris.

Catalogue :
Journal implicite. Photographies 2008-2012, éd. Maison européenne de la photographie/La Martinière, 2013.

Bibliographie :
Les Photographies de Lydia Flem. The Photographs of Lydia Flem, avec des textes de : Yves Bonnefoy, Alain Fleischer, Fabrice Gabriel, Hélène Giannecchini, Agnès de Gouvion Saint-Cyr, Donatien Grau, Ivan Jablonka, Jean-Luc Monterosso, Catherine Perret, François Vitrani, édition bilingue français/anglais, éd. Maison européenne de la photographie/Maison de l'Amérique latine/Institut français de Berlin, 2014.

Série « Féminicide » 2016-2019

Paris Photo 2017 : Galerie Françoise Paviot, accrochage de trois photographies de la série « Féminicide » : Vermeer, Michel-Ange, Ingres.

Paris Photo 2018 : Galerie Françoise Paviot, accrochage de la photographie « Féminicide, Artemisia Gentileschi », sélectionnée dans le parcours « Elles X » de la commissaire Fannie Escoulen avec le soutien du ministère de la Culture.

Maison de l'Amérique latine, Paris, 28 février 2017 : soirée avec Luc Dardenne, Annie Ernaux, Ivan Jablonka, Maurice Olender, Edwy Plenel et François Vitrani. Projection de la vidéo « Féminicide » (3'30 min.)

Université de Montréal (Canada), *Musemedusa*, n° 6, 2018 : revue de littérature et d'art modernes, mise en ligne de 15 photographies de la série « Féminicide ». http://musemedusa.com

https://lydia-flem.com
http://paviotfoto.com/artistes/lydia-flem/

Philippe Borgeaud, *Aux origines de l'histoire des religions.*
Jorge Luis Borges, *Cours de littérature anglaise.*
Esteban Buch, Trauermarsch. *L'Orchestre de Paris dans l'Argentine de la dictature.*
Claude Burgelin, *Les Mal Nommés. Duras, Leiris, Calet, Bove, Perec, Gary et quelques autres.*
Italo Calvino, *Pourquoi lire les classiques.*
Italo Calvino, *La Machine littérature.*
Paul Celan et Gisèle Celan-Lestrange, *Correspondance.*
Paul Celan, *Le Méridien & autres proses.*
Paul Celan, *Renverse du souffle.*
Paul Celan et Ilana Shmueli, *Correspondance.*
Paul Celan, *Partie de neige.*
Paul Celan et Ingeborg Bachmann, *Le Temps du cœur. Correspondance.*
Michel Chodkiewicz, *Un océan sans rivage. Ibn Arabî, le Livre et la Loi.*
Antoine Compagnon, *Chat en poche. Montaigne et l'allégorie.*
Hubert Damisch, *Un souvenir d'enfance par Piero della Francesca.*
Hubert Damisch, *CINÉ FIL.*
Hubert Damisch, *Le Messager des îles.*
Hubert Damisch, *La Ruse du tableau. La peinture ou ce qu'il en reste.*
Luc Dardenne, *Au dos de nos images (1991-2005),* suivi de *Le Fils* et *L'Enfant*, par Jean-Pierre et Luc Dardenne.
Luc Dardenne, *Au dos de nos images II (2005-2014),* suivi de *Le Gamin au vélo* et *Deux jours, une nuit*, par Jean-Pierre et Luc Dardenne.
Luc Dardenne, *Sur l'affaire humaine.*

Michel Deguy, *À ce qui n'en finit pas.*
Daniele Del Giudice, *Quand l'ombre se détache du sol.*
Daniele Del Giudice, *L'Oreille absolue.*
Daniele Del Giudice, *Dans le musée de Reims.*
Daniele Del Giudice, *Horizon mobile.*
Daniele Del Giudice, *Marchands de temps.*
Daniele Del Giudice, *Le Stade de Wimbledon.*
Mireille Delmas-Marty, *Pour un droit commun.*
Jean-Paul Demoule, *Mais où sont passés les Indo-Européens ? Le mythe d'origine de l'Occident.*
Marcel Detienne, *Comparer l'incomparable.*
Marcel Detienne, *Comment être autochtone. Du pur Athénien au Français raciné.*
Donatella Di Cesare, *Heidegger, les Juifs, la Shoah. Les* Cahiers noirs.
Milad Doueihi, *Histoire perverse du cœur humain.*
Milad Doueihi, *Le Paradis terrestre. Mythes et philosophies.*
Milad Doueihi, *La Grande Conversion numérique.*
Milad Doueihi, *Solitude de l'incomparable. Augustin et Spinoza.*
Milad Doueihi, *Pour un humanisme numérique.*
Laurent Douzou, voir Sébastien Albertelli *et alii.*
Jean-Pierre Dozon, *La Cause des prophètes. Politique et religion en Afrique contemporaine*, suivi de *La Leçon des prophètes* par Marc Augé.
Pascal Dusapin, *Une musique en train de se faire.*
Brigitta Eisenreich, avec Bertrand Badiou, *L'Étoile de craie. Une liaison clandestine avec Paul Celan.*
Uri Eisenzweig, *Naissance littéraire du fascisme.*
Uri Eisenzweig, *Le sionisme fut un humanisme.*
Norbert Elias, *Mozart. Sociologie d'un génie.*

Norbert Elias, *Théorie des symboles.*
Norbert Elias, *Les Allemands. Luttes de pouvoir et développement de l'habitus aux XIXe et XXe siècles.*
Rachel Ertel, *Dans la langue de personne. Poésie yiddish de l'anéantissement.*
Arlette Farge, *Le Goût de l'archive.*
Arlette Farge, *Dire et mal dire. L'opinion publique au XVIIIe siècle.*
Arlette Farge, *Le Cours ordinaire des choses dans la cité du XVIIIe siècle.*
Arlette Farge, *Des lieux pour l'histoire.*
Arlette Farge, *La Nuit blanche.*
Alain Fleischer, *L'Accent, une langue fantôme.*
Alain Fleischer, *Le Carnet d'adresses.*
Alain Fleischer, *Réponse du muet au parlant. En retour à Jean-Luc Godard.*
Alain Fleischer, *Sous la dictée des choses.*
Lydia Flem, *L'Homme Freud.*
Lydia Flem, *Casanova ou l'Exercice du bonheur.*
Lydia Flem, *La Voix des amants.*
Lydia Flem, *Comment j'ai vidé la maison de mes parents.*
Lydia Flem, *Panique.*
Lydia Flem, *Lettres d'amour en héritage.*
Lydia Flem, *Comment je me suis séparée de ma fille et de mon quasi-fils.*
Lydia Flem, *La Reine Alice.*
Lydia Flem, *Discours de réception à l'Académie royale de Belgique*, accueillie par Jacques de Decker, secrétaire perpétuel.
Lydia Flem, *Je me souviens de l'imperméable rouge que je portais l'été de mes vingt ans.*

Lydia Flem, *La Vie quotidienne de Freud et de ses patients*, préface de Fethi Benslama.
Nadine Fresco, *Fabrication d'un antisémite.*
Nadine Fresco, *La Mort des juifs.*
Françoise Frontisi-Ducroux, *Ouvrages de dames. Ariane, Hélène, Pénélope…*
Françoise Frontisi-Ducroux, *Arbres filles et garçons fleurs. Métamorphoses érotiques dans les mythes grecs.*
Marcel Gauchet, *L'Inconscient cérébral.*
Hélène Giannecchini, *Une image peut-être vraie. Alix Cléo Roubaud.*
Hélène Giannecchini, *Voir de ses propres yeux.*
Jack Goody, *La Culture des fleurs.*
Jack Goody, *L'Orient en Occident.*
Anthony Grafton, *Les Origines tragiques de l'érudition. Une histoire de la note en bas de page.*
Jean-Claude Grumberg, *Mon père. Inventaire*, suivi de *Une leçon de savoir-vivre.*
Jean-Claude Grumberg, *Pleurnichard.*
Jean-Claude Grumberg, *La Plus Précieuse des marchandises. Un conte.*
François Hartog, *Régimes d'historicité. Présentisme et expériences du temps.*
Daniel Heller-Roazen, *Écholalies. Essai sur l'oubli des langues.*
Daniel Heller-Roazen, *L'Ennemi de tous. Le pirate contre les nations.*
Daniel Heller-Roazen, *Une archéologie du toucher.*
Daniel Heller-Roazen, *Le Cinquième Marteau. Pythagore et la dysharmonie du monde.*
Daniel Heller-Roazen, *Langues obscures. L'art des voleurs et des poètes.*

Ivan Jablonka, *Histoire des grands-parents que je n'ai pas eus. Une enquête.*
Ivan Jablonka, *L'histoire est une littérature contemporaine. Manifeste pour les sciences sociales.*
Ivan Jablonka, *Laëtitia ou la fin des hommes.*
Ivan Jablonka, *En camping-car.*
Roman Jakobson/Claude Lévi-Strauss, *Correspondance. 1942-1982.*
Jean Kellens, *La Quatrième Naissance de Zarathushtra. Zoroastre dans l'imaginaire occidental.*
Nicole Lapierre, *Sauve qui peut la vie.*
Marc de Launay, *Nietzsche et la race.*
Jacques Le Brun, *Le Pur Amour de Platon à Lacan.*
Jacques Le Brun, *Dieu, un pur rien. Angelus Silesius, poésie, métaphysique et mystique.*
Jacques Le Goff, *Faut-il vraiment découper l'histoire en tranches ?*
Jean Levi, *Les Fonctionnaires divins. Politique, despotisme et mystique en Chine ancienne.*
Jean Levi, *La Chine romanesque. Fictions d'Orient et d'Occident.*
Claude Lévi-Strauss, *L'Anthropologie face aux problèmes du monde moderne.*
Claude Lévi-Strauss, *L'Autre Face de la lune. Écrits sur le Japon.*
Claude Lévi-Strauss, *Nous sommes tous des cannibales.*
Claude Lévi-Strauss, *« Chers tous deux ». Lettres à ses parents, 1931-1942.*
Claude Lévi-Strauss, *Le Père Noël supplicié.*
Claude Lévi-Strauss, *Anthropologie structurale zéro.*
Claude Lévi-Strauss/Roman Jakobson, *Correspondance. 1942-1982.*

Monique Lévi-Strauss, *Une enfance dans la gueule du loup.*
Nicole Loraux, *Les Mères en deuil.*
Nicole Loraux, *Né de la Terre. Mythe et politique à Athènes.*
Nicole Loraux, *La Tragédie d'Athènes. La politique entre l'ombre et l'utopie.*
Patrice Loraux, *Le Tempo de la pensée.*
Sabina Loriga, *Le Petit x. De la biographie à l'histoire.*
Charles Malamoud, *Le Jumeau solaire.*
Charles Malamoud, *La Danse des pierres. Études sur la scène sacrificielle dans l'Inde ancienne.*
François Maspero, *Des saisons au bord de la mer.*
Marie Moscovici, *L'Ombre de l'objet. Sur l'inactualité de la psychanalyse.*
Maurice Olender, *Un fantôme dans la bibliothèque.*
Maurice Olender, *Singulier, pluriel.*
Nicanor Parra, *Poèmes et Antipoèmes* et *Anthologie (1937-2014).*
Michel Pastoureau, *L'Étoffe du diable. Une histoire des rayures et des tissus rayés.*
Michel Pastoureau, *Une histoire symbolique du Moyen Âge occidental.*
Michel Pastoureau, *L'Ours. Histoire d'un roi déchu.*
Michel Pastoureau, *Les Couleurs de nos souvenirs.*
Michel Pastoureau, *Le Roi tué par un cochon. Une mort infâme aux origines des emblèmes de la France ?*
Michel Pastoureau, *Une couleur ne vient jamais seule. Journal chromatique, 2012-2016.*
Vincent Peillon, *Une religion pour la République. La foi laïque de Ferdinand Buisson.*
Vincent Peillon, *Éloge du politique. Une introduction au XXIe siècle.*

Vincent Peillon, *Liberté, égalité, fraternité. Sur le républicanisme français.*
Georges Perec, *L'Infra-ordinaire.*
Georges Perec, *Vœux.*
Georges Perec, *Je suis né.*
Georges Perec, *Cantatrix sopranica L. et autres écrits scientifiques.*
Georges Perec, *L. G. Une aventure des années soixante.*
Georges Perec, *Le Voyage d'hiver.*
Georges Perec, *Un cabinet d'amateur.*
Georges Perec, *Beaux présents belles absentes.*
Georges Perec, *Penser/Classer.*
Georges Perec, *Le Condottière.*
Georges Perec, *L'Attentat de Sarajevo.*
Georges Perec/OuLiPo, *Le Voyage d'hiver & ses suites.*
Catherine Perret, *L'Enseignement de la torture. Réflexions sur Jean Améry.*
Michelle Perrot, *Histoire de chambres.*
Michelle Perrot, *George Sand à Nohant. Une maison d'artiste.*
J.-B. Pontalis, *La Force d'attraction.*
Jean Pouillon, *Le Cru et le Su.*
Jérôme Prieur, *Roman noir.*
Jérôme Prieur, *Rendez-vous dans une autre vie.*
Jérôme Prieur, *La Moustache du soldat inconnu.*
Jacques Rancière, *Courts Voyages au pays du peuple.*
Jacques Rancière, *Les Noms de l'histoire. Essai de poétique du savoir.*
Jacques Rancière, *La Fable cinématographique.*
Jacques Rancière, *Chroniques des temps consensuels.*
Jacques Rancière, *Les Bords de la fiction.*
Jean-Michel Rey, *Paul Valéry. L'aventure d'une œuvre.*

Jacqueline Risset, *Puissances du sommeil.*

Jean-Loup Rivière, *Le Monde en détails.*

Denis Roche, *Dans la maison du Sphinx. Essais sur la matière littéraire.*

Olivier Rolin, *Suite à l'hôtel Crystal.*

Olivier Rolin & Cie, *Rooms.*

Charles Rosen, *Aux confins du sens. Propos sur la musique.*

Israel Rosenfield, *« La Mégalomanie » de Freud.*

Pierre Rosenstiehl, *Le Labyrinthe des jours ordinaires.*

Paul-André Rosental, *Destins de l'eugénisme.*

Jacques Roubaud, *Poétique. Remarques. Poésie, mémoire, nombre, temps, rythme, contrainte, forme, etc.*

Jacques Roubaud, *Peut-être ou la Nuit de dimanche (brouillon de prose). Autobiographie romanesque.*

Jean-Frédéric Schaub, *Oroonoko, prince et esclave. Roman colonial de l'incertitude.*

Jean-Frédéric Schaub, *Pour une histoire politique de la race.*

Francis Schmidt, *La Pensée du Temple. De Jérusalem à Qoumrân.*

Jean-Claude Schmitt, *La Conversion d'Hermann le Juif. Autobiographie, histoire et fiction.*

Michel Schneider, *La Tombée du jour. Schumann.*

Michel Schneider, *Baudelaire. Les années profondes.*

Jean Schwœbel, *La Presse, le pouvoir et l'argent*, préface de Paul Ricœur, avant-propos d'Edwy Plenel.

David Shulman, Velcheru Narayana Rao et Sanjay Subrahmanyam, *Textures du temps. Écrire l'histoire en Inde.*

David Shulman, *Ta'ayush. Journal d'un combat pour la paix. Israël-Palestine, 2002-2005.*

Jean Starobinski, *Action et Réaction. Vie et aventures d'un couple.*

Jean Starobinski, *Les Enchanteresses.*

Jean Starobinski, *L'Encre de la mélancolie.*

Anne-Lise Stern, *Le Savoir-déporté. Camps, histoire, psychanalyse.*

Antonio Tabucchi, *Les Trois Derniers Jours de Fernando Pessoa. Un délire.*

Antonio Tabucchi, *La Nostalgie, l'Automobile et l'Infini. Lectures de Pessoa.*

Antonio Tabucchi, *Autobiographies d'autrui. Poétiques* a posteriori.

Emmanuel Terray, *La Politique dans la caverne.*

Emmanuel Terray, *Une passion allemande. Luther, Kant, Schiller, Hölderlin, Kleist.*

Emmanuel Terray, *Mes anges gardiens*, précédé d'*Emmanuel Terray l'insurgé*, par Françoise Héritier.

Camille de Toledo, *Le Hêtre et le Bouleau. Essai sur la tristesse européenne*, suivi de *L'Utopie linguistique ou la Pédagogie du vertige.*

Camille de Toledo, *Vies pøtentielles.*

Camille de Toledo, *Oublier, trahir, puis disparaître.*

Peter Trawny, *Heidegger. Une introduction critique.*

César Vallejo, *Poèmes humains* et *Espagne, écarte de moi ce calice.*

Jean-Pierre Vernant, *Mythe et religion en Grèce ancienne.*

Jean-Pierre Vernant, *Entre mythe et politique I.*

Jean-Pierre Vernant, *L'Univers, les Dieux, les Hommes. Récits grecs des origines.*

Jean-Pierre Vernant, *La Traversée des frontières. Entre mythe et politique II.*

Ida Vitale, *Ni plus ni moins.*

Nathan Wachtel, *Dieux et vampires. Retour à Chipaya.*
Nathan Wachtel, *La Foi du souvenir. Labyrinthes marranes.*
Nathan Wachtel, *La Logique des bûchers.*
Nathan Wachtel, *Mémoires marranes. Itinéraires dans le* sertão *du Nordeste brésilien.*
Catherine Weinberger-Thomas, *Cendres d'immortalité. La crémation des veuves en Inde.*
Natalie Zemon Davis, *Juive, catholique, protestante. Trois femmes en marge au* XVIIe *siècle.*

Éditions Points

DERNIERS TITRES PARUS

P5024. Les Saisons inversées, *Renaud S. Lyautey*
P5025. Dernier Été pour Lisa, *Valentin Musso*
P5026. Le Jeu de la défense, *André Buffard*
P5027. Esclaves de la haute couture, *Thomas H. Cook*
P5028. Crimes de sang-froid, *Collectif*
P5029. Missing : Germany, *Don Winslow*
P5030. Killeuse, *Jonathan Kellerman*
P5031. #HELP, *Sinéad Crowley*
P5032. L'Humour au féminin en 700 citations
Macha Méril & Christian Poncelet
P5033. Baroque Sarabande, *Christiane Taubira*
P5034. Moins d'ego, plus de joie ! Un chemin pour se libérer
Christopher Massin
P5035. Le Monde selon Barney, *Mordecai Richler*
P5036. Portrait de groupe avec dame, *Heinrich Böll*
P5037. Notre-Dame. Une anthologie de textes d'écrivains
P5003. Les cigognes sont immortelles, *Alain Mabanckou*
P5038. La Chance de leur vie, *Agnès Desarthe*
P5039. Forêt obscure, *Nicole Krauss*
P5040. Des pierres dans ma poche, *Kaouther Adimi*
P5041. Einstein, le sexe et moi, *Olivier Liron*
P5042. Carnaval noir, *Metin Arditi*
P5043. Roissy, *Tiffany Tavernier*
P5044. Darling Days, *iO Tillett Wright*
P5045. Le Bleu du lac, *Jean Mattern*
P5046. Qui a tué mon père, *Edouard Louis*
P5047. Les Enfants de cœur, *Heather O'Neill*
P5048. L'Aurore, *Selahattin Demirtas*
P5049. Comment t'écrire adieu, *Juliette Arnaud*
P5050. Le Syndrome de la chouquette, *Nicolas Santolaria*
P5051. Ça commence par moi, *Julien Vidal*
P5052. Les Papillons de comptoirs, *Jean-Marie Gourio*
P5053. La Vita nuova, *Dante*
P5054. Sótt, *Ragnar Jónasson*
P5055. Sadorski et l'Ange du péché, *Romain Slocombe*
P5056. D'argent et de sang, *Fabrice Arfi*
P5057. Débranchez-vous !, *Matt Haig*
P5058. Hôtel Waldheim, *François Vallejo*
P5059. Des raisons de se plaindre, *Jeffrey Eugenides*

P5060. Manuel de survie à l'usage des jeunes filles
Mick Kitson
P5061. Seul à travers l'Atlantique, *Alain Gerbault*
P5062. La Terre magnétique, *Édouard Glissant*
P5063. Dans mes pas, *Jean-Louis Étienne*
P5064. Raga. Approche du continent invisible
Jean-Marie Gustave Le Clézio
P5065. Mais ne sombre pas, *Aristide Barraud*
P5066. La Vie sexuelle en France, *Janine Mossuz-Lavau*
P5067. Dégradation, *Benjamin Myers*
P5068. Les Disparus de la lagune, *Donna Leon*
P5069. L'homme qui tartinait une éponge, *Colette Roumanoff*
P5070. La Massaia, *Paola Masino*
P5071. Le Cœur blanc, *Catherine Poulain*
P5072. Frère d'âme, *David Diop*
P5073. Désintégration, *Emmanuelle Richard*
P5074. Des mirages plein les poches, *Gilles Marchand*
P5075. J'ai perdu mon corps, *Guillaume Laurant*
P5076. Le Dynamiteur, *Henning Mankell*
P5077. L'Homme sans ombre, *Joyce Carol Oates*
P5078. Le Paradoxe Anderson, *Pascal Manoukian*
P5079. De l'aube à l'aube, *Alain Bashung*
P5080. Journal d'un observateur, *Alain Duhamel*
P5081. C'est aujourd'hui que je vous aime, *François Morel*
P5082. Crépuscule, *Juan Branco*
P5083. Les Fabuleuses Aventures de Nellie Bly, *Nellie Bly*
P5084. Le Roman du Canard, *Patrick Rambaud*
P5085. Les Aventures illustrées de Pensouillard le hamster.
Comment apprivoiser l'ego, *Serge Marquis*
P5086. Les 300 Plus Belles Fautes... à ne pas faire.
Et autres extravagances à éviter, *Alfred Gilder*
P5087. Le ministre est enceinte. Ou la grande querelle
de la féminisation des noms, *Bernard Cerquiglini*
P5088. Les Mots voyageurs. Petite histoire du français
venu d'ailleurs, *Marie Treps*
P5089. Un bonbon sur la langue. On n'a jamais fini de découvrir
le français !, *Muriel Gilbert*
P5090. Luc, mon frère, *Michael Lonsdale*
P5091. Un haïku chaque jour. Un poème et sa méditation
pour être plus présent à la vie, *Pascale Senk*
P5092. 365 Jours avec Rainer Maria Rilke. Paroles d'un maître
de vie, *Rainer Maria Rilke*
P5093. Les Fils de la poussière, *Arnaldur Indridason*
P5094. Treize Jours, *Arni Thorarinsson*

P5095. Tuer Jupiter, *François Médéline*
P5096. Pension complète, *Jacky Schwartzmann*
P5097. Jacqui, *Peter Loughran*
P5098. Jours de crimes, *Stéphane Durand-Souffland et Pascale Robert-Diard*
P5099. Esclaves de la haute couture, *Thomas H. Cook*
P5100. Chine, retiens ton souffle, *Qiu Xiaolong*
P5101. Exhumation, *Jesse et Jonathan Kellerman*
P5102. Lola, *Melissa Scrivner Love*
P5103. L'Oubli, *David Foster Wallace*
P5104. Le Prix, *Cyril Gely*
P5105. Le Pleurnichard, *Jean-Claude Grumberg*
P5106. Midi, *Cloé Korman*
P5107. Une douce lueur de malveillance, *Dan Chaon*
P5108. Manifesto, *Léonor de Récondo*
P5109. L'Été des charognes, *Simon Johannin*
P5110. Les Enténébrés, *Sarah Chiche*
P5111. La Vie lente, *Abdellah Taïa*
P5112. Les grandes villes n'existent pas, *Cécile Coulon*
P5113. Des vies possibles, *Charif Majdalani*
P5114. Le Mangeur de livres, *Stéphane Malandrin*
P5115. West, *Carys Davies*
P5116. Le Syndrome du varan, *Justine Niogret*
P5117. Le Plongeur, *Stéphane Larue*
P5118. Hunger, *Roxane Gay*
P5119. Dégager l'écoute, *Raymond Depardon et Claudine Nougaret*
P5120. Comment j'ai arrêté de manger les animaux *Hugo Clément*
P5121. Anagrammes. Pour sourire et rêver, *Jacques Perry-Salkow*
P5122. Les Spaghettis de Baudelaire. 50 conseils pour briller en cours de lettres, *Thierry Maugenest*
P5123. Tout autre nom, *Craig Johnson*
P5124. Requiem, *Tony Cavanaugh*
P5125. Ce que savait la nuit, *Arnaldur Indridason*
P5126. Scalp, *Cyril Herry*
P5127. Haine pour haine, *Eva Dolan*
P5128. Trois Jours, *Petros Markaris*
P5129. Quand notre cœur s'ouvre à la spiritualité *Caroline Coldefy*
P5130. Les Invisibles, *Antoine Albertini*
P5131. Le Fil de nos vies brisées, *Cécile Hennion*
P5132. D'os et de lumière, *Mike McCormack*
P5133. Le Nouveau, *Tracy Chevalier*

Les Éditions Points s'engagent pour la protection de l'environnement et une production française responsable

Ce livre a été imprimé en France, sur un papier certifié issu de forêts gérées durablement, chez un imprimeur labellisé Imprim'Vert, marque créée en partenariat avec l'Agence de l'eau, l'ADEME (Agence de l'environnement et de la maîtrise de l'énergie) et l'UNIIC (Union nationale des industries de l'impression et de la communication).

La marque Imprim'Vert apporte trois garanties essentielles :

- La suppression totale de l'utilisation de produits toxiques
- La sécurisation des stockages de produits et de déchets dangereux
- La collecte et le traitement de produits dangereux

RÉALISATION : NORD COMPO À VILLENEUVE-D'ASCQ
IMPRESSION : CPI FRANCE
DÉPÔT LÉGAL : JANVIER 2020. N° 144886-7 (2081055)
IMPRIMÉ EN FRANCE